本书编委会名单

主　编　周步新

编　委　陈跃旭　林　敏　孙红波　卓旭皓　张雪琴　施翼玲
　　　　张惠娜

编写人员　周步新　章卫琴　董赞芳　张惠娜　罗建丽　蔡炜琴
　　　　　　周琦娜　于彩娟　张宁玲　张雪琴　毛晓瑜　朱晓莉
　　　　　　季佳赟　叶洁云　曹　敏　张　玮　卓旭皓　方　芳
　　　　　　林　敏　庄　蓓　徐雨燕　孙红波　史佩艳　仇巧瑾
　　　　　　马新娜　程　里　王敏霞　孙丹丹　徐　畅　徐亚男
　　　　　　张玲初　王静娜　方敏芬　施翼玲　陈跃旭　陈　洁
　　　　　　忻钏琳　刘　婷　戴豪亮　张红波
　　　　　　（教学设计的作者已均在文中注明）

小学适性阅读策略的

学 与 教

周步新 / 主编

宁波出版社

图书在版编目（CIP）数据

小学适性阅读策略的学与教/周步新主编. — 宁波：宁波出版社，2016.6（2020.3 重印）
ISBN 978-7-5526-2301-7

Ⅰ.①小… Ⅱ.①周… Ⅲ.①阅读课 — 教学研究 — 小学 Ⅳ.① G623.232

中国版本图书馆 CIP 数据核字（2015）第 255203 号

小学适性阅读策略的学与教
周步新　主　编

出版发行	宁波出版社
	宁波市甬江大道 1 号宁波书城 8 号楼 6 楼（315040）
责任编辑	陈　静
责任校对	毛利波　罗敏波
责任审读	朱璐艳
装帧设计	金字斋
印　　刷	宁波白云印刷有限公司
开　　本	710 毫米 ×1000 毫米　1/16
印　　张	24.5
字　　数	350 千
版　　次	2016 年 6 月第 1 版
印　　次	2020 年 3 月第 4 次印刷
标准书号	ISBN 978-7-5526-2301-7
定　　价	36.00 元

如发现倒装或缺页，影响阅读，请与承印厂联系调换
电话：0574-87195866

序 言

　　近年来,"阅读策略"这一关键词频繁地出现在语文教学专业杂志上,并且越来越多地为语文教师所关注。浙江、江苏及台湾地区的部分小学语文教师经常结合儿童课外阅读、班级读书会等进行一系列的阅读策略指导研究活动。大家都知道,掌握必要的阅读策略,可以帮助学生形成良好的阅读习惯,提高学生自主阅读能力,并且有效地提高学生的阅读效率。因此,周步新老师主持的"小学适性阅读策略的学与教"这项课题,其价值和意义是不言而喻的。

　　"小学适性阅读策略的学与教"从课题性质看偏重于课堂教学实践研究,但是有关阅读策略研究有许多概念需要厘清,有许多理论问题需要深入解决,还有更多涉及实践操作的问题需要探索,因此这项研究的理论性强,学术要求高,对从事教学实践工作的一线教师来说充满挑战性,需要教师有直面困难的学术勇气。

　　"阅读策略"这个概念对于广大小学语文教师而言可以说是既熟悉又陌生。说"熟悉",因为"策略"和"方法"这两个词的意思很接近,平时人们也经常将"方法策略"合并成联合词组使用。就"阅读方法"而言,广大语文教师研究了30多年,有关阅读方法研究的论文或著作不胜枚举;说陌生,是因为现在阅读策略所提出的预测、联系、图像化等一套概念体系,对广大语文教师来说是不熟悉的。其实阅读方法和阅读策略确实是两个不同概念,它们既有联系,又有区别。按照词典的解释,方法是为了完成一定的目的和任务,活动中所采用的方式、手段;策略是不同的条件下,为达到不同的结果所采用的方式、方法、媒体的总和。看了这样的解释,也许你还是很难弄明白"方法"和"策略"究竟有何区别。我们来看周步新老师的解释:"从逻辑关系上分析,'策略'更具有概括性,'方法'更有具体性。前者指导、决定后者的应用。"她还总结了阅读策略与阅读方法的三点区别:"首先,阅读策略建立在阅读方法之上;其次,阅读策略指导阅读方法的运用;第三,阅读策略往往表现为对阅读方法的操作。"这是周老师结合自己丰富的教学实践经验对两个概念的解释,很接地气,看来这样的解释更能够让语文教师理解和接受。

小学适性阅读策略研究,必须界定清楚两个关键问题:一是阅读策略究竟有哪些,二是哪些阅读策略适合小学生学习。这是开展阅读策略研究的前提条件。然而,学界对阅读策略的研究尚处于起步阶段,阅读策略究竟有哪些,包括一些专家也没有形成统一的认识。目前,学界经常引用的有关阅读策略研究成果大致有香港祝新华教授介绍的10种阅读策略,台湾赵镜中老师提出的8种阅读策略,人教社王林博士提出的7种阅读策略。我们将三位学者提出的阅读策略作比较,就可以发现他们提出的阅读策略有4条是重合的:1. 提问;2. 推理;3. 找出主旨和重点;4. 监控理解。但是其中的"3. 找出主旨和重点",王林博士将其分解成"抓主要信息""归纳主旨"两条;其中的"4. 监控理解",王林博士也分解成"自我检查""修正错误"两条。因此,三位学者真正达成共识的没有争议的阅读策略其实只有"1. 提问"和"2. 推理"两条。可见,当下语文学界对阅读策略本身的认识和研究是有争议的,也是很不成熟的。周步新和她的团队成员结合长期从事小学语文教学实践研究的丰富经验,对专家们提出的阅读策略进行了深入的研究和梳理,筛选出了适合小学生学习的阅读策略:预测、图像化、提问、联想、比较、联系、推论、找出重点、概括、批注、监控,共计11种。有些是专家提出过的,有些是专家们没有提出过的,比如比较、概括、批注等策略。尽管这些策略是否科学还可以从学理上进行研究,但是周老师和她的团队教师不迷信权威的探索、创新精神是值得肯定的。

　　这项研究没有仅仅停留在对阅读策略概念的梳理和研究上,而是对如何指导小学生掌握阅读策略展开具体而又扎实的实践研究花了大量的精力。

　　首先,这本书努力用一线教师能够理解的话语清楚阐释每条阅读策略的具体内涵,这一点其实很重要。比如联系策略。专家的解释是"从文本的阅读中,让读者联系到经历的一些事情,如从这个故事联想到其他读过的相似的故事。从这个故事中的主人公联想到生活中见到过相似的人,从故事中联想到社会的一些问题。"

　　周老师的解释是:阅读时能通过上下文(包括其他补充阅读材料),凭借观察图画、展开想象等手段,结合生活实际以及已有的知识和经验,去思考、去理解,获得自己的阅读感受。例如:在阅读时能看看插图,读读上下文,想想这个词语的意思;或回忆教过、学过的方法,想想类似的文章以前是怎样读懂的。这一策略包括这样四个方面的联系:(1)上下文的联系;(2)图文间的联系;(3)阅读与生活实际的联系;(4)阅读与原有知识、经验、已有学习背景的联系。这样的阐释不仅仅是将"联系"这条策略的内涵具体化,还举例说明学生阅读时"联系"策略运用的具体途径,让人看了不会有一头雾水的感觉。

　　其次,书中还对各条策略的教学目标以及分年级目标进行了研究。这是一项极具挑战性、难度极高的工作,但是不厘清各条阅读策略的目标和分年级目标,教师在教学中就很难实施。周步新老师依据元认知学习等规律,初步提出了低、中、高三个学段阅读策略学习的目标:第一学段,侧重放手阅读,激发阅读兴趣,营造"悦读"氛围;第二学段,着重引领学生自主习得,建构阅读策略;第三学段,教师则更多放手,引领学生自主设计阅读计划,运用阅读策略,并逐步学习阅读监控。

小学第二、三学段学生侧重学习的阅读策略有：

年　段	阅读策略学习		
	认　识　→	体　验　→	监　控
第二学段	联想、推论	提问、比较、找出重点	图像化、预测、联系
第三学段	监控	联想、概括、批注	提问、找出重点、推论

更难能可贵的是，书中还逐条列出了阅读策略教学总目标，并且细化出小学三个分年段教学目标，比如"预测"策略。

第一学段　1．根据题目或标题，自问对文题已知道些什么。2．利用插图或封面对故事情节进行猜测。

第二学段　1．依据文题或标题，预测文章可能在讲什么。推测文章的内容、主题以及相关细节。2．根据第一段，预测本文可能在讲什么。3．读最后一段，预测事情的发展方向。4．读转折处，预测文章的重点和主要内容。5．掌握各段大意，注意它们的主题句；在此基础上，分析它们之间的逻辑关系。

第三学段　1．根据作者的写作风格，注意相关细节，分析作者的观点和态度；预测文章的风格特色以及大致内容。2．利用书中线索来做预测。3．自问为何阅读，来决定是否详细阅读、背诵重点或只要大略了解即可。

每条策略的分年段教学目标既细致又具体，有了这样具体的教学目标，教师就容易把握每条策略究竟教些什么，教到什么程度。

第三，书中还结合每一条阅读策略，整理并提供了教材中教学内容。每一条阅读策略可以结合语文教材中的哪篇课文哪些练习题进行教学，书中还结合阅读策略列举了具体的教学实例。

语文教学要重视阅读策略的指导，专家们提出的这一理论，对丰富语文教学内容很有价值，对语文教学改革也极具指导意义。周步新及其团队老师的贡献在于将专家提出的理论运用到语文教学的实践中，创造性地将理论研究成果转化为教师的教学实践行为，搭起一座沟通理论与实践的桥梁。其实,我们搞教育科研的最终目的是为了将之运用到教学实践中,转化为教师的教学行为,这样的科研才真正是有价值的。

语文课程改革是一项非常复杂而艰巨的系统工程,在课程理念和课程目标方面,在教学内容和教材编写方面,在教学方法和教学评价方面等等,还有许多内容需要研究,还有很长的路要走。我们坚信,有千千万万个像周步新这样热爱语文教育事业,为实现语文教育理想无怨无悔执着追求的语文老师,我国的语文课程改革一定能取得成功。

吴忠豪

2015年7月20日写于学思湖畔

(作者系全国著名语文教育专家,上海师范大学初等教育系主任,教授,硕士生导师)

目　录 CONTENTS

序言　吴忠豪 / 001

第一章　小学适性阅读策略的提出
第一节　适性阅读策略的研究背景 / 003
第二节　适性阅读策略相关研究综述 / 007
第三节　适性阅读策略的内涵解读 / 011
第四节　适性阅读策略的实践验证 / 013

第二章　预测策略研究
第一节　预测策略概念阐释 / 027
第二节　预测策略的教学目标 / 030
第三节　预测策略的教学内容 / 033
第四节　预测策略的教学实践 / 037
预测策略典型课例——
《大盗贼》导读设计 / 055

第三章　图像化策略研究
第一节　图像化策略概念阐释 / 063
第二节　图像化策略的教学目标 / 067
第三节　图像化策略的教学内容 / 070

第四节　图像化策略的教学实践 / 083

图像化策略典型课例——

人教版六年级上册《索溪峪的"野"》教学设计 / 089

第四章　提问策略研究

第一节　提问策略概念阐释 / 097

第二节　提问策略的教学目标 / 101

第三节　提问策略的教学内容 / 103

第四节　提问策略的教学实践 / 108

提问策略典型课例——

人教版四年级上册《给予是快乐的》教学片段 / 116

第五章　联想策略研究

第一节　联想策略概念阐释 / 125

第二节　联想策略的教学目标 / 128

第三节　联想策略的教学内容 / 131

第四节　联想策略的教学实践 / 142

联想策略典型课例——

人教版三年级下册《夸父追日》教学设计 / 147

第六章　比较策略研究

第一节　比较策略概念阐释 / 157

第二节　比较策略的教学目标 / 160

第三节　比较策略的教学内容 / 164

第四节　比较策略的教学实践 / 171

比较策略典型课例——

人教版四年级上册《跨越海峡的生命桥》（第一课时）教学设计 / 176

第七章 联系策略研究

第一节 联系策略概念阐释 / 185

第二节 联系策略的教学目标 / 188

第三节 联系策略的教学内容 / 190

第四节 联系策略的教学实践 / 195

联系策略典型课例——

人教版三年级上册《狮子和鹿》教学实录 / 200

第八章 推论策略研究

第一节 推论策略概念阐释 / 209

第二节 推论策略的教学目标 / 214

第三节 推论策略的教学内容 / 216

第四节 推论策略的教学实践 / 224

推论策略典型课例——

人教版三年级下册《西门豹》(第一课时)教学设计 / 227

第九章 找出重点策略研究

第一节 找出重点策略概念阐释 / 233

第二节 找出重点策略的教学目标 / 235

第三节 找出重点策略的教学内容 / 237

第四节 找出重点策略的教学实践 / 242

找出重点策略典型课例——

《蓝色的海豚岛》阅读教学设计 / 249

第十章 概括策略研究

第一节 概括策略概念阐释 / 257

第二节 概括策略的教学目标 / 261

第三节　概括策略的教学内容 / 265

第四节　概括策略的教学实践 / 272

概括策略典型课例——

人教版五年级下册"关于雾霾天气危害性"的研究教学设计 / 283

第十一章　批注策略研究

第一节　批注策略概念阐释 / 289

第二节　批注策略的教学目标 / 296

第三节　批注策略的教学内容 / 300

第四节　批注策略的教学实践 / 321

批注策略典型课例——

人教版六年级上册《鹿和狼的故事》教学设计 / 333

第十二章　监控策略研究

第一节　监控策略概念阐释 / 343

第二节　监控策略的教学目标 / 349

第三节　监控策略的教学内容 / 356

第四节　监控策略的教学实践 / 364

监控策略典型课例——

《我的野生动物朋友》教学设计 / 372

第一章
小学适性阅读策略的提出

第一节 适性阅读策略的研究背景

基础教育课程改革实施以来,各国都认识到读写算能力和信息素养是未来公民所不可或缺的。阅读能力对于学生的未来发展和终身教育有着非同一般的意义,学会阅读是人终身学习、可持续发展的必需。语文教育界已逐渐形成了这样的共识:阅读能力是阅读者运用自己已有的知识经验,顺利而有效地完成阅读活动的能力,这离不开阅读策略的习得与运用。比如,有效使用阅读策略和更高频度使用阅读策略的阅读者能更好地理解文本和取得更好的学习效果。[1]

教学的真正目的是促进学生的学习、发展。可是长期以来,教师更多关注了对"教"的研究,疏于对学生"学"的研究,小学阅读教学中也存在这样的问题。而且教师很少进行阅读策略的教学,"我们的教师在阅读课堂还有太多的任务没有完成。而如果学生在小学尚不具有这些阅读策略,将很难'通过阅读来学习'"。[2]

这更加激发了我们的思考。

一、怎样的阅读策略才适合小学生

在相关的阅读策略研究中,适用于"小学生"这一特定对象的阅读策略究竟有哪些?这些阅读策略有何特点?与适用于成人的普适

---

[1] 曾祥敏. 国外近十年阅读策略训练研究述评[J]. 西南交通大学学报:社会科学版,2008(8):87-88

[2] 王林. 由关注技能到关注素养——从PIRLS看学校中儿童阅读能力的培养[J]. 人民教育,2008(5):38-39

的阅读策略有何区别？如国际常用的阅读策略（《十种常用的阅读策略》）：预测（Predicting）、既有知识和经验的运用（Accessing Prior Knowledge）（有的翻译成"先备知识"）、联想（Making Connections）、提问（Questioning）、图像化（Visualizing）、推理（Inferring）、找出主旨及重点（Determining Importance）、综合（Synthesizing）、监控理解（Monitoring Comprehension）、作者的观点（Author's Point of View）。这些策略可供我们在具体实践中借鉴、运用，但有些名称的表述等更多倾向成人。其中，哪些策略是处于小学生阅读能力提高的最近发展区？有许多阅读策略并不针对小学生，也有不少虽挂有小学生之名，却并非真正符合小学生特点。因此，研究适合小学生的有效阅读策略是我们从事小学阅读教学首先要解决的问题。

二、适合小学生的阅读策略体系如何建构

即便是关于小学生的阅读策略，其有效性也有差异。哪些有效性高，哪些有效性不高？如《小学阅读理解策略教学研究》（王晓平，黑龙江大学出版社，2009）一书系统地阐述了小学阅读理解策略的教学研究，抓住了阅读策略的主要方面。不过小学生阅读能力的形成仅依靠学会阅读理解策略就可以了吗？还需哪些有效策略？哪些合宜的阅读策略需要在小学阶段进行教学指导，又如何在我们现行课程实施过程中加以落实？

三、小学语文教学如何促进学生阅读策略的自主建构

合理运用教学手段，有意识地培养学生形成适合自己的阅读策略，提高阅读能力，促进思维发展及阅读素养、人文素养的全面提升，是阅读教学的最终目标。因此，小学生自主建构阅读策略有哪些基本特点？教师在教学中可以采取哪些促进措施？小学语文教师及相关的语文教学研究者应有所作为。

更需引起重视的是,就目前教学实践和研究情况来看,虽然对阅读策略有概念性的定义,但内涵和外延都不很清楚;虽然台湾及江浙等地部分小学语文教师就儿童文学阅读、班级读书会活动等进行了一些阅读策略的教学实践,但更多的教师"过多重视字词解释和内容复现",缺乏对学生进行阅读的指导。可见,结合典型课例对各条阅读策略的内涵作具体阐述,辨明其教学价值,并进行针对性的教学是小学阅读教学的当务之急。

现代教育十分强调学习兴趣、态度、方法、习惯的培养以及学科对于人的全面发展的作用,语文课程要致力于学生语文素养的形成与发展。而语文素养是存在于每个学生内部的一种心理结构,它有着不可传递和授受的特性,教师的语文素养不能直接传递或授予学生,只能靠在教师的指导下通过学生自身的实践来构建。因此在进行阅读教学时,教师不能只满足于学生对文本内容的理解,而是应当恰当利用文本有效引导学生学习不同的阅读策略。长此以往,学生才能学会阅读策略,提高阅读能力。因此,要引导学生学习、选择、运用适合自己的阅读策略,把学会阅读变成阅读教学的一个重要课题——让适性阅读策略促进学生自主阅读,全面提升阅读素养、语文素养。

基于以上思考,遵循"以学定教""顺学而导"的理念,我们探索适合小学生的、能够有效促进他们自主阅读的途径、方法、手段、模式,把研究的视角从教师转向学生,从教学转为学习,研究小学生阅读特点,研究适合小学生的阅读策略,构建促进小学生自主阅读的策略教学目标、内容、模式、体系。

一、通过针对性的文献研究及实证研究,证明适性的阅读策略能够促进小学生自主阅读能力、阅读素养、语文素养的全面提升;

二、通过广泛的调查问卷,确定适合小学生的有效阅读策略;

三、构建促进自主阅读、素养提升的阅读策略教学范式;

四、探索促进自主阅读的课例研究样本。

综上所述,针对小学生阅读特点、构建适合小学生的有效阅读策略是小学阅读教学研究的基础。基础问题不解决,阅读教学的实施、学生阅读能力的提高、良好阅读习惯的养成将无从谈起。

第二节 适性阅读策略相关研究综述

一、已有研究

阅读课作为各国学生学习母语的重要载体,历来受到教育界人士的关注。国际教育学术界对阅读的定义、阅读的策略等均有着相对成熟的阐述,如美国宾夕法尼亚州阅读能力评估咨询委员会给阅读下的定义是:阅读是读者与文本相互作用、构建意义的动态过程。构建意义的实质是读者激活原有的知识,运用阅读策略适应阅读条件的能力。这告诉我们,阅读需要读者调用属于自己的已有知识,运用阅读策略,自主构建意义。英国的《英语课程大纲》,对阅读提出了这样的要求:应鼓励学生做充满热情的、独立的、反思的阅读者。应指导学生具体深入地思考读物的质量和深度,鼓励他们运用自己的想象力对作品的情节、人物、思想、词汇和结构做出反应。这样的表述就渗透着引导学生运用联想、反思等阅读策略。再来看俄罗斯,将初等教育阶段的语文课程分为《俄语》和《文学》两门课程。俄语课教学的五项目标之一为发展学生思维,学会自学,形成基本学习技能,完善阅读技巧。文学课的总体目标之一是发展学生运用语言和自觉阅读的技巧。[1]这体现了运用阅读策略,形成阅读技能、学习技能的导向。

国际阅读素养进展研究(PIRLS)认为,阅读者以不同的方式建构意义,他们关注并提取具体的观点,进行直接推论,解释并整合观点和信息,检视并评价内容、语言和文本成分。在这些理解过程背后,元认知过程和

---

[1] 吴忠豪.外国小学语文教学研究[M].上海:上海教育出版社,2009

策略在监控并调整着整个理解过程。另外,读者带到阅读中的知识和经验背景中的对语言、文本和世界的理解也影响着他们对材料的理解。[1]

我国《义务教育语文课程标准(2011版)》在修订2001版《课标》的基础上,确定语文学习总体目标之一即具有独立阅读的能力,学会运用多种阅读方法。这种独立阅读能力,便是学生自主阅读的体现,其实就是学生掌握阅读策略,形成阅读能力。

二、阅读策略梳理

我们对已有文献总结出的阅读策略进行了梳理,主要有以下观点:

1. 国际常用的十种阅读策略。预测、既有知识和经验的运用、联想、提问、图像化、推理、找出主旨及重点、综合监控理解和作者的观点。这些策略可供我们在具体实践中借鉴、运用,但有些名称的表述等更多适用于成人分析性阅读、研究性阅读,与小学生阅读有相当距离。

2. 中国传统阅读理论。我国传统阅读也有丰富的经验,在当今依然有借鉴意义。如我国古代学者在《中庸》中把学习方法和过程归纳为五步——"博学之,审问之,慎思之,明辨之,笃行之",提倡大量阅读,广泛吸收各种信息,通过质疑、思考、辨别等策略,对信息进行筛选、鉴别和领悟,并把领悟的东西付诸实践。又如古代学者总结的熟读成诵、勤于思考、善于质疑、博览精思、评点批注等[2]阅读策略在今天依然有借鉴与实践价值。

3. 赵镜中先生提出的八项阅读策略。香港、台湾等地的小语同仁也十分关注阅读策略的研究。如台湾小学语文教育学会理事长赵镜中教授曾提出以"策略阅读"为核心构建阅读教学[3]。他认为阅读策略

---

1 张颖."国际阅读素养进展研究(PIRLS)"项目评介[J].中学语文教学,2006(12):3
2 孙绍振.遵照实践,理顺传统——中国本土阅读理论的建构[J].教育研究与评论,2011(11):6-8
3 赵镜中.构建以阅读策略为导向的阅读教学[J].小学语文,2009(1-2):124-127

总体来说包括：预测（Predicting）、联想（Making Connections）、提问（Questioning）、图像化（Visualizing）、推理（Inferring）、找出主旨及重点（Determining Importance）、综合（Synthesizing）和监控理解（Monitoring Comprehension）等。不少与国际常用的十种阅读策略相吻合。遗憾的是，赵先生英年早逝，未竟事业留待我们继续努力。

4. 王林博士提出的七项阅读策略。人民教育出版社王林博士一直致力于儿童文学、儿童阅读的研究，重视班级读书会的实践，十分强调阅读策略的运用。他提出七种关键性的阅读策略：（1）启动背景知识，借助已有的经验来理解作品；（2）决定文本中什么重要，抓住文章的主要信息；（3）整合信息，略去不重要的、重复的信息，把资料分门别类，试着找出文本中的主旨句，自己归纳文本的主旨；（4）阅读中或阅读后进行推论，进行文本故事线索或情节的推测；（5）自我检查是否理解，运用恰当的策略突破阅读中的难点；（6）修正误解，利用各种方法帮助理解；（7）提出问题，通过阅读质疑并驱动阅读。（《阅读策略及在教学中的运用》）这些策略可供提炼。

三、研究历程

基于对这些基本教育理论的认识，我们从1998年前后就对激发小学生自主阅读进行了一系列研究，先后撰写了《激发自主阅读的实践探索》（《小学语文教学》1998年12期）、《浅谈阅读理解训练中的情感教育》（《广西教育》1999年第4期）、《对于充分发挥学生主体作用的再认识》《小学语文问题教学的探索》（《小学语文教师》2002年第4期）、《阅读、对话、共享》（"中国教育系统（基础教育）2006年度论文评选"一等奖）、《注重吸收表达，培养良好语文习惯》（《广西教育》2013年第2期）、《习得策略，学会阅读》（《教学月刊》2013年第9期）、《小学生阅读联系策略实证研究——适性策略促进阅读素养提升》（《语文教学通讯》2014年第4期）、《小学适性阅读策略教学例谈》（《小学语文》2014年第10期）

等论文,出版了专著《享受真语文》(福建教育出版社,2009年12月)等。这些研究均围绕促进小学生的自主阅读,就小学生阅读兴趣激发、阅读方法习得、阅读能力培养、阅读习惯养成等方面进行了一系列探索。在15年实践研究的基础上,我们更明确了应该就促进自主阅读的核心——小学生适性阅读策略的自主建构开展深入研究。

当然,"条条大路通罗马",阅读学习亦如此。并非所有的阅读都要进行阅读策略的学习,有的阅读教学也可关注表达、指向习作能力的培养。"教无定法,教须得法",因材施教,探寻适合小学生的阅读策略,采用合宜的方法教学之,也是小学阅读教学、小学语文教师的应然追求。

第三节 适性阅读策略的内涵解读

一、阅读策略的界定

策略：根据形势发展而制定的行动方针和斗争方法；讲究斗争艺术，注意方式方法。（《现代汉语词典》）

方法：一般是指为获得某种东西或达到某种目的而采取的手段与行为方式。（百度百科）

阅读策略：阅读主体在阅读过程中，根据阅读任务、目标及阅读材料的特点等因素所选用的促进有效阅读的规则、方法和技巧。（《阅读辞典》）我们的研究选用这一概念。

二、阅读策略与阅读方法、阅读技巧的关系

从逻辑关系上分析，"策略"更具有概括性，"方法"更有具体性。前者指导决定后者的应用。[1]而所谓阅读策略是指运用一些技巧、方法帮助我们读出文本的意义，而且记住文本中的重要信息。这里的技巧与策略的差别在于，策略是自觉的、有计划的运用，会随着不同的阅读目的、文本而调整，技巧则不会因文、因书而异。[2]

我们认为，首先，阅读策略建立在阅读方法之上；其次，阅读策略指导阅读方法的运用；第三，阅读策略往往表现为对阅读方法的操作。但无论从定义上，还是从逻辑关系上分析，两者是有区别的，属于不同的概念。

---

1 周龙兴.小学生阅读策略发展及教学研究报告[J].教育理论与实践,1999（3）：48
2 赵镜中.构建以阅读策略为导向的阅读教学[J].小学语文,2009（1-2）：124-127

三、小学适性阅读策略

适性：称心，合意，源自成语"适性任情"，是顺适性情的意思。（见百度词典）。

小学适性阅读策略：顺应小学生身心发展特点，适合小学生学习并能够促进其自主阅读的策略。

这是本课题的原创，这一概念的提出主要基于下列理论依据。

元认知理论：现代教育越来越关注如何使学生学得更省时、省力且高效，这便涉及学习策略问题。元认知的相关理论是学习策略最适宜的支持理论。元认知（Metacognition）一词最早出自美国儿童心理学家弗拉威尔（J.H.Flavell）的《认知发展》（1976年出版）一书。所谓元认知就是对认知的认知，具体地说，是关于个人自己认知过程的知识和调节这些过程的能力：对思维和学习活动的知识和控制。它包含三部分：元认知知识（对认知活动过程、结果及相关信息的认识）、元认知体验（伴随认知活动而产生的情感体验）、元认知监控（主体对认知活动的监控与调节）（董奇，1989）。元认知监控是元认知的主体，它表现为主体根据自己的认知特点、知识的特点和学习的要求等制定出计划、选择策略、评价其有效性、做出补救措施等。

适性教育思想：适性教育是一种教育指导思想和理念，而不是某一具体的教学方法或手段，是"个性化教育"，是"人本教育"，源自教育最基本的理念与方法——有教无类、因材施教、因势利导、人尽其才。其思想核心主要体现为：根据学习者的差异性来实施与之相适应的最优质的教育或学习行为，这些行为贯穿教育或学习动机（需求）的产生、内容的选择、行为的实施（目标、进度、方法、手段和工具等）阶段。

第四节　适性阅读策略的实践验证

一、自下而上确定小学生适性阅读策略

（一）问卷调查实证

在文献研究的基础上，我们从学生与教师两个方面，就对国际常用的十种阅读策略的了解、运用情况进行问卷调查。不难发现，这些策略名称的表述更多适用于成人分析性阅读、研究性阅读，与小学生阅读有相当距离，因此在设计学生问卷时我们做了简洁的说明、举例，依托网络和全国36期小学校长研修班向全国各地各种类型的小学发放相关问卷，分第二、第三两个学段，在城市、乡镇两类区域进行调查，回收问卷2369份，发现学生对这十种策略或多或少都能理解——即使是普通的乡镇小学，见下表。

乡镇小学第二学段的学生问卷情况

策略—释义	完全懂	有点懂	不懂
1. 预测——根据线索去猜测内容。例如：看到故事题目，会猜一猜这是一个怎样的故事，结果会怎样。	55.87%	40.95	3.18%
2. 联系（联想）——阅读时能联系原有知识和经验，带着自己已有的知识和经验去思考去理解，获得自己的感受。例如：能回忆老师教过的方法，想一想以前是用什么方法读懂的。	57.78%	39.05%	3.17%
3. 提问——在阅读时提出问题帮助自己理解、思考，会自己提问自己回答。例如：读了课题，有哪些问题？读到这儿，会想到什么问题？	49.21%	46.35%	4.44%
4. 联想——阅读时，想到了自己也有过或读到过这样的故事。例如：从这个故事联想到其他读过的相似的故事，从这个故事中的主人公联想到生活中见过相似的人，从故事中联想到自己身边、社会上的一些问题。	51.43%	43.17%	5.4%

续表

策略 — 释义	完全懂	有点懂	不懂
5. 图像化 —— 把文章的内容想成图画来帮助思考。例如：读了这首诗，能画一画诗中的景象。读着文章，脑中就会想到一些画面、图像。	61.9%	33.97%	4.13%
6. 推论（推理）—— 利用文章和自己已有的知识，对文章没有明显写出来的内容做出一些假设。例如：读到这儿，会认为他是个什么样的人。还没读完故事，自己就知道结果了。	40.63%	51.43%	7.94%
7. 找出重点 —— 能够说出文章的主要内容，知道文章要告诉我们什么。例如：能圈圈点点画画，找出全文的中心句。知道造成故事结果的主要原因是什么。	52.38%	41.27%	6.35%
8. 比较 —— 能对新旧（知识）资料进行比较，得出新的构思和概念。例如：狐狸在发现葡萄时与吃不到葡萄时，所说的话有什么不同？还有，如比较两首诗有哪些共同之处和不同之处。	42.86%	50.48%	6.66%
9. 监控理解 —— 知道自己在阅读中会遇到什么困难，并能想出一些办法解决，还能对前面的学习进行反思，知道哪些办法好哪些办法不够好。例如：我知道能够用哪些方法读懂，刚才我们是怎么学习的。	33.65%	59.37%	6.98%
10. 综合（统整）—— 能将各种新旧知识综合成新的概念，综合运用重要资料和各种经验，对知识进行整合，提升思考力。常见的有摘要、重述等。例如：思考可以用哪些方法读懂（这个词语、这个句子或这篇课文），可以选择哪个最恰当的方法达到阅读目的。	34.29%	56.83%	8.88%

这为我们探索适性阅读策略的研究与实践提供了可行性依据。

教师方面，我们着重了解教师对阅读策略的理解以及在阅读教学中的运用，回收筛选有效问卷 160 份，发现老师们对国际常用的十种阅读策略大都能够理解（完全理解的占 81%，不理解的不到 1%），但实际教学过程中的指导还是有所缺失，见下表。

选项	比例
能够关注并注重引导学生学习运用阅读策略	42.5%
偶尔关注并有意识地进行阅读策略的指导	50%
不清楚阅读策略，也不进行指导	7.5%

这需要我们在阅读教学过程中重视指导学生习得、运用阅读策略。

（二）基于经验引领

基于儿童发展心理学原理，并根据长期的语文教学经验与日常的教学观察，我们知道小学生的阅读与成人阅读、中学生阅读有区别：少有明确的目的，具有盲目性，随意性强，缺乏计划性、持久性，没有固定时间用于阅读，阅读效率相对较低。这也需要教师在教学中落实阅读策略的学习，促进学生自主阅读。从调查问卷、学生的实际情况出发，依据元认知学习等规律，我们在第一学段侧重放手阅读，激发阅读兴趣，营造"悦读"氛围；在第二学段着重引领学生自主习得，建构阅读策略；在第三学段，教师则更多放手，引领学生自主制订阅读计划，运用阅读策略，并逐步学习阅读监控。小学第二、三学段学生侧重学习的阅读策略有：

年段	阅读策略学习		
	认识 →	体验 →	监控
第二学段	联想、推论	提问、比较、找出重点	图像化、预测、联系
第三学段	监控	联想、概括、批注	提问、找出重点、推论

二、自上而下构建阅读策略范式

（一）创建阅读策略范式

借鉴策略模式的思想——定义一系列的算法，并将每一个算法封装起来，而且使它们还可以相互替换[1]，我们构建促进学生自主阅读的策略范式是"一种依靠本身成功示范的工具、一个解疑难的方法、一个用来类比的图像，是人工范式或构造范式"[2]。学生自主选用适合自己的阅读方法，不断提高阅读效率，不断提升阅读质量和阅读素养。这些具体的阅读

1　百度百科：http://baike.baidu.com/view/2141079.htm
2　邓建国. 呼唤新的范式出现[N]. 社会科学报，2012.11.1（第5版）

方法在阅读实践过程中,可以互相替换,也可独立存在,详见下图。

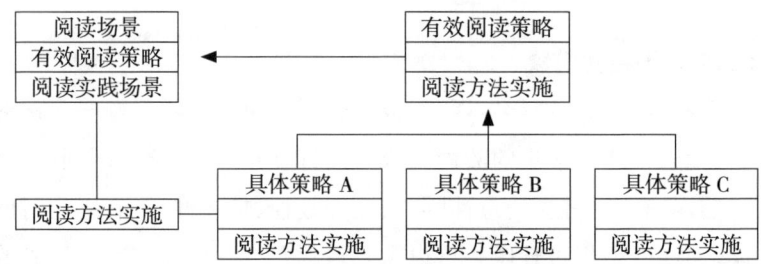

如在阅读非连续性文本的教学过程中,教师选取《止咳糖浆说明书》《泰诺说明书》《美林说明书》《布洛芬缓释片说明书》《菜泡饭说明书》《变形金刚说明书》这六份非连续性文本,着重引导学生进行"找出重点"阅读策略的学习实践。

首先,学生通过自主阅读《止咳糖浆说明书》,根据需要找出"功能主治""生产日期与有效期""用量用法""注意事项"等重要信息,初步学会阅读药品说明书。

然后通过小组合作,比较阅读《泰诺说明书》《美林说明书》《布洛芬缓释片说明书》这三份说明书,学生学会根据实际情况,比较筛选找出重要信息。

随后学生运用"根据需要、比较筛选"等阅读方法提取重要信息,尝试阅读生活中的菜泡饭食用、变形金刚玩具组装等其他说明书,增强阅读的兴趣,感受自主学习的快乐。

(二)例证阅读策略教学范式

王林博士认为阅读策略的一般教学步骤其实不复杂,比如执教《边读文章边提问》一课,就教学"提问"这一阅读策略,他归纳了这样四步:

第一步,老师示范怎样运用阅读策略。

第二步,引导学生合作练习。

第三步,学生独立练习。

第四步,将阅读策略应用于真实的阅读情境中。

我们不难发现,这样的步骤确实简捷有效,操作性也强。不过,他还是更多地从老师角度考虑教学过程,我们认为还应更好地发挥学生的主体作用。

请看四年级下册《触摸春天》的教学片段:

1.学生自己读课文,提出不懂的问题,找出含义深刻的语句。
2.学生再次读课文,边读边想刚才的问题。
3.学生交流阅读思考的感受。

生:我读懂了"安静的手指悄然合拢,竟然拢住了那只蝴蝶,真是一个奇迹!睁着眼睛的蝴蝶被这个盲女孩神奇的灵性抓住了"这一句,我们正常的人都很难抓到蝴蝶,可安静是个盲女孩却能抓住睁着眼睛的蝴蝶,这就是课文说的"奇迹"。

师:你能结合自己的亲身感受谈出体会,这是个读书的好办法!还有谁也能说说自己的体会。

生:我能够从字面上理解"神奇的灵性"就是非常奇特的、神乎其神的"灵感"。

师:你说得不错!

生:我还能联系上文"浓郁的花香吸引着安静。这个小女孩,整天在花香中流连"这一句,知道安静为什么会有这样"神奇的灵性",因为她"整天"在花香中流连,她爱自然、爱生命。

师:你也能运用已有的学习方法,真会学习!

生:我能联系下文"蝴蝶在她的手指间扑腾,安静的脸上充满了惊讶。这是一次全新的经历,安静的心灵来到了一个她完全没有体验过的地方"这一句,体会到安静从蝴蝶的扑腾中感受到了春天的生机与活力,这也是她神奇有灵性的体现。

师:同学们真了不起,老师为你们感到骄傲!其实咱们还可以借助课后阅读链接中的这个语段,看看美国盲人作家海伦·凯勒是怎样用她的双手来感受这个世界的。请大家快速默读。

生:读着这一句"我感觉到花朵的美妙的丝绒般的质地,发现它惊人的螺旋形的排列——我又探索到大自然的一种奇妙之处",我对课文又有了新的感受。

生:我从"在我把手轻轻地放在小树上时,还能偶然感到小鸟在枝头讴歌时所引起的欢乐的颤动""小溪的清凉的水从我撒开的指间流过,使我欣慰"这些句子也能体会到那种欢乐、欣喜,安静以及海伦·凯勒的感受。

师:是啊,同学们,海伦·凯勒虽然无法用双眼看这个世界,但她认为——"人除了用眼睛看世界,还有一种特殊的内在视觉,那可能看得更真实,那就是用心看世界。"

4.学生回顾、小结自己阅读学习的过程,真切感受到运用边读边想、结合自身感受和联系上下文、链接阅读资料等方法理解其他含义深刻的语句,这些都是联系策略的具体运用。

在上述教学过程中,围绕"联系"这一阅读策略,学生经历了自由阅读、自主提问、了解认识体验过程、学习运用结合自身感受和联系上下文、链接阅读资料等多种方法,在实践中理解、习得联系策略,并进行迁移运用,教师在此过程中充分发挥学生的主体作用,引领学生反思小结学习过程,逐步学习调整监控。这便经历了认识——体验——监控的元认知学习过程。

三、适性阅读策略教学建议

(一)愤悱之处启发阅读策略的感悟

《论语·述而》指出,"不愤不启,不悱不发。举一隅不以三隅反,则弗复也"。这样的启发式教学也适用于阅读策略教学。正如宋代理学家朱熹解释的,"愤者,心求通而未得之状也;悱者,口欲言而未能之貌也。

启,谓开其意;发,谓达其辞。"阅读策略学习的愤悱之时,也正是学生对阅读中存在的问题处于积极思考或已有一段时间的思考,急于解决而又尚未搞通时或尚未考虑成熟,想说又难以表达的矛盾心理状态之际,这时教师应指导、帮助学生开启思路、明确目标,了解一些阅读方法,然后用比较清楚的语言表达出来。

请看三年级下册《夸父追日》的教学片段——

师:刚才我们完成了课前学习提示中的第一项任务"说说这个故事主要讲了一件什么事",还有一项任务是什么呢?——(生自然接答)从故事中想到些什么?

师:是啊,读了这个故事,你们想到些什么呢?

(生似有所悟,想说又似乎担心说不好,手未举高却已放下)

师:同学们,其实这样的想可以叫作"联想"。知道什么叫"联想"吗?

(生似懂非懂,有些疑惑)

师:其实,老师举些例子,你们一定就会明白,比如说,闻到一阵香味,你会想到——

生:春天到了,鲜花开放,多美啊!

生(纷纷举手):这是谁种的花?开得真香啊!

生:啊,一定是妈妈烧好了我喜欢的饭菜等着我呢,妈妈真好!

……

师:瞧,同学们,你们这样的想,就是多角度的联想。这也是很重要的阅读策略哦。我们再小试身手,又比如,听到一阵歌声,你会想到——

生(争着举手):小鸟唱得多开心!

生:小溪奔跑得多欢快啊,叮叮咚咚唱着歌。

生:小兰不愧是我们班的百灵鸟、金嗓子,她的歌声真好听!

……

师:瞧,不知不觉中我们已经在运用联想了。阅读课文时,我们也可以像刚才这样联想（生接读）——

从这个故事联想到其他读过的相似的故事，

从这个故事中的主人公联想到生活中见到过类似的人，

联想到读其他故事相关的感受，

甚至还可以联想到社会的一些问题……

师：现在你能说说读了《夸父追日》这个故事，想到些什么吗？

（在经历了这样的愤悱启发过程，学生从下面三方面展开联想，教师则顺学而教、因势利导）

（1）生：这是个神话。—— 顺势引导自主合作，体会神话之神奇

个体自主学习 —— 找找课文中神奇之处；

小组合作学习 —— 完成学习卡，代表交流。

（2）生：夸父追求光明的精神令人感动 —— 顺势引导抓住重点，个性解读

用"～～"画出自己最感动的句子，圈出重点词语，自由交流阅读感受。

（3）生：还想到读过的中外神话故事 —— 拓展延伸，学习运用

如《盘古开天地》《女娲补天》等传说中的人物都有一种执着和奉献的精神……

师：同学们说得真好！听了大家的发言，老师也联想到了一首诗，大家想一起读一读吗？（课件出示金子美玲《向着明亮那方》，配乐朗读）

师：同学们，读了这首诗，听了课堂上同学们的交流，你又想到了什么呢？下课后可以继续大胆地不断地去想，并找相关的文章、书籍拓展阅读。

我们认为，阅读策略概念的教学可以如上述课例这般结合具体教学情境进行适当、明确的讲解，并重视与引导学生自主感悟、自主习得。

同时，阅读策略的教学应在第一学段大量阅读，感知积累阅读经验的基础上，在第二学段着重进行。这也符合这一年段儿童身心发展特点 —— 正处于语言学习、思维发展的关键期。PIRLS 项目也将 9 岁左右

的学生确定为测试对象,因为9-10岁是儿童作为阅读者的发展过程中一个十分重要的转折点,大多数国家都要求四年级末的学生能够知道如何阅读,并且可以通过阅读来进行学习。[1]

(二)自主尝试中习得阅读策略的运用

"学习"从狭义上说是通过阅读、听讲、研究、实践等获得知识或技能的过程,是一种使个体可以得到持续变化(知识和技能,方法与过程,情感与价值的改善和升华)的行为方式。因此,学习过程离不开举一反三、迁移巩固。阅读策略的教学也要在学生自主感悟、自主尝试的基础上适当拓展、加强迁移、促进掌握。请看四年级下册《父亲的菜园》批注策略的教学——

  师:同学们刚才找到了父亲开垦菜园的语句,想想他是怎么做的,一定有了自己的感受吧。就先选择第一句,把感受写在句子边上吧。
  (生略作思考后,奋笔疾书)
  师:大家交流一下。
  (生纷纷上台投影展示并发表自己的感受)
  师:大家各抒己见,说得真好!这样在阅读中写下自己的感受就是"批注",能写好感受一定也能说出自己做批注的体会吧。
  生:我做批注的时候,先找到句子中的关键词,再联系上下文想一想,最后写下自己的感受。
  生:我分这样三步进行:一找到句子画出来;二圈出句子中我认为重要的词语,三想想这些词语的意思,把自己的感受写下来。
  师:同学们不仅会做批注,而且还能说出做批注的步骤、方法,学习就应该这样"知其然并知其所以然"。请还未做好批注的同学完成第一则

---

[1] 张颖."国际阅读素养进展研究(PIRLS)"项目评介[J].中学语文教学,2006(12):3-9

批注。已经完成的同学就用这种方法,试着读懂另外几句描写父亲言行的语句,自己学做这样简单的感想式批注。

(分小组选择相关的语句,在个体自主学习的基础上,四人小组依次交流,互相点评。交流结束后,小组长把感受最深的一点记在便利贴上,交给队长。队长将四人小组的感受进行归并、整理,记录在汇报卡上。汇报的时候,要求其他小队的成员认真倾听。精彩的,给予热烈的掌声,有好的建议可以补充,有不清楚的地方,可以向他们请教。)

师:同学们,课文中除了这些描写父亲言行的语句,还有其他句子也蕴含着作者丰富的情感。我们也可以抓关键词联系上下文写批注,帮助读懂读透课文。

(生边浏览课文边思考,有了想法,便写下自己珍贵的感受。)

师(适时补充资料,出示作家王树槐的创作手记):"之所以写下这篇父亲的菜园,是因为我始终觉得这菜园,凝注着父亲的一种精神,而这精神,在以后长长的岁月中,一直无声地影响着我,激励着我。"让我们再次认真地读读课题——父亲的菜园,说说又收获了什么。

生:再次感受到父亲勤劳、执着的优秀品质。

生:又收获了一种读书方法——写批注。这样的阅读批注可以结合课文,还可联系作者相关文章……

四年级下学期的学生在以往阅读的基础上,已有一定的阅读知识、方法及经验的积累,因此就文本、读物中的一些内容发表自己的感受,写下简单的批注,可促进学生运用适当的阅读策略提高阅读效率,这样不仅通过阅读搜集提取信息,还为整合信息进行诠释、评鉴文本这一较高层面理解能力的习得进行了有效的铺垫与积极准备。

(三)拓展延伸中体悟阅读策略的规律

在教学中,教师也要注重提高学生学习运用阅读策略的意识,鼓励学生在阅读理解、体会感悟、迁移运用的自主学习过程中,体验、领悟阅读策略的本质特点及运用规律。

这样的学习、拓展运用的机会需要我们在教学过程中经常创设。比如学习《月球之谜》时,学生了解课文第一个实验结果产生的谜,从中发现还可以用上"难道、为什么"等疑问词来提问质疑。教师就鼓励他们仔细阅读下面两个实验结果,运用疑问词,提出自己心中的谜。

研究对象	实验结果	产生哪些谜
尘土	把细菌撒在从月球带回来的尘土上,细菌一下子都死了	难道这些尘土有杀菌的本领吗?
	把玉米种在月球的尘土里,和在地球土壤里生长没有明显不同	?
	水藻一旦放进月球尘土,就长得特别鲜嫩青绿	?

学生纷纷提问:把玉米种在月球的尘土里和在地球土壤里没有不同,可是为什么月球上没有生命呢?难道月球上没有生命不是土壤的原因吗?水藻生长在水里,怎么会在月球带来的土壤里生长得那么好呢?难道月球上的尘土有一种适合水藻生长的特殊物质……

这样的拓展运用使学生进一步了解提问这一阅读策略,并学习规范、生动的多种表达方式提问。其中阅读学习单也可起到引领、呈现、提炼阅读过程的作用。

又如我们引导学生采用图像化策略进行阅读,提炼学习经验,更促进了学生元认知学习。如在学习叙事性课文时,鼓励学生采用"情节梯"的方式梳理事情经过,把握故事大致内容:

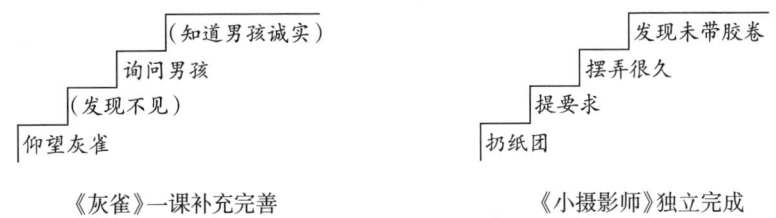

《灰雀》一课补充完善　　　　　《小摄影师》独立完成

这之后《风筝》《玩出了名堂》《科利亚的木匣》等一系列记事类文章，学生都可这样读读画画，自主了解文章内容。

在图像化策略的学习中，教师还鼓励学生通过了解意见椅、结构图、概念图、思维导图等多种形式，在自己的阅读过程中以图像甚至图式进行呈现、表达，为其他学科及今后的自主阅读、自主学习奠定基础。

可见在建设开放而有活力的语文课程过程中，教师有意识、多角度地引导学生学会在阅读中学习、运用阅读策略，能够不断激发学生的阅读兴趣，不断培养良好的阅读习惯，最终促进阅读素养、语文综合素养的全面提升。

第二章
预测策略研究

第一节 预测策略概念阐释

预,在《现代汉语大辞典》里解释为:预先,事先;测,推测,推想。联系两个字的意思,预测就是预先推测、推想。任何推测都不可能是空穴来风,预测就是由已知推测未知,由过去和现在推测未来。它是对尚未发生或目前还不确定的事物进行预先的估计和推测,是在一定的理论指导下,以事物发展的历史和现状为出发点,以调查研究数据和统计数据为依据,在对事物发展过程中进行深刻的定性分析和严密的计量统计基础上,利用已经掌握的知识和手段,研究并认识事物的发展变化规律,进而对事物发展的未来变化预先做出科学的推测。预测,有助于预测未来将要发生的或不可能发生的事件,我们称之为预测价值。

在各类文献中,对预测这个概念的论述不尽相同。如沈大安老师在2011年5月《PIRLS及其对国内阅读教学的影响》这个讲座中,是这样界定预测概念的:根据文章的题目、插图、作者、自己的知识经验等有效信息对文本进行猜测。预测有线索可寻,但无所谓对错。

也有专家这样论述:预测(predicting)就是利用已读过的内容推断文章接下来将发生的事情、事情发展的结局,并通过阅读后面的内容来加以印证和肯定。

还有专家认为,预测就是根据已有的信息对故事的结局、情节的发展、人物的命运、文章的观点等多方面进行预测。

其实,在我们的生活中,随处可见到预测,如预测天气状况、预测股票走向、预测宝宝身高、预测某两个相恋的人能否走到一起等等。有些预测比较接近事实,预测未来避免了一些不必要的损失,甚至对人帮助很大;

有些预测则不尽如人意,是错误的。可见,预测具有科学性、近似性,但同时也具有局限性,可能是由于预测者主观原因,如能力、认知水平、情感态度价值观所限,也可能是客观事实所局限。

国家地震局地球物理研究所吴忠良《地震预测研究中的"现实主义"——对地震预测研究中两个基本概念的讨论》一文中有这样一段话来论述经典地震预测:"经典的"地震预测,定义时间尺度最多为若干天,空间尺度最多为若干公里的地震预测。"经典的"地震预测研究,就是力图去找到能够实现这样的预测的方法。但事实上,这样的预测在物理上能否实现,这样的地震预测问题在物理上是否合适,在理论上并没有充分的根据。吴忠良认为要进行地震预测,要求必须要有"必震前兆"存在,假如没有"必震前兆",那么就很难进行数据分析。有了"必震前兆",有了事实存在,其次才有地震预测方法的改进。

牛慧恩在《城市规划中人口规模预测的规范化研究——〈城市人口规模预测规程〉编制工作体会》中有这么一段话:基于对我国城市人口规模预测中现存问题的分析,根据对预测本质特征的认识和理解,针对我国城市总体规划中的人口规模预测,提出了需要进行规范的四大方面及主要对策,分别是:界定基本概念、统一数据口径、进行多方案预测、表明预测依据。在这段文字中"表明预测依据"讲的就是这种事实存在。

事物都是相通的,在我们语文教学中,要让学生进行预测,必须提供"预测前兆""预测依据",而这些"前兆""依据",就是将要或正在学习的文本的题目、插图等相关内容。有了这些内容以后,再教给预测的方法、策略,学生就可利用已经掌握的知识和手段,以事物发展的历史和现状为出发点,对已有的信息进行分析—推理—预测,得出结论,然后才谈得上印证。假如印证预测偏移方向,师生还得一起合作,就文本和先前的推论反思预测偏移主旨的原因,虽然预测无所谓对错,但基本的方向,笔者觉得还是存在的。可以说,每一次预测的过程,都是发展、训练学生推理、想象能力,发展学生思维的过程。当然,还有一种情形是,提供了"前兆""依据"以及教给学生预测方法,学生的预测是否准确还要受学生个人先前的知识储备、逻辑推理能力的影响,学生知识面越广,思维能力越强,预测的准确性就越高。

第二节　预测策略的教学目标

孟子曰：凡事预则立，不预则废。预测作为一种有效的阅读策略，不但有利于提高阅读速度，还有助于快速捕捉到所需要的信息。

随着阅读教学研究的推进，我们看到阅读策略越来越受到关注。预测也是一项重要的阅读策略，培养读者的预测意识和技能可以提高阅读的效果。预测策略的教学正是遵循课程总目标，根据学生的心理特点，旨在通过各种预测策略的教学促进阅读理解，促使学生进行深层次的思考，并逐渐能在阅读过程中自主使用这些方法。

一、预测策略的总目标

《义务教育语文课程标准（2011版）》总体目标与内容中第5条倡导学生"能主动进行探究性学习，激发想象力和创造潜能，在实践中学习和运用语文"。关于阅读，《标准》中又明确指出要培养学生"具有独立阅读的能力，学会运用多种阅读方法"。

现代课程理论十分强调学习兴趣、态度、方法、习惯的培养以及学科对于人的全面发展发挥的作用，认为这些方面的培养比知识更重要。这标志着人们对学习结果的关注转变到对学习过程的关注。

预测策略的教学正是遵循课程总目标，旨在通过各种预测策略的教学促使学生进行深层次的思考，促使学生理解文章，并能在自己的阅读过程中使用这些方法。结合小学语文教学的培养目标，我们确定预测策略培养的总目标为：

1. 希望学习更多的知识，对阅读充满积极的期待与兴趣。
2. 敢于、善于猜测，有凭借阅读解决问题的欲望。

3. 能用预测积极思考,主动完成新的阅读。
4. 阅读过程中能进行验证,以促进后续阅读与学习。

二、预测策略的学段目标

学段	预测策略教学目标	制定依据	
		课标学段目标	心理特征
第一学段	1. 根据题目或标题,自问对文题已知道些什么 2. 利用插图或封面对故事情节进行猜测	1. 喜欢阅读,感受阅读的乐趣 2. 借助读物中的图画阅读 3. 阅读浅近的童话、寓言和故事	这个年龄段的孩子,心理特征带有明显的形象性、具体性、无意性,是儿童想象活动的敏感期,因此预测策略的重点在于培养学生有意地重现表象的技能,包括在头脑中有目的地产生丰富的表象,确定表象之间的联系和积极地变换表象的结构
第二学段	1. 依据文题或标题预测文章可能在讲什么,推测文章的内容、主题以及相关细节 2. 根据文章的第一段内容,预测本文可能在讲什么 3. 读文章的最后一段内容,预测事情的发展方向 4. 读转折处,预测文章的重点和主要内容 5. 掌握各段大意,注意它们的主题句;在此基础上,分析它们之间的逻辑关系	1. 学习略读,初知文章大意 2. 能联系上下文,理解词句的意思,体会课文中关键词句表达情意的作用 3. 能初步把握文章的主要内容	三、四年级是儿童思维发展的质变时期,即从具体的形象思维过渡到抽象的逻辑思维,能够初步认识概念的本质特征,运用概念进行判断和推理,能够具备比较明确的思维目的性,思维过程也开始有序、完整。教师应加强对学生阅读的指导、引领和点拨,但不应以模式化的解读来代替学生的体验和思考,要珍视学生独特的感受、体验和理解。
第三学段	1. 根据作者的写作风格,注意相关细节,分析作者的观点和态度;预测文章的风格特色以及大致内容	1. 学习浏览,扩大知识面,根据需要收集信息	

续表

学段	预测策略教学目标	制定依据	
		课标学段目标	心理特征
第三学段	2. 利用书中线索来做预测 3. 自问为何阅读,来决定是否详细阅读、背诵重点、或只要大略了解即可	2. 能联系上下文和自己的积累,推想课文中有关词句的意思 3. 在交流和讨论中,敢于提出看法,作出自己的判断	小学高年级开始,学生的抽象概念思维进入敏感期,高年级学生已能分出概念中本质的和非本质的内容,能认识正确与错误,区别主要和次要,并能进行逻辑论证。在阅读中,他们有了自己的看法,能作出自己的判断,所以更要提倡多角度、有创意地阅读,利用阅读期待、阅读反思和批判等环节,拓展思维空间,提高阅读质量

第三节　预测策略的教学内容

一、各学段选取预测策略的教学内容的依据

就阅读教学而言，具体的教学目标从第一学段到第三学段是循序渐进、螺旋上升的。低段为中高段打下基础，做好铺垫，中段是低段基础上的提升和发展，高段又是中段基础上的提升和发展。它们紧密关联，既有联系，又有区别，在具体的语言文字运用的学习上各有侧重。落实到具体的课文阅读教学中，学段目标的把握主要体现在教学内容的选择与创生以及教学方法的运用上。目标定位明确了，"教什么"的问题便基本得到了解决，"怎么教"也便定下了基调。目标定位不同，具体的教学内容和方法的选择也就不同。[1]

而预测策略的教学内容也正是立足《义务教育语文课程标准（2011版）》中的年段教学目标及经过实践验证的循序发展的预测策略的教学目标进行选择和调整，着重在二年级到五年级进行学习。

二、预测策略的教学内容

学段	课文篇目	主要运用的预测策略	拓展阅读
第一学段	二上 《3.植物妈妈有办法》（借助插图说说植物妈妈送孩子旅行有哪些方法，还会有哪些有趣的方法）	借助插图进行预测	《小老虎历险记》汤素兰著

---

[1] 李竹平.依据学段目标选择适切的教学内容和方法.[EB/OL].2014.6.30, http://blog.sina.com.cn/s/blog_62cbe34c0101cjey.html

续表

学段	课文篇目	主要运用的预测策略	拓展阅读
第一学段	《7.一分钟》（比较两幅插图，猜猜发生了什么事情） 《14.我要的是葫芦》（比较插图，说说发生了什么事情，猜猜为什么会这样呢？导入课题） 《15.小柳树和小枣树》（课题：小柳树和小枣树之间会发生什么有趣的故事呢？学完第一部分后观察第二幅插图：当小枣树结满果子后，他会对小柳树说什么） 《17.酸的和甜的》（借助连环画说说故事） 二下 《21.画家和牧童》（一个大画家和小牧童之间会发生什么故事） 《22.我为你骄傲》（你曾经做过哪些让人为你骄傲的事情？猜猜文中的小朋友做了什么事，让老奶奶为他感到骄傲） 《27.揠苗助长》（观察插图：种田人在干什么？这样拔禾苗能帮助它们长高吗） 《27.守株待兔》（观察插图：种田人在做什么美梦？为什么会这样呢？他的身上曾经发生过什么故事） 《28.丑小鸭》（比较第一幅和第三幅插图：从丑小鸭变成白天鹅，其间它到底经历了什么）	借助课题进行预测	《逃家小兔》（绘本）〔美〕玛格丽特·怀兹·布朗文 《猜猜我有多爱你》（绘本）〔英〕山姆·麦克布雷尼著 《列那狐传奇故事》〔法〕季诺著
第二学段	三上 《27.陶罐和铁罐》（按照铁罐的想法，它坚硬无比，可是为什么千年后只剩下陶罐的身影） 《28.狮子和鹿》（从课文最后鹿说的话进行猜测和推论。两只美丽的角到底给它带来了怎样的利弊）		《吹牛大王历险记》〔德〕埃·拉斯伯、戈·毕尔格著

续表

学段	课文篇目	主要运用的预测策略	拓展阅读
第二学段	《29.掌声》(通过阅读英子的前后变化猜测什么事情使她发生了如此巨大的变化)	依据文段前后对比进行预测	《夏洛的网》〔美〕E•B•怀特著 《窗边的小豆豆》〔日〕黑柳彻子著
	三下 《6.燕子专列》(燕子是候鸟,能长途飞行,怎么还用专列送) 《7.一个小村庄的故事》(村民曾经用斧头得到什么?为什么会全部失去) 《26.一面五星红旗》(如果我答应了老板的交换条件,故事会怎样继续发展)		
	四上 《9.巨人的花园》(揭题后直接出示最后一段话:"巨人的花园又成了孩子们的乐园",猜测在巨人的花园中发生哪些故事)	依据最后一段进行预测	
	《11.去年的树》(学完后,想象第二年的春天,两个好朋友又见面了,故事会怎样发展。对比课文中的故事,你有什么发现和感受)	依据转折处进行预测	
	四下 《5.中彩那天》(出示题目和第一节中母亲的话,猜测课文会讲什么故事) 《27.鱼游到了纸上》("鱼游到了纸上""鱼先游到了我的心里",这两句话作为课文的线索,帮助厘清阅读线索)	依据课文中重点句子进行预测	
第三学段	五上 《1.窃读记》(引导学生抓住课题和中心句:"我很快乐,也很惧怕——这种窃读的滋味!"从窃读的两种滋味进行比较阅读)	厘清线索进行预测	

续表

学段	课文篇目	主要运用的预测策略	拓展阅读
第三学段	《17. 地震中的父与子》（猜测1：如果挖到第38小时，父亲还是没发现儿子，会怎样？猜测2：如果父亲发现的是儿子的遗体，会怎样？猜测3：儿子让同学先出来，在救援的过程中，余震发生，儿子再次埋入废墟，父亲会怎样？比较课文和这三种预设，谈谈自己的感受和想法）		《青铜葵花》曹文轩著
	五下 《12. 半截蜡烛》（如果蜡烛在杰奎琳踏上最后一级台阶前熄灭了，剧情会发生怎样的转折）		《汤姆·索亚历险记》〔美〕马克·吐温著
	《16. 桥》（在阅读的过程中，你何时开始觉察老汉和小伙子的关系？你是怎么预测的） 《22. 临死前的严监生》（1. 设置悬念，猜想两个手指的含义。2. 阅读同类文字材料，感受情节的意外）	故事关键处进行预测	《鲁滨孙漂流记》〔英〕丹尼尔·笛福著

综上所述，就一篇具体的文本而言，细心研究课程标准，研究学段目标要求，依据学段教学目标进行教学内容的选择与创生，是每个教师的必修课。

第四节 预测策略的教学实践

一、由题目、封面入手预测文本内容,推动阅读

"好题一半文"。一个好的题目往往能让人充满阅读的期待,引起人的阅读兴趣。一个好的题目,有时也能揭示文章的主旨,了解文本大概。无论什么书,封面往往都是最先映入眼帘的,一些绘本光看封面就可以猜故事,还有的封面与封底连在一起构成了一幅完整的图画,而在阅读前对故事进行预测会激起强烈的阅读欲望。我们教学中可以根据题目或封面,大胆预测故事的发展,既可激发学生的阅读兴趣,又可提高学生的阅读水平。

案例1:《逃家小兔》教学

【教材说明】

本书讲述了一个关于母爱的故事。有一只小兔子,很想离家出走,妈妈知道后,没有责备和埋怨,而是陪着孩子在想象中展开了一场欢快而又奇特的追逐游戏,让孩子明白了妈妈对他深深的爱,从而使孩子打消了这个念头。

【教学目标】

1. 感受语言文字和图画的魅力,在享受快乐阅读的同时激起阅读的欲望。

2. 借助封面、插图和故事情节发挥想象力进行预测,进行角色体验等多种形式阅读,培养口头表达能力、创新想象能力等。

3. 了解图画内容,体会母爱的伟大。

【学习过程】

环节一：根据封面进行第一次预测

1. 师：绘本的名字叫《逃家小兔》，瞧，这是我们进入故事的第一道大门——封面。一只小兔子和他的妈妈在家门口的草丛里聊天呢！他们在说什么呢？

生：（略）

师：这只可爱的小兔就是故事的主人公逃家小兔喽！看，他静静地蹲在地上，望着远方，一定在想——我想离开家，可是我要逃到哪儿去呢？

你想不想知道故事中的小兔逃到哪里去了？那就注意看，认真听，下面进入故事啦！

环节二：学习交流故事，对故事情节进行第二次预测

1. 有一天，小兔突然要离开自己的家了，小兔说："妈妈，我要跑走啦！"这时候，你们会想到什么？

生：他想，我跑到哪儿去呢？

生：小兔为什么要跑呀？

生：家里不好吗？爸爸妈妈不爱你吗？

师：这一切来得是如此的突然，可是，兔妈妈什么也没有问，只是微笑着说：（出示）"如果你跑走了，我就去追你，因为你是我的小宝贝呀！"就这样，一场幻想中展开的欢快而又奇特的追逐游戏就开始了。

2. 小兔逃走了，妈妈当然要去——追，可小兔不希望妈妈追到它。仔细看看这幅图，这只小兔把自己变成了什么？

……

师：大家看，你注意到妈妈的神情了吗？此时，她的心里在想什么？

生：不管山有多高，路有多远，兔妈妈始终不会放弃逃家的小兔。

3. 小兔可带劲了，它简直就像孙悟空一样变变变！

猜猜小兔还会跑到哪里，他还要变成什么。

把你的猜测写在纸上，待会儿我们看看谁猜对的最多。

写好了吗?我们继续看故事哦。咦!小兔子怎么长翅膀了?它要变成什么?

4. 呀!小兔子要飞走啦!妈妈怎么办?

生:在广阔的田野里,妈妈变成了一棵妈妈树,她就这样站着,等着,张开着双臂,搂住向她飞来的小兔。

师:大树是鸟儿温暖的巢,妈妈的怀抱永远都是小兔温馨的港湾。看到这里,心里是不是有暖暖的感动?

环节三:对故事结局进行第三次预测

我们的小兔到底有没有逃家成功呢?让我们来进入故事的结尾。

生:小兔尽管绞尽脑汁,可是逃来逃去,他发现最终还是没有逃得了妈妈的追赶。怎么办呢?

生:伏在草丛里,他一动也不动了。

生:他好像累了,又似乎是在喘息。

生:通过这一场爱的捉迷藏,小兔子知道妈妈有多么爱他!

随机出示:"天哪!我不如就待在这里,当你的小宝贝吧。"

师:妈妈的爱在小兔眼里就是那温柔的风,那清甜可口的胡萝卜,那宽阔而又舒适的怀抱,那温暖而又惬意的臂弯,怪不得,小兔说:"天哪!我不如就待在这里,当你的小宝贝吧。"

……

二、由图画引入进行预测

在语文教材中,与文字内容相配的有很多插图。教学中,我们可利用插图,让学生进行预测,激发兴趣,推动语文学习。

如《清明上河图》《蒙娜丽莎的微笑》两篇课文都是略读课文。这两幅画都是世界名画。《清明上河图》是中国画中的极品,《蒙娜丽莎的微笑》这幅由达·芬奇创作的西洋画使无数人为之倾倒。两篇课文的教学目标也比较相近,重点都是了解并学习作者,抓住画的重点部分,介绍画的写作方法。不同的是《清明上河图》主要是介绍这幅画,内容相对来说比较集中;而《蒙娜丽莎的微笑》写的是作者去博物馆参观,文章的开头部分还写到一起去参观《蒙娜丽莎的微笑》的人有很多,侧面烘托这幅画的不同凡响。

案例2:《清明上河图》教学

学生欣赏《清明上河图》,说说自己最感兴趣的是哪一部分。大家边看边议论,然后饶有兴趣地交流觉得最好玩、最有意思的一个画面。

由此启发学生预测:作者可能会介绍《清明上河图》的哪个画面,会怎样介绍呢?通过阅读文本验证预测。

在课上了25分钟后,教师别出心裁地说:《清明上河图》是我们中国的名画,现在请你再欣赏一幅外国的名画——《蒙娜丽莎的微笑》(出示《蒙娜丽莎的微笑》,以及对该图的介绍)。假如你去博物馆欣赏这幅画,你再预测一下,可能会看到什么?听到什么?如果让你写写欣赏该画的经过,你会怎么写?

在此基础上推荐阅读《蒙娜丽莎的微笑》。

在这个案例中,教师引导学生从图画入手,先初步感知艺术的美,再启发学生由图画进行预测,猜测文本内容,然后阅读文本验证猜测。整个案例,由形象到抽象,再由抽象到形象,走了几个来回,学生无论形象思维还是抽象思维都得到了发展。更难得的是,整个课堂由于是学生预测—验证,验证—预测,学生始终是课堂的主人,教学过程呈现出一派活力,一派生机,达到了事半功倍的效果。

三、内容相近的课文,比对预测

小学课文阅读,大都是简短文本阅读,很多文章学生一读就懂。对有些内容相近的课文,有时通过比对预测,很快就能引导学生解决实质性的问题,节约时间,提高阅读的效率,并能为学生减轻负担。

《太阳》《太阳是大家的》都是三年级下册的课文。《太阳》是三年级下册第六单元第一篇课文,是说明文;《太阳是大家的》是三年级下册第七单元第一篇课文,是一篇诗歌。同样写太阳,由于文体不同,内容不同,教学目标迥然不同。这些学生是不懂的,他们在学习的时候,使用的方法往往是一样的。像这样内容比较相近的文本,可以通过比对预测引导学生展开学习。

案例3:三年级下册教学《太阳》

师:读了这两个课题,你觉得从课题上看,这两篇文章在写法上有什么不同?

生1:我觉得《太阳》应该会跟我们讲这太阳到底是怎样的,比如样子啊,特点啊,作用啊什么的。

教师根据学生回答随即在《太阳》这个课题下写上:样子　特点　作用

生2:《太阳是大家的》,应该讲太阳对大家的帮助。我们大家都离不开太阳。

教师在《太阳是大家的》课题下写上:对大家的帮助

师:老师听明白了,也就是说两篇文章,在写法上应该会不一样。《太阳》应该向读者介绍太阳,《太阳是大家的》主要应该写太阳对大家的帮助,是吧?好的,我们就来看看,猜测得对不对。

接下来师生合作,一起阅读这两篇文章,感受科学小品文与诗歌写法的截然不同,也让学生明白了:对于同一样事物,表达的形式有很多种,具体要选用哪一种形式来展开,则要根据需要来定。

四、在关键的情节处进行预测

连续剧之所以吸引人,是因为情节环环相扣,引人入胜。课堂教学也是一样,在小说或者记叙文教学中,在一些情节特别曲折处、动人处,让学生预测,动之以情,往往能收到意想不到的好效果。

案例4:浙江省杭州市天长小学蒋军晶老师的《临死前的严监生》课堂教学

1. 初读:读准字音

师:刚才学了《"凤辣子"初见林黛玉》,我们其实可以发现一点,一篇文章反复读,就可能有新的发现。《临死前的严监生》我们要反复读,有的文章是值得反复读的。我做一个调查统计,课前这篇文章你们读过了吗?

生:读过了。

师:注意我的用词,这篇文章课前至少读了一遍的请举手。

(生举手)

师:那位女同学你读了几遍?

生:三遍。

师:三遍肯定得举手啊,我说至少读了一遍的就得举手。非常好,蒋老师伸出一个手指表示对你们的赞赏,因为严监生喜欢伸手指头嘛。(生笑)你们猜猜蒋老师伸出哪一个手指表示对你们的赞赏。

生:大拇指。

师:都说是大拇指,为什么?

生:我觉得大拇指是对人的一种赞扬。

师:是啊,约定俗成了,大拇指表示赞赏。很好,至少都读了一遍了,有的读了三四遍了。这篇文章应该能读下来。我请一个同学站起来读。只要他读错了,字音读错了,其他同学马上举手示意,帮他点出来。哪位同学愿意起来读?

(一女生读课文)

师:表扬她预习还比较充分,字基本上念对了。但是,从另外一个角度说明,如果要把这篇课文读流畅,还要反复地读。

师:下面再做统计。这篇课文至少已经读了两遍的请举手。

(生举手)

师:蒋老师当然要伸出两个手指。猜猜看哪两个手指?有人如果要猜两个大拇指趁早把手放下。(生笑)

生:应该是大拇指和食指。

师:象形的吧,一个钩是吧?还不是,道理是有的。谁再猜?

生:我觉得应该是中指和食指,是yeah的意思。

师:一般一二三大家都会自然而然地说声"yeah",是吧?一二三——

生:Yeah。

2. 再读:感受人物形象

师:既然至少已经读了两遍了,蒋老师请你做一个判断题——严监生是个穷光蛋。(生示意错)那严监生不是穷人,你从哪里看出来?

生:因为屏幕上说他家有十多万两银子。

师:从这段话里面,看出他不是穷人。那么从课文里面能不能看出来?

生:在这篇文章的课题下面,它有一个蓝色的方框,后面一句说,在小说里,严监生是一个很有钱的人。

师:显而易见这是对整本书的介绍,它明确地告诉我们,严监生是一个有钱人。除了背景介绍之外,文章的一些细节能不能让我们感受到,他是一个有钱人?

生:奶妈称呼他为"老爷"。

生:他的二侄儿问他,"二叔,莫不是还有两笔银子在那里,不曾吩咐明白?"说明他已经吩咐了好几笔银子了。

生:他把管庄的家人都从家里叫过来,说明这一个庄都是他的。

生:"医家"就说明把医术很高明的人都请来了。

师:所以从种种蛛丝马迹,我们都可以看出严监生是一个有钱人。

(指幻灯片)有钱到哪个地步,这个时候可以看资料。我帮你们来读一遍:他家有十多万两银子,钱过百斗,米烂陈仓,僮仆成群,牛马成行。良田万亩,铺面二十多间,经营典当,每天收入至少有几百两银子。换现在,那可是实实在在的千万富翁啊,所以他是个有钱人。

3. 三读:梳理文章情节

师:再统计,这篇课文至少读了三遍的请举手。

(生举手)

师:好,大部分读了三遍以上。这时候,蒋老师要伸手指头,哪三个手指? 很多人在比画这个手指,什么意思啊? Ok!

师:蒋老师这样跟大家比画,无非想要跟大家证明,严监生的这个手指很重要。这是一个经典的细节。他没有像我们这么变换,他伸出了几个手指啊?

生齐:两个。

(师板书:两个指头)

师:我请一个同学迅速地跟我一起来梳理课文的情节,这两个指头很多人纷纷猜测,前面猜到了吗? 请一个同学跟我一起来完成这个情节。(略)

师:课文的大致情节是不是这样的? 这是我的板书,很简洁,但是有时候简洁会出问题。你最不满意的是蒋老师哪个地方的记录,写得不够准确?

生:严监生的动作。

师:你为什么不满意?

生:他每次都是不一样的。

师:怎么不一样呢,有谁能说得更清楚一点?

生:第一次的时候,他把头摇了两三摇;第二次的时候,把两个眼睛瞪得的溜圆;第三次的时候,他闭着眼睛摇头。

师：有这样一个变化。为什么强调这个变化的动作这么重要呢？

生：因为一开始，他伸了两个指头之后，他以为别人能知道他的用意，但是大侄子没有猜到，他有点失望。

师：我注意到了你的用词是有点失望，请你抓住这个特点继续往下说。

生：后来他发现他的二侄子也猜错了，所以他的感觉就有点儿失落，这样两个人都没有猜到了。

师：有点儿失落，继续往下讲。

生：后来奶妈说是不是两位舅爷，他就失望至极了。

师：失望至极。还要往下说吗？

生：然后他就认为已经没有人会猜到了。所以他就闭上眼睛摇头，结果他的夫人出来说是两茎灯草，然后就挑掉了一根，他就满意了，因为他节省了最后一点油。他是一个守财奴。

师：他刚才是有点儿失望，有点儿失落，失望至极。你们听明白了没有？哪位同学再说一遍，更简洁一点？把变化过程说清楚。

生：我觉得严监生的心情就是从有点儿失望变得很绝望，从很绝望到他妻子说了他想要的之后，他就很放心地走了。

4. 感受情节设计在塑造人物形象中所起的作用

方法一：复述

师：也就是说他的动作里面可以看出他心情、心理的变化。（师边说边板书）所以这个地方要强调摇了两三摇，这个地方要强调狠狠地、眼睛睁得的溜圆，这个地方要强调眼睛闭上了。下面给大家个艰巨的任务，根据这个板书，把这篇课文的大致情节说下来。就从这严监生伸出两个指头，大侄子走上来问开始。不一定要一模一样，大致把这个情节说下来，开始准备。

（生练习复述。师板书：情节）

师:好,不是背课文,谁先来试试看?所以你要说上蒋老师的课很轻松,未必哦。大家听一听。

生:严监生伸出了两个手指头,大侄子上来问,是不是有两个亲人没有来?严监生摇了两三下头;二侄子来问是不是有两笔银子没有吩咐,严监生眼睛睁得的溜圆,狠狠地摇了几下头;奶妈走过来,问是不是有两位舅爷没有来,严监生闭上眼睛摇了几下头;最后赵氏走过来问他是不是灯盏里面点着两茎灯草,唯恐费油,严监生点了点头,然后就走了。

师:大致情节对不对?复述对我们五年级来说很重要,再练练。

方法二:还原说书场景

师:古代的说书人是很喜欢说《儒林外史》的,更喜欢说《临死前的严监生》,而且蒋老师明确地告诉你,古代的说书人当说到这个情节的时候,有一个地方都会停下来。停下来的地方都会说一句我们很熟悉的话:欲知后事如何,请听下回分解。你们认为,那些说书人会在哪一个地方停下来?

生:我觉得会在两位舅爷之后停下来。

师:为什么?

生:因为后面是最精彩的部分。

生:我觉得因为前面三个人怎么猜都猜不对,所以吧那些听的人都很想知道伸出两个指头是什么意思。

师:听的人很想知道啊,也就是说在这个地方停下来,就是留了一个?

生齐:悬念。

(师板书:悬念)

师:那些从来没有看过这本书的人,听到这个地方停下来,第二次想不想去听啊?想去听的当然得买票。

生:吊人的胃口。

师:说得好,有悬念,悬念的作用就是吊人的胃口。那我就吊一吊大家的胃口,我来说一说。话说,那严监生伸出两个指头,大家纷纷猜测,这两个指头表示什么意思呢?这大侄子走上前来,问道:"二叔,你莫不是还有两位亲人未见面?"只见那严监生摇了摇头。二侄子也走上前来问:"二叔,你莫不是有两笔银子未吩咐明白?"再看那严监生时,只见他把眼睛睁得的溜圆,把头狠狠地摇了摇。奶妈忍不住了,抱了哥子插嘴道:"想是两位舅爷未在跟前,故此纪念。"那严监生闭着眼摇头,那手指头指得更加紧了。赵氏慌忙揩了揩眼泪,对严监生说:"爷,别人说的都不相干,只有我知道你的心思。"那么这赵氏有没有猜中这严监生的心思呢?她到底说了什么呢?欲知后事如何,请听下回分解。你看,想不想继续往下听呢?我做了个实验,没有看过这个故事、看过这本书的人,我问了好几个人,没有一个人能猜得到答案。为什么这个答案这么难猜?

生:一定是有钱人,他不会想到严监生的答案是这样的。

生:以前的灯草也很便宜,所以那么一个大富翁肯定不会为了两茎灯草,在临死前不顾自己的性命伸出两个手指头。

师:是啊,怎么猜得到一个大富翁临死前竟然惦念着两茎便宜的灯草呢?

生:一个富有的人,都有十多万两银子的人,他在临死前竟然不肯安心地去世,还一定要别人省下这么一点点油来。

师:这么一个强烈的反差,你觉得严监生是一个怎样的人?

生:太吝啬了。

生:我觉得他是一个爱财胜过爱命的人。

生:前面二侄子说是两笔银子,但是他摇了摇头,所以大家猜测跟钱应该是没有关系的。

师:是啊,按照常理来推测,前面的铺垫觉得跟钱没关系了,因为已经有人问过,可有两笔银子未曾吩咐明白?结果为的还是钱。也就是说这个答案太出人意料了。

生:他可能是一个很寒酸的人。因为他有钱,那么便宜的灯草,他还不肯拿出来。为他处理后事那么多钱也应该够了。

师:是啊,按照这个情节,要担心两茎灯草,让我们感觉这个人应该

是很寒酸的。所以一个强烈的反差,就像那位女同学所说的,真是太吝啬了。因为这个结局太意外了。(师板书:意外)

方法三:同类材料阅读

师:有悬念,有意外,让我们充分感受到严监生是这样的一个人。这就是情节的魅力。古今中外,写吝啬鬼的文章多了,很多人也都是通过情节来表现的。下面我们来欣赏一位国外作家的描写。

师:契诃夫的《醋栗》里面的两个片段。我读给大家听:从前我们城里有个垂危的商人。他临死时叫人端来一碟蜜。端来这碟蜜是为了干什么呢?悬念出来了,而且这个答案很意外。这个意外的答案体现出他是一个吝啬的人。再看第二个片段:有一回我正在一个火车站检查牲口,正巧有个马贩子摔到火车头底下,轧断了一条腿。我们把他抬到候车室里,血汨汨地流,样子真是可怕,可是他老求大家找回他的腿,老是着急……干吗要找回他的腿呢?悬念产生了,答案是很意外的,而这个意外的答案就告诉我们他是一个吝啬鬼。考虑一分钟,请大家猜测。

(生思考)

师:好,我请同学来猜一猜。第一个,端来一碟蜜是为了什么呢?

生:在临死前尝一尝蜜的味道是怎么样的,他吝啬得连蜜都没有尝过。

师:比较常规,虽然合情合理。

生:把蜜卖掉,再赚一点钱。

师:第二个,已经伤成这个样子了,还要找回他的腿,为什么?

生:裤腿上有个袋子,可能里面还有很多钱。

生:他是个吝啬鬼的话,可能装在袋子里的钱并不多,他也想拿过来。

生:我估计他可能是惦记着腿上的鞋子或者裤子。

生:他是个马贩子,他摔断腿,把腿当马腿卖了。

师:有些艺术不能模仿,是来欣赏的。因为有些东西是学也学不会的。我们来欣赏契诃夫的这两个情节的设置,看看他怎么留悬念,怎么给我们个意外的结局。(师出示完整片段)他临死时叫人给端来一碟蜜,把他所有的钱钞和彩票就着蜜一股脑儿吃到肚子里,让谁也得不着。再看第二个:他老是着急;原来那条轧断的腿所穿的靴子里有二十卢布,他生怕那点钱丢了。哪位同学也猜对了,给她点掌声。

(生鼓掌)

师:你看,临死前的严监生和这两个片段是不是有异曲同工之妙啊?跟我读:情节、悬念、意外。

(生跟读)

师:但是,这是表现吝啬鬼的一种方法。还有没有其他方法了?细节,就像凤辣子里面的语音、动作、神态。下面请大家欣赏另外一段描写吝啬鬼的,他是用语言来描写的。

师读:"可是,没多一会儿,后面花园里传来阿巴贡捉贼的喊叫声:'捉贼!抓凶手啊!抓杀人犯啊!我完蛋了,我的脖子让人割断了,我的钱叫人偷走啦!……我那可怜的钱啊,我亲爱的朋友啊!他们硬从我手里把你给抢走啦;你没了,我还活在世上干什么啊?我要死,我死了,我已经入土啦!你们没人肯告诉我是谁偷的吗?我要去报告法庭,我要请法官来审问全家的人:女仆、男仆、儿子、闺女都得审,连我也得审。你们不管谁我瞧着都可疑,都像偷我钱的贼。把你们全绞死才好。我求你们告诉我那个贼在哪里。如果我不能把钱重新找回来,我自己也得去上吊。'"是不是吝啬鬼?这段话不是白听的。请大家拿起笔,当这个情节发生到这里的时候,我相信严监生肯定有很多心理活动,请你将心比心,把严监生的心理活动写出来。你甚至可以像这位作家一样,稍微夸张一点。联系上下文,以严监生的口气、心理活动来写。

(生写,师巡回)

师:我们来欣赏几位,严监生在这样的关键点,心里会想什么?

生1:完了,完蛋了。我的钱啊,我的钱。我的一文钱啊,还可以买个包子呢!你们这些家人干什么吃的?还不是我供你们吃穿啊!你们帮我拿走那根灯芯啊!一群败家子,没用,太没用了。我对你们无话可说了。

一群笨蛋,这点思维都没有啊。我养你们干吗的啊?我死了,哇,太好了。可以摆脱你们这群笨蛋了。太好了啊!

师:有点夸张,言语中反复出现那群败家子。

生2:你们怎么那么笨啊!什么人啊,钱啊,我也管不了了。竟然点了两茎灯草,你们还想不想活了?我就是做鬼也不会放了你们的。敢情不是你们赚的钱,这可是我辛辛苦苦赚来的钱。你们这群败家子,赶快把那灯草挑一根下来,我还有一口气,就是一块石头也不允许你们搬走。

师:敢情不是你们赚的钱啊,我最喜欢这句话。

生3:每个人都不明白我的意思,一问三不知。求求你们,来个聪明点的,个个都不中用。这两个都白活了,你们都不知道,这个灯芯啊。要是再不挑掉一根灯草,我真想把你们打死。你们个个都不聪明,我干吗要在这里跟你们废话,大不了我直接上吊了。就算我上吊也要把灯草挑掉。

生4:我就要走了,点两茎灯草做什么!我的钱都是一分分赚来的。灯草就是钱,我的一生的陪伴啊!费了油,那都是我的辛苦钱啊。你们谁赶快去挑掉一茎,枉费你们都日日夜夜在我身边,却不知我心里想着什么。

师:枉费你们日日夜夜陪在我身边,却不知道我心里是什么想法啊。

生5:又费了油,又费了油,我又多了一笔开销。我都要死了,还在花钱。啊,我的心都要碎了,我好不容易攒下来的钱啊,你就要离我而去了。我宝贵的钱啊,我重要的钱,比我的生命还珍贵的钱,要是没有人猜中我的心思我就死不瞑目,你们怎么都这么笨呢。看,又多用掉一滴油,我的财富又少了一笔。这都是我辛辛苦苦赚来的钱啊。

师:同学们,以你们这个年纪写成这样很不简单了。如果我来写,我可能不这么写。但是你们已经写得很好了。从这个心理活动我们可以感觉到,严监生是一个吝啬鬼。但是我们这么多精彩的心理描写是不是要把它加进去呢?

生:不要加进去,因为如果加进去,我们就知道他在想什么,就没有悬念了。

师：悬念还是有，但只不过情节已经读出他的心理了，所以这篇小说胜在情节。最后跟我读这三个词，我们下课。情节、悬念、意外。

（生跟读）

师：今天我们一起学习了《临死前的严监生》，下课。

在这个案例中，蒋军晶老师多次让学生预测，从猜老师会伸出哪几个手指头到情节的关键处引导学生预测，让学生与文本共休戚。学生纷纷根据先前文本提供的信息，结合自己个人的储备，进行了合理的推理、预测，推动了学习的进程，落实了教学的目标，同时也发展了自己的推理水平、语言能力，收到了良好的课堂效果。

五、由影视作品或视频引入，进行预测

现行小学课文中，选入了一些很经典的名著选文，有选自《西游记》的，如《孙悟空三打白骨精》《猴王出世》；有选自《三国演义》的，如《草船借箭》；有选自《水浒传》的，如《景阳冈》；有选自《红楼梦》的，如《"凤辣子"初见林黛玉》……这些经典，大多早就被搬上银幕，好些作品学生都耳熟能详。教学这些选文时，可由影视作品或视频引入，进行预测。

案例 5：《"凤辣子"初见林黛玉》的教学

教师先让学生课前回顾红楼梦中的一些片段，让学生留意电视中人物的对话，关注王熙凤、林黛玉的人物形象，然后再来学习。

师：同学们，你们看了电视剧《红楼梦》的哪个片段？

生：我看了刘姥姥进大观园。

生：我看了黛玉葬花。

生：我看了晴雯带病为宝玉缝补孔雀裘。

师：嗯，真不错！你们有没有留意，《红楼梦》电视剧中的语言，跟我们平时的语言有没有什么不同？

生：文绉绉的。朗朗上口，很好听。

生：他们的语言就好像是古文一样，比如我看《黛玉葬花》，黛玉葬花时唱的歌词就是一首诗，特别凄美。

生：还有宝玉和黛玉偷偷看《西厢记》，那词，太美了。

师：你们猜测一下，《红楼梦》这本书的语言表达可能是怎么样的？

生：我猜就像电视剧中一样，语言很美，像诗一样。

生：我觉得，看《红楼梦》不应该是看，而应该读出来，因为它的语言像诗歌，而诗歌读出来才好听。

师：太棒了！同学们，我们今天学习这篇《"凤辣子"初见林黛玉》时，就要像这位"高手"说的，一定要读出来，大声地读，细细地读，感受《红楼梦》的语言美、形象美。

在这个片段中，学生由视频中的人物语言想到了学习《红楼梦》的方法，就是由影视作品或视频引入进行预测，然后再组织教学，是策略成功运用的一个精彩片段。学语文，学语言是关键；学语文，由文本学习，再引向阅读是我们语文教师努力的方向。若策略运用得当，学生就能经常穿梭于教材、原著、影视剧作品之间，这对提高阅读的鉴赏、审美、批判能力，都大有裨益。

六、由作者或者文章主人公的为人风格入手，进行预测

每个人总是带着个人的印记、个人的风格。由文章主人公的为人、风格入手进行预测，是高段进行有效自主阅读的一个好方法。

五年级上册教材安排了一组"鲁迅单元"。鲁迅先生，在当时的历史条件下发挥巨大的社会历史功用；鲁迅小说，即便是在今天，仍是我们精神文明建设锐利的思想武器。这单元教材的编排，直接印证了它存在的

意义。但,学生却怕学鲁迅的文章,觉得他的文章晦涩难懂。其实,像这样的情况还有,比如托尔斯泰,入编小学课文的《穷人》,学生在阅读时,往往也只能了解其表面内容。在小学高段,培养由作者或者文章主人公的风格、特征入手,进行预测,借此提高学生的阅读能力,是一项很有意义的事情。

案例6:《我的伯父鲁迅先生》教学片段

(教师事先与学生一起阅读鲁迅先生的书籍《朝花夕拾》《野草》《狂人日记》等,以及鲁迅先生的儿子周海婴先生写的《我与鲁迅七十年》等,了解鲁迅,走近鲁迅。)

师:同学们,我们已经阅读了大量鲁迅先生的书籍,也阅读了鲁迅先生的儿子周海婴先生写的《我与鲁迅七十年》,你觉得鲁迅先生是位怎样的人?

生:吃进去的是草,挤出来的是奶。鲁迅先生就是这样一个为人民奉献、不计回报的人。

生:"横眉冷对千夫指,俯首甘为孺子牛"就是鲁迅先生人格的写照。

生:看鲁迅先生的书,刚开始很累,语言很难懂,但慢慢地就看懂了,也喜欢上了这个"时代的战士",我觉得他很勇敢,很无私。

师:今天,我们要学的《我的伯父鲁迅先生》是他的侄女周晔写的。你猜一下,可能会写哪些内容?

生:我觉得侄女写鲁迅先生的文章,可能跟周海婴写的《我与鲁迅七十年》有一些相近的地方,因为都是亲人对鲁迅先生的怀念文章。可能会写一些鲁迅先生与周晔平时相处的一些小事。

生:我同意这样的说法。可能还会写一些自己看到或者听到鲁迅先生是怎样帮助别人的事。

师:同学们的预测,有根有据,但到底猜得对不对呢?马上翻开课文验证一下。

……

　　随后教学《我的伯父鲁迅先生》第一段,重点学习鲁迅先生帮助黄包车夫及女佣的部分。读到第一段我看到"送挽联送花圈的有工人,有学生,各色各样的人都有"时,再让学生预测:鲁迅先生可能会怎样帮助工人、学生?然后让学生阅读《一面》。由于学生对鲁迅先生已经有一个初步的认识,所以学起来比较轻松,提高了课堂效率,这也为上初中后进一步学习鲁迅先生的文章、了解鲁迅先生的为人奠定了基础。

《大盗贼》导读设计

(宁波市江东区外国语实验小学 张雪琴)

【学习目标】

1. 导兴趣:通过看封面、读插图、选读片段等,激发阅读兴趣。

2. 导策略:学习看目录预测。

【阅读过程】

一、聊一聊"心中的大盗贼"

1. 课件出示"大盗贼"三个字,说说你心目中的大盗贼是什么样的。

读书单一 印象"大盗贼"

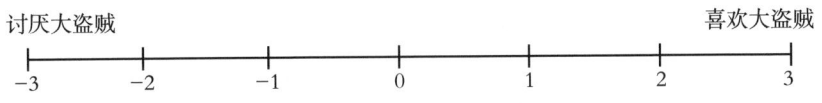

	印象分数	我的理由	
阅读前		1. 抢劫钱财。( )	2. 杀人放火。( )
		3. 说谎骗人。( )	4. 好吃懒做。( )
		5. (补充)	

2. 导语:今天我们要认识一位与众不同的"大盗贼"!(课件:音乐《大盗贼之歌》;封面)

3. 熟悉名字

我是名气很响很响的大盗贼,我在德国家喻户晓。只要提到"大盗贼",谁都知道我名字 —— 生:霍琛布鲁茨(出示卡片,注音)。

四十几个国家的小朋友都喜欢我,他们一看见我,就大声叫我 —— 生:霍琛布鲁茨。

二、认一认"我的朋友、敌人"

1. 谁是我的朋友？谁是我的天敌？(出示图片:大魔法师 警官卡斯佩尔 赛伯尔)

2. 向警官迪姆莫瑟尔问好 —— 小组轮读名字。

3. 帮警官一个忙:出示"通告"

小朋友们,"我是警官迪姆莫瑟尔(卷二图)。今天我接到卡斯佩尔奶奶报案,卡斯佩尔和赛伯尔已经失踪三天三夜了",请同学们帮我找找他们。

通 告

寻找卡斯佩尔及赛伯尔。

两人特征:分别头戴大红尖帽和绿色宽边帽。

若有知情者,请速到警察分所报告有关线索。报告人所有陈述,有关方面将予以保守秘密。

---

4. 最后向大家隆重推荐:法力无边的大魔法师 —— 茨瓦克曼

谁把我名字叫错,我就把他变成土豆、茄子、西红柿！(请同学叫名字。)

不,要叫我茨瓦克曼先生。(生读)

不,还得叫我大魔法师茨瓦克曼先生。(生读)

5. 同学们,名字很重要哦,喊错名字后果很严重的。书中就有这样的例子:

"就这么办。那么,卡斯佩尔,我就把你收留下来。你会削土豆皮吗？"

"会,死瓦克曼先生！"

茨瓦克曼顿时光火起来。

"你这小子,怎么把我的名字都改了?"魔法师气呼呼地嚷道,"我现在交代你,好好儿听着,你称呼我的时候,光称'先生'还不够。你必须称我'大魔法师茨瓦克曼先生'。一个字不许少。现在你可不能再叫错了!"

"是,我明白。大魔法师猪瓦克曼先生!"卡斯佩尔此刻装得格外的天真。

"你这畜生!怎么胡言乱语!"大魔法师一把揪住了卡斯佩尔的后脖梗,猛烈地摇动。"你这小子,认为我被你嘲弄,能一直忍耐下去吗?你说,你说,你想变成猴子还是蚯蚓?"

茨瓦克曼两个手指刮嗒一响,手里来了根魔杖。正待下手的时候,霍琛布鲁茨急忙拦住他向卡斯佩尔施魔法,劝阻他道:"我说,茨瓦克曼。这小子可不是故意把你的名字叫错的。他记不住你的名字呀!再说,他本是个愣小子呗!"

6. 根据你刚认识的人物,猜猜这会是一个怎样的故事。

三、导读第一章

1. 故事的起因还得从奶奶的咖啡磨说起。[电影 0:00—2:43)]

2. 大盗贼有没有抢走老奶奶的咖啡磨?他是怎么抢的?我们在阅读之前,先做个"我预测……"的游戏。

(老师板书自己的预测,同学们在学习单上写下自己的预测。)

目 录	阅读前(我预测……)	阅读后(故事真相是……)
1. 带七把匕首的汉子	我预测大盗贼杀死了老奶奶,抢走了咖啡磨……	大盗贼没有杀死老奶奶,但他抢走了咖啡磨……

3. 我们到底谁猜得对呢?赶快打开书,默读或小声读第一章《带七把匕首的汉子》,画出大盗贼说的话。

4. 故事的真相是……(老师和同学们一起填表右侧。)

5. 大盗贼真有趣,特别是说话有趣,我们选取一部分他和奶奶的对话,来演一演。

"把那东西给我!我说的就是这玩意儿!"

"对不起!您倒是先说说,您是怎么进的园子?是谁给您的权利,就这样对我大呼小叫?您究竟是什么人?"

"哈哈哈……您大概从来不读报吧,老太婆?使劲儿想想看!"

"您就是,就是——大盗贼霍琛布鲁茨?"

"正是鄙人。您可别在我面前耍什么花样,这我可不答应!快,快把那咖啡磨交给我!"

"这可不是您的呀!"

"胡说八道!按我说的去做!我数到三……"

"别开枪!……这咖啡磨,您、您、您拿走吧……"

"真是不识相,早交出来不就得啦!"

"给我仔细听着!坐在这长凳上不许动弹!给我轻声数数,一直数到999。"

"为什么?"

"什么为什么?数到999,你才可以喊救命。记住,不许提前一丁点儿!这可是我的命令,否则你吃不了兜着走!懂了吧,老太婆!"

"知道了。1、2、3……救——命"

此刻,大盗贼在你心中留下怎样的印象?(完成"印象大盗贼"第二行)

读书单一　印象"大盗贼"

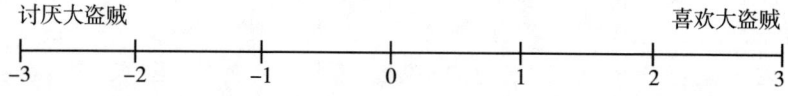

	印象分数	我的理由
阅读中		

(板书：角色图第二圈)

四、浏览目录，猜测故事情节

1. 过渡：大盗贼抢走了咖啡磨，后来又发生了什么事情？让我们一睹为快。（播放文中插图）

2. 这只小鸟是谁呢？原来是大盗贼霍琛布鲁茨。

3. 先猜测再阅读是不是很有趣？出示目录，选择喜欢的故事目录，猜想会有什么有趣的故事。

目 录	阅读前（我预测……）	阅读后（故事真相是……）
1. 带七把匕首的汉子	我预测大盗贼杀死了老奶奶，抢走了咖啡磨……	大盗贼没有杀死老奶奶，但他抢走了咖啡磨……

（先抽部分同学说，然后再请同学填表。）

4. 抓紧时间静静地读吧，阅读中你们不仅能看到大盗贼的真面目，还能找到阅读的快乐！

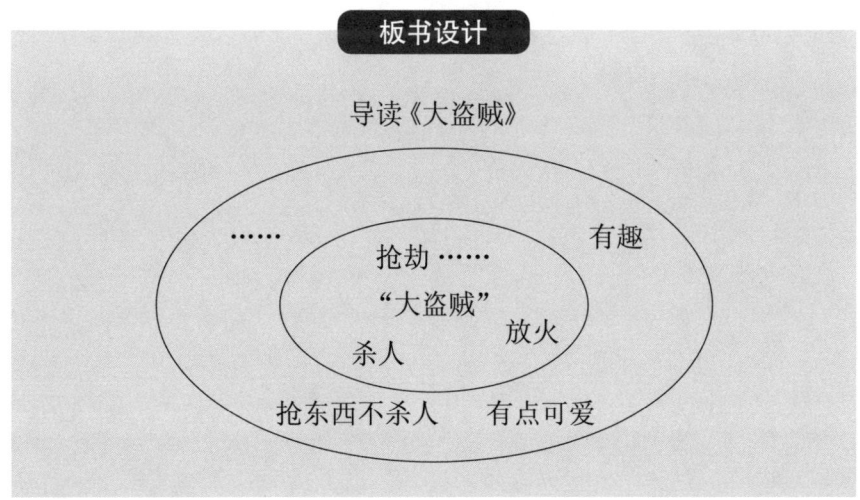

板书设计

导读《大盗贼》

第三章

图像化策略研究

第一节 图像化策略概念阐释

走进书店,可以发现不少"图画书",比如《绘本中国神话故事》《绘本安徒生童话》等。盘膝而坐的小书虫们也往往被这些图画书所吸引。的确,这类书有它吸引人的理由,比如说,"迅雷不及掩耳之势"这个词,在书中只用"咻"一个拟声词和形象生动的画面,就让孩子明白了。但是也有不少孩子对"图画书"产生了依赖心理,对文字的阅读兴趣随之降低甚至失去,从而丧失了"深阅读"的能力。上海教育报刊总社、少年日报社与复旦大学新闻学院曾联合展开调查,对上海青少年的阅读状况做了问卷调查分析,得出结论:中小学生过度依赖读图,思维能力降低。[1]

那么,如何让孩子不仅对图也能对文字的阅读产生兴趣,享受阅读的快乐呢?教师可以引导孩子关注充满细节描写的文学作品,鼓励孩子凭借"图像化"能力,在脑海中将文本中的场景、人物形象建立起来,在心理上与文本产生互动、共鸣。

什么是图像化策略呢?翻阅众多文献,涉及图像化策略的主要有两处:

一、知识可视化

知识可视化是一种"知识表征",是指知识的外在表现形式,它以理解的手段来承载知识,直接作用于人的感官。知识可视化的目的在于促

---

[1] 陈尚荣."读图时代"与文学消费的"快餐化"[J].南京理工大学学报:社会科学版,2009(10):66

进知识的获取、内化、交流、应用、传播和创新。知识可视化不仅是为了"表征"知识，更是为了将个人知识、群体知识、组织知识转化成能够直接作用于人的视觉感官的一种外在形式，比如概念图、思维导图、认知地图等。[1]

二、心象

心象是人脑中以感觉信息形式存储并再现的事物形象，它在人的认知活动中发挥重要作用。认知心理学的大量研究表明，心象与阅读理解紧密相关，心象的产生可促进读者对语篇的理解和记忆。[2]

第一种策略和图像化有相通之处，但又有所不同。而第二种策略的表述可谓是继承了中国的传统文化。《周易》曰："书不尽言，言不尽意……圣人立象以尽意。"古人在"言不尽意"的情况下"立象以尽意"，用"立象"来表达主体的思想情感。这里就把"意"和"象"联系了起来，指出"象"对于表达"意"有着"言"所不及的特殊功能。在中国古人看来，"言"并不是思想，而只是思想的工具，同样，"象"同"言"一样也是表达思想的工具之一。但是，这个策略对于操作层面的表述却略显模糊，如何使教师有章法可循呢？

台湾小语会会长赵镜中先生和浙江省小语会会员蒋军晶老师的观点可以启发我们对于图像化策略的思考和理解。

赵镜中先生认为，老师透过图画来帮助学生阅读理解，也就是把文本的内容化成脑海中的一个图像。图像化对孩子来讲是一个很好的学习管道，学生可以利用这种方式，透过文字阅读之后把它转化成为一种图像帮

---

[1] 杨俊珂. 知识可视化在小学语文教学中的应用研究.[EB/OL].2012-01-01.http://wuxizazhi.cnki.net/Article/ZXDJ2012Z1043.html

[2] 林中晨. 心象与阅读理解.[EB/OL].2013-03-13.http://wenku.baidu.com/link?url=8qlWS9MRilOaZDrvwhmSi6hTcfB1oURLkFe-FTfAahZ7cyJcFpBppfqb2YcIy1d3g2vo0zUmGnnf4sqC_FxyAPtL3boFeVpLNZGT_xtSD_i

助他理解记忆,通过这样的管道可以让文本变得更具体更生动。赵先生的这种策略使学生处在这样一个图像故事里面,更能够投入到故事内容,增强文本和文本的联系,考察孩子的创意。

蒋军晶老师以"视觉化"来定义"图像化"策略。他认为好的文学作品不仅为景写景,场景与情节间具有关联与预示作用。教师应让孩子多读有情境感和画面感的文字,并和孩子多做图像化的交流,比如:"告诉我,读这部分时,你看见了什么?""你能从故事中找出帮助你看见一个地方或一个人物模样的文字吗?"蒋老师引领学生在阅读过程中把文字情境化,创造心象。

在文献研究的基础上,我们认为图像化策略实际上是这样一种策略:在文字阅读的认知活动中,与文本产生共鸣,在头脑中建立故事场景、人物形象,通过心理上的图像构建来协助理解文本、促进表达。

回顾我们的日常课堂,在阅读教学中其实也用到这样的策略。比如五年级下册《自己的花是让别人看的》一文第3自然段中:"走过任何一条街,抬头向上看,家家户户的窗子前都是花团锦簇、姹紫嫣红。许多窗子连接在一起,汇成了一个花的海洋,让我们看的人如入山阴道上,应接不暇。"读完全文,你会发现,这是作者真正浓墨重彩、激情渲染的地方,相比其他自然段,这部分确实有着更多的热情。可以相信,当时街道上繁花似锦的奇丽景象的确给季羡林先生带去了一种强烈的视觉冲击,以至于他不惜笔墨地描写下来。"花团锦簇""姹紫嫣红""花的海洋""应接不暇"等词正是季老当时的感受,所以可以抓住这几个关键词提问:"透过'花团锦簇'这个词,你看到了怎么样的景象?""哪些词帮助你在脑海中描摹出一幅画面?是什么样的画面?"……引导学生化文字为视像,把文本内容化成脑海中的图像,把文字变得具体和生动,增强自己和文本的关系,提升了学生的想象力、理解力、表达力,同时也让文本有更多重的意义。

因此,图像化策略实际上是在文字阅读的认知活动中,与文本产生共鸣,在头脑中建立故事场景、人物形象,通过心理上的图像构建来协助理解文本、促进表达。

　　将文字图像化,原本抽象的、静止的文字转化成了鲜活的形象,长此以往,学生在学习的过程中会形成一种不自觉的形象思维倾向,即不自觉地在头脑中"描绘"所学内容的形象,这有助于教师了解学生的思考历程,促进学生多元表达、分享观点。所以,教师应该鼓励并引领学生在阅读过程中积极采用图像化策略。

第二节　图像化策略的教学目标

一、图像化阅读策略的教学总目标

皮亚杰（Piaget.J.）认为,儿童认知形成的过程是先出现一些凭直觉产生的概念（并非最简单的概念）,这些原始概念构成思维的基础,在此基础上经过综合加工形成新概念,建构新结构,这是建构主义的学习理论。学龄儿童的思维具有明显的符号性和逻辑性,能进行简单的逻辑推演,但在很大程度上局限于具体的事物,以及过去的经验,缺乏抽象性[1]。因此,借助图像化阅读策略,可以把抽象的语言文字具象化,把分析、概括、综合等思维过程变得更加可视化。通过三个学段的不断实践训练,不断进行螺旋式、层级性的发展,从而建构简单的阅读认知图式,有效地提高小学生运用阅读策略进行阅读的能力。由此,我们提出图像化阅读策略的教学总目标：

1. 通过多种途径的学习,构建学习词句以及简单的记叙文、说明文的认知图式。

2. 尝试运用情节梯、框架图等,厘清叙事性文章的段落篇章结构,概括主要内容,体会作者的思想感情。

3. 能边阅读边进行想象,丰富阅读感受,并进行简单的评鉴。

4. 学习绘制简单的思维导图,阅读简单的非连续性文本及说明性文章,获取有价值的信息,做出相应的解释与评价。

1　李政涛. 图像时代的教育论纲 [J]. 教育理论与实践,2004（8）：1-4

二、图像化阅读策略的学段目标

(一)第一学段图像化阅读策略的教学目标(小学一、二年级)

1. 能联系有关图像,大致说出课文中词句的意思,在阅读中积累词语。

2. 能根据文本中的图画,展开预测、想象、补白,丰富阅读感受。

3. 在教师启发引导下,借助结构图、角色对应图等,补说文章大致内容。

一、二年级的小学生,其形象思维和直觉思维较发达,这时候,运用图像化策略进行教学,有助于培养学生的发散思维,丰富阅读感受,激发阅读兴趣。同时借助结构图、角色对应图等,让学生补说有关内容,有助于其读懂几句话,为其后续自觉运用图像化策略,读懂段落和篇章结构,构建简单的认知图式打下基础。

(二)第二学段图像化阅读策略的教学目标(小学三、四年级)

1. 通过理解关键词句,尝试构建简单的学习词句的认知图式。

2. 借助情节梯、框架图等,画说文章的段落结构,初步把握文章的主要内容。

3. 学习绘制有关图像,提取信息,推想有关内容,获得更多的阅读感受。

三、四年级是小学生学习语文的过渡、发展阶段,这个阶段要帮助学生掌握阅读方法,初步形成阅读能力,养成良好的阅读习惯。在这一阶段中,学生已经会运用一定的方法来理解关键词句,这时,教师要引导学生尝试构建简单的学习词句的认知图式,使其运用理解词句的策略更为自觉和准确。通过让学生借助情节梯、框架图等,画说文章的段落结构,能初步培养学生的段落结构意识,提高整合思维能力,为其后续学习厘清文章的篇章结构,概括主要内容打下基础。三、四年级小学生的思维,正由具体形象思维向简单的抽象逻辑思维过渡,让学生绘制有关图像,提取信息并推想有关内容,有助于提高其思维的准确性和针对性,为其以后阅读简单的非连续性文本及说明性文章,获取有价值的信息做出相应的解释与评价奠定基础。

(三)第三学段图像化阅读策略的教学目标(小学五、六年级)

1. 通过自主阅读,尝试构建学习简单的记叙文、说明文的认知图式。
2. 尝试运用情节梯、框架图等,厘清叙事性文章的篇章结构,概括主要内容,体会作者的思想感情。
3. 学习绘制简单的思维导图,阅读简单的非连续性文本及说明性文章,获取有价值的信息,做出相应的解释与评价。

五、六年级的学生,已经具有一定的自主阅读能力,这时,教师让学生自主运用阅读策略进行阅读,并尝试构建学习简单的记叙文、说明文的认知图式,有助于提高学生运用阅读策略进行阅读的自觉性和阅读认知策略的运用能力,对其后续学习乃至终身学习具有长远的作用。通过第一、二学段的学习,学生已具备借助一定的图像厘清文章段落结构的能力,此时学生会自觉或不自觉地借助情节梯、框架图等,在冗长的语言文字中提取、概括出关键的信息与要点,学习概括文章的主要内容,体会作者的思想感情。而思维导图能把零散的知识按照一定的逻辑、类别、结构组织起来,形成一个完整的知识系统,[1]这有助于学生阅读简单的非连续性文本及说明性文章,获取有价值的信息,并且能从中发现要点之间的联系,进行相应的解释与评价,从而提高此类文体的阅读能力,发展思维。

---

1 梁艳春. 思维导图在大学英语阅读教学中的应用 [J]. 语文学刊:高教外文版,2008(8):118-123

第三节　图像化策略的教学内容

实际上,"将文字想象成画面"的策略,老师们经常在教学中运用。《义务教育语文课程标准(2011版)》中尽管没有直接出现图像化这一概念,但也包含着相关要求。以下是针对《课标》整理的各年段的与图像化策略相关的条文。

学　段	相关条文
第一学段	结合语文学习,观察大自然,用口头或图文等方式表达自己的观察所得。热心参加校园、社区活动。结合活动,用口头或图文等方式表达自己的见闻和想法。阅读浅近的童话、寓言、故事,向往美好的情境,关心自然和生命,对感兴趣的人物和事件有自己的感受和想法,并乐于与人交流。诵读儿歌、儿童诗和浅近的古诗,展开想象,获得初步的情感体验,感受语言的优美
第二学段	能复述叙事性作品的大意,初步感受作品中生动的形象和优美的语言,关心作品中人物的命运和喜怒哀乐,与他人交流自己的阅读感受。诵读优秀诗文,注意在诵读过程中体验情感,展开想象,领悟诗文大意
第三学段	阅读叙事性作品,了解事件梗概,能简单描述自己印象最深的场景、人物、细节,说出自己的喜爱、憎恶、崇敬、向往、同情等感受。阅读诗歌,大体把握诗意,想象诗歌描述的情境,体会作品的情感

各学段中提出的"感受形象""想象情境"等,实际就是"图像化"。由此,《课标》中的"图像化"主要表现在:(1)观察所得图像化;(2)人物形象图像化;(3)故事场景图像化;(4)诗歌情境图像化。

与《课标》配套的语文教材中有运用图像化策略的内容,主要体现在单元导语、略读课文学习导语、泡泡文、课后练习等助读系统里。

一、第一学段

目 标		适用篇目	说 明
能联系有关图像，大致说出课文中词句的意思，在阅读中积累词语。	一上	《2.四季》《5.爷爷和小树》《9.影子》《19.雪孩子》	这几篇文章都是一个或几个片段与一幅插图相对应，语言亲切、生动，几幅图画色彩明丽、形象生动，因此可以采用图文对应的方式来学习课文内容，借助图画自主阅读，从而理解课文中较难读懂的词句的意思，积累文中优美的词句
	一下	《14.荷叶圆圆》《18.四个太阳》《24.画家乡》《34.小蝌蚪找妈妈》	
	二上	《1.秋天的图画》《2.黄山奇石》《17.酸的和甜的》《18.称赞》《31.回声》《34.农业的变化真大》	
	二下	《9.日月潭》《10.葡萄沟》《11.难忘的泼水节》《12.北京亮起来了》《20.要是你在野外迷了路》《26.蜜蜂引路》《32.阿德的梦》	
	绘本阅读	《神奇校车：在人体中游览》《一粒种子的旅行》	图文结合阅读，有助于理解科普常识
能根据文本中的图画，展开预测、想象、补白，丰富阅读感受。	一上	《7.小小的船》《8.阳光》	文中需要先借助课件让孩子直观感受，如"弯弯的月儿""小小的船""河面闪着阳光，小河就像长长的锦缎了。"再想象课文所描绘的画面，让脑中的画面丰满生动起来
	一下	《19.乌鸦喝水》《21.称象》	这两篇都是讲"遇到困难，该怎么想办法解决"的道理。教学时，可以采用自制的教具进行直观演示。文末的问题创设了拓展思路的空间，留下时间和空间进行想象和补白
	二上	《7.一分钟》《14.我要的是葫芦》《20.纸船和风筝》《21.从现在开始》	这几篇课文插图中人物表情生动，通过借助图画，想象、补白人物的心理活动，对人物的心情体会更加深入，从而丰富阅读感受

续表

目标		适用篇目	说　明
	二下	《14.邮票齿孔的故事》《15.画风》《24.玩具柜台前的孩子》《30.爱迪生救妈妈》	通过联系插图或者生活情境,想象人物的心理活动,拓展思维,让阅读感受更加丰富
	绘本阅读	《大脚丫跳芭蕾》《母鸡萝丝去散步》《我有友情要出租》	根据画面中的色彩、人物表情以及画面之间的联系,展开预测、想象、推理、质疑等
在教师启发引导下,借助结构图、角色对应图等,补、说文章大致内容。	一上	《10.比尾巴》《17.雪地里的小画家》	形象地写出了动物尾巴和脚印的特点,通过图文对应的方式来观察动物的尾巴和脚印,了解动物尾巴和脚印的不同,深入浅出,富有童趣
	一下	《26.小白兔和小灰兔》《27.两只小狮子》《28.小伙伴》	这四篇课文都是两个或几个对象不同表现的对比,通过阅读,补填角色对应图,在比较中感悟其中的道理
	二上	《15.小柳树和小枣树》	
		《3.植物妈妈有办法》《23.假如》《30.我是什么》《32.太空生活趣事多》	这几篇文章的部分段式是并列的,通过绘制结构图、循环示意图等,补、说有关内容,有助于读懂文章内容,提高自主阅读、搜索信息的能力
		《20.要是你在野外迷了路》	
	二下	《5.泉水》《7.我不是最弱小的》《16.充气雨衣》《22.我为你骄傲》	这几篇文章,均按事情发展的顺序来写的,通过绘制情节梯、意见椅等,补、说有关内容,有助于读懂文章内容,提高自主阅读、搜索信息的能力

二、第二学段

认知心理学和现代教学论研究表明,借助图式训练能实现有效的阅读教学。研究表明纯文字的记忆效率大约是20%,但教师帮学生把文字转化为自己的心智图像时,记忆约可提升到80%。当文字转为图像时,有效率、有深度的阅读发生了。台湾的王秀梗老师也说:教给学生运用图像化阅读策略,就像给激发学生阅读兴趣的钓竿,教给学生阅读的步骤,就是钓法。给他钓竿、教他钓法,学生自然能够有自信、很快乐地钓鱼。[1] 教给学生初步掌握一些图像化阅读策略,有利于提高学生的阅读能力和阅读水平,使学生在学习过程中获得知识,得到思维训练,加速能力发展。

人教版语文教材很多篇目都适合运用图像化阅读策略来提高学生的阅读能力。例如:

图像化阅读策略		适用篇目	说　明
框架图	总分段式	例1:三上《11.秋天的雨》 秋天的雨,有一盒五彩缤纷的颜料……它把黄色给了……它把红色给了……金黄色是给……橙红色是给…… 例2:三上《22.富饶的西沙群岛》 西沙群岛也是鸟的天下……各种海鸟。遍地都是鸟蛋……厚厚的鸟粪…… 例3:三下《3.荷花》 白荷花在这些大圆盘之间冒出来。有的……有的…… 例4:三下《5.翠鸟》 它的颜色非常鲜艳。头上的羽毛……背上的羽毛……腹部的羽毛……	小学三、四年级正是学习段落的最佳阶段。而小学阶段的段落框架结构图式,可分为总分关系、承接关系、并列关系、因果关系、转折关系和递进关系等六种。认知心理学指出,阅读理解的内在机制是当课文中的线索激活了头脑中的结构图式之后,图式中的变量就会被课文中的信息具体化,学生会运用图式去同化新知识,或者改变图式,以接受新知识。比如,如果一个学生头脑中已经形成了"总分结构"图式,当拿起一篇文章时,他就能迅速激活头脑中的图式,[2] 阅读时只要找到该结构图式的各个变量,就能轻松理解并记住文章内容,他的阅读速度和效率肯定会超过头脑中没有图式的学生
	并列段式	例1:三上《22.富饶的西沙群岛》 ……珊瑚……海参……大龙虾…… 例2:四下《2.桂林山水》 水:静、清、绿　山:奇、秀、险	
	承接段式	三上《10.风筝》 做风筝一段:拔细苇——找纸做——憧憬着——取名字	

---

[1] 中学活化教学列车系列报道4——图像式教学策略 开启学生阅读世界.[EB/OL].http://epaper.edu.tw/print.aspx?print_type=news&print_sn=5525&print_num=0

[2] 沈菊英,汪文华.小学语文阅读图式训练策略.[EB/OL].http://blog.sina.com.cn/s/blog_4e9969d7010105ab.html

续表

图像化阅读策略		适用篇目	说　明
框架图	因果段式	例1：三上《22.富饶的西沙群岛》 海水五光十色，瑰丽无比……因为…… 例2：三下《21.太阳》 我们看到太阳，觉得它并不大……因为……	
	转折关系	例1：四上《22.跨越海峡的生命桥》 针头向皮肤刺去，一阵突如其来的余震……但是，李博士……那位青年…… 例2：四上《31.飞向蓝天的恐龙》 说起恐龙……谈起鸟类……二者似乎毫不相干，但近年来发现……	
	递进关系	例1：三上《19.赵州桥》 这座桥不但坚固，而且美观。 例2：四上《19.秦兵马俑》 兵马俑不仅规模宏大，而且类型众多，个性鲜明。	
情节梯	三上	例1：《10.风筝》 　　找风筝（垂头丧气　充满希望） 　　放风筝　（快活极了） 　　做风筝　（憧憬和希望） 　　　（童心童趣） 例2：《26.科利亚的木匣》 　　　　受启发 　　　挖木匣 　　埋木匣 　　（周围的一切都在变化）	国际阅读素养进展研究项目（PIRLS）将阅读能力分为四个层次：关注并提取明确陈述的信息；进行直接推论；解释并整合观点和信息；检视并评价文章的内容、语言和文本成分。选择人教版语文课本中故事性较强的阅读课文，梳理文章脉络，整理成图像化的情节梯，是属于高层次阅读第三层：综合理解文意。[1] 现实教学中，关于阅读教学我们往往训练的是低层次阅读，而高层次阅读训练较少。教学中如果能经常运
	三下	例1：《15.争吵》 　　　结果怎样？（好朋友　高尚） 　　打算怎么做？（防御） 　　之后心情怎样？（后悔　承认　悲哀） 　为什么争吵（故意　报复）	

1　张雪琴.班级读书会阅读策略在语文教学中的运用[EB/OL].http://qyxxyw.blog.163.com/blog/static/67402878201081303613639/

续表

图像化阅读策略	适用篇目	说　明
情节梯	**三下** 例2：《18. 她是我的朋友》 　　　　事后谈话 　　阮恒献血 急需输血 　　（舍己为人　无私奉献） 例3：《19. 七颗钻石》 　　　　　　钻石和清泉 　　　　金水罐 　　银水罐 　满水罐 空木水罐 　　（无私广博的爱能带来奇迹） 例4：《31. 女娲补天》 　　找石补天 　求助救人 灾难降临 　　（勇敢善良　无私奉献） 例5：《32. 夸父追日》 　　　化为山林 　奋力追日 向往光明 　　（追求光明　自强不息　顽强拼搏） **四上** 例1：《9. 巨人的花园》 　　　　　　　动听的歌 推倒围墙　请回孩子 鲜艳的花 　　　　　　　共同分享 　　　　　　鸟不唱歌 赶跑孩子　砌了墙 树木不开花 　　　　　　厚厚的积雪 　　（分享的快乐才是真正的快乐） 例2：《12. 小木偶的故事》	用"情节梯"这一形式无疑能提升学生的阅读能力。依据台湾八种阅读策略，整理情节梯属于第七种：统整。将新旧资料综合成一个新的构思和概念；需要读者抽取最重要的资料和意见来做摘要；把较琐碎的知识炼成重要的概念。从三、四年级学生的年龄特点来说，正是图文阅读至文本阅读的过渡时期。运用情节梯这一阅读策略能帮助学生逐步学会把握课文的主要内容，为进一步深入感知文本的内涵做好铺垫。在教学目标和教学设计中有意识地纳入情节梯的阅读教学策略，并保证在教学实施中有策略地落实，就能真正使阅读教学更有效，真正培养学生的阅读能力，提高阅读素养

续表

图像化阅读策略	适用篇目		说明
情节梯	四上	拥有各种表情才真正快乐 只会笑而受冤枉,遭误解,被怀疑 笑嘻嘻的小木偶 （笑是很重要的。不过,要是只会笑,那可是远远不够的。）	
	四下	例1:《13.夜莺的歌声》 　　　　投入新战斗 　　　协助歼敌 　　巧传情报 　诱敌上钩 　（机智勇敢　热爱祖国） 例2:《17.触摸春天》 　　　放飞蝴蝶 　　创造奇迹 　流连花香 　（热爱生活　热爱生命） 例3:《14.小英雄雨来》 　　　宁死不屈　机智逃生 　　掩护李大叔　勇斗鬼子 　游泳本领高　上夜校念书 　（热爱祖国　不畏强敌　机智勇敢）	

三、第三学段

（一）情节梯,梳理情节

1. 概念阐述:所谓"情节梯",从操作层面看,每一级台阶就是文章中的一个故事情节,若干个故事情节组成一座梯子,同时也梳理出了课文的主要内容。设计这样的练习对培养高年级学生概括文章主要内容的能力大有裨益。[1]以《梅花魂》为例,在学生初读课文后出示一道练习:课文用几

---

1 戴一苗.借鉴读书会实作模式,优化语文课堂练习设计.[EB/OL].[2014-06-20]. http://www.fjzzjy.gov.cn/newsInfo.aspx?pkId=135306

件事表达外祖父对祖国的思念之情,请你用小标题进行概括,完成情节梯。

吟诗落泪 —— 珍爱墨梅 —— 分别痛哭 —— 临别赠图 —— 行前赠帕

学生对课文进行梳理归并之后,再根据情节梯上的这四部分,整合起来概括主要内容,很快就能说出来了。此法一方面帮助学生从整体上把握课文的内容,另一方面也是教给学生一种概括主要内容的方法。像《小桥流水人家》《我的"长生果"》《走遍天下书为侣》等情节性强的课文,都适合运用情节梯来整体感知内容;另外对从几方面介绍某一事物的说明文亦可使用此法,如《鲸》《桂花雨》《新型玻璃》;但对散文、诗歌一类的文章并不适合。

2. 适用篇目整理

图像化策略选用	教材	适用篇目	说 明
情节梯	五上	《6. 梅花魂》	吟诗落泪 —— 珍爱墨梅 —— 分别痛哭 —— 临别赠图 —— 行前赠帕
		《8. 小桥流水人家》	流水 —— 小桥 —— 人家
		《7. 桂花雨》	欣赏桂树 —— 桂花香浓 —— 摇桂花乐 —— 桂花功效
		《9. 鲸》	鲸的大小 —— 鲸的进化 —— 鲸的种类 —— 鲸的生活习性(吃食、呼吸、睡觉、胎生)
		《10. 松鼠》	外形 —— 习性 —— 搭窝 —— 胎生
		《11. 新型玻璃》	夹丝网防盗玻璃 —— 夹丝玻璃 —— 变色玻璃 —— 吸热玻璃 —— 吃音玻璃
		《3. 走遍天下书为侣》	提问 —— 答问 —— 理由 —— 怎么做 —— 观点
		《4. 我的"长生果"》	"香烟人"小画片 —— 连环画 —— 文艺书籍、故事书 —— 中外小说 —— 做笔记
		《12. 假如没有灰尘》	减弱阳光强度 —— 散射七色阳光 —— 具有吸湿性能
		《22. 狼牙山五壮士》	接受任务 —— 痛击敌人 —— 引上绝路 —— 顶峰歼敌 —— 跳下悬崖
	五下	《1. 草原》	自然风光美 —— 民族风情美(喜迎远客 —— 主客联欢)

续表

图像化策略选用	教材	适用篇目	说　　明
情节梯	五下	《4.把铁路修到拉萨去》	冻土层复杂,施工难度大 —— 海拔最高,线路最长 —— 恶劣天气,极度缺氧
		《6.冬阳·童年·骆驼队》	学骆驼咀嚼 —— 问驼铃用处 —— 替骆驼剪驼毛 —— 追问骆驼去处
		《18.将相和》	完璧归赵 —— 渑池会见 —— 负荆请罪
		《20.景阳冈》	进店饮酒,执意上冈 —— 偏向虎山行 —— 与虎搏斗 —— 挨下冈来
		《21.猴王出世》	石猴出世 —— 探水帘洞 —— 石猴封王
		《26.威尼斯的小艇》	小艇作用 —— 小艇样子 —— 驾驶技术 —— 小艇与生活
		《28.彩色的非洲》	彩色的植物 —— 彩色的动物 —— 彩色的自然景观 —— 彩色的艺术
	六上	《4.索溪峪的"野"》	山"野" —— 动物"野" —— 人"野"
		《5.詹天佑》	勘测线路 —— 开凿隧道 —— 设计"人"字形线路
		《12.用心灵去倾听》	处理外伤 —— 治理内伤 —— 解决难题
		《13.只有一个地球》	生命摇篮 —— 地球渺小 —— 资源有限 —— 无法移居
		《15.这片土地是神圣的》	土地神圣 —— 善待河水 —— 善待空气 —— 善待动物 —— 善待大地母亲
		《17.少年闰土》	月夜看瓜 —— 雪地捕鸟 —— 夏日拾贝 —— 潮汛看鱼
		《18.我的伯父鲁迅先生》	吊唁鲁迅 —— 笑谈"水浒" —— 趣谈"碰壁" —— 救治车夫 —— 关心女佣
		《25.伯牙绝弦》	遇 —— 知 —— 别
		《23.最后一头战象》	英雄垂暮 —— 披上战甲 —— 凭吊战场 —— 魂归九泉

(二)概念圈,条分缕析

1. 概念阐述:杜威认为那种为人们所熟悉的,其本身可以充分理解的并能够用来判断其他种种事物的普通名词,就是一个概念。[1] 概念是确

1　初中语文概念教学策略初探.[EB/OL].[2014-06-20].http://www.docin.com/p-578840674.html

定的意义,能使我们具有类化的能力,能使我们的知识标准化,能帮助我们认识未知的事物。

把大量的事实综合在一起形成科学概念,再把更多的概念、事实和观察概括为内涵更集中的概念,并用清晰而简洁的符号加以标识,认识事物之间的联系,把握其整体特征和发展过程,将会大大提高抽象思维能力。第三学段是培养学生抽象思维的初级阶段——逻辑思维能力发展的重要时期,而获取概念和运用概念是培养学生抽象思维能力的第一步。建构"概念圈"可以唤醒学生已有的零散认识,形成较为完整的某个概念或概念群。以六年级下册古诗专项复习模块为例,1-6年级教材中共出现30多首诗歌,再加上必背古诗词70首,近百首的古诗逐一复习费时低效,我们可以依托概念圈将这些诗歌按不同的题材进行归类,如送别诗、写景诗、边塞诗、节日诗、思乡诗、乡村田园诗、哲理诗等。另外如说明方法、修辞方法、文学体裁等也可以运用这样的方法进行分类梳理。

2. 适用篇目整理

图像化策略选用	教学内容	说　明
概念圈	说明方法	作比较　打比方　举例子　列数字　下定义　列图表　引言论(作引用)
	修辞手法	比喻　拟人　反问　设问　对偶　排比　反复　夸张　借代　对比　反语
	描写方法	动作描写　语言描写　神态描写　肖像描写　心理描写
	文章体裁	议论文　记叙文　说明文　小说　散文
	议论文三要素	论点　论证　论据
	议论文结构	提出问题(引论)　分析问题(本论)　解决问题(结论)。
	记叙文六要素	时间　地点　人物　事件(起因　经过　结果)
	记叙方法	顺叙　倒叙　插叙　平叙　补叙
	小说三要素	人物　情节　环境
	小说表达方式	记叙、描写、说明、抒情、议论

续表

图像化策略选用	教学内容	说　明
概念圈	散文分类	议论散文　记叙散文　抒情散文
	文学体裁	散文　诗歌　剧本　小说
	记叙文开头句子作用	开篇点题；总领全文；引起下文，为下文作铺垫；设置悬念，引起读者的兴趣或思考；为下文埋下伏笔。
	记叙文中间句子作用	承上启下的过渡作用；段末起总结作用（总结上文，引出下文）；为下文埋下伏笔；为下文情节作铺垫；推动情节的发展
	记叙文结尾句作用	篇末点题；总结全文，深化中心；首尾呼应；点明中心，升华主题；令人深思，给人启示，让人觉得回味无穷；前后照应
	语句在表情达意方面的作用	渲染气氛；烘托人物性格（感情）；点明中心（揭示主旨）；突出主题（深化中心）
	归纳记叙文中心意思	找文章标题；语段中开头结尾处的抒情议论性句子；把文章主要段落的大意连贯起来，加以综合概括，然后指出作者借以表达的思想、感情、态度等；从时代背景入手分析；从作者对人物或事物的态度判断
	常见写作手法、表现手法	联想、想象、象征（托物言志）、比较、对比、衬托、反衬、烘托、以小见大、借景抒情（情景交融）、伏笔和铺垫、前后照应（呼应）、直接（间接）描写、扬抑（欲扬先抑、欲抑先扬）
	概括段意	摘句法：在文中找出中心句作为段意（有时要对中心句进行适当的删改）。概括法：例1：（记叙的段落）记叙了＋人（组织或单位）＋时地＋何种情况下＋结果。例2：（描写的段落）描写了＋××景物＋××特征。例3：（议论文）运用××论证方法（或论据）＋从××角度（方面）＋论证了××观点。例4：（抒情的段落）抒发了怎么样的感情。合并法：有些文段有两个以上的主要内容，就要把表达这些内容的短语组合成句
	说明顺序	空间顺序（由上到下　由左到右　由近到远等）；时间顺序；逻辑顺序（1. 总分式：总—分；分—总；总—分—总；2. 先主要后次要；3. 先原因后结果；4. 由现象到本质；5. 由性能到功用；6. 由一般到特殊；7. 由整体到局部；8. 先概括后具体
	说明文语言特点	准确、平实、简明

（三）范恩图,比较异同

1. 概念阐述:范恩图又名维恩图,图中两个圈表示两个子集合,中间的集合就是两者兼具的内容,两边的半个圈表示两者不同的地方。用范恩图来做比较分析,以简单明了说明问题见长,可以一目了然地比较出两者的异同,在科学学科练习设计中经常可见。笔者曾在五上《松鼠》一课的教学中,使用范恩图进行比较:《鲸》和《松鼠》同属于说明文,两篇文章在表达方法上有哪些相同和不同的地方。

借助这样的载体,学生通过探究,很快明晰同样写松鼠,既可以采用记叙文形式写几件趣事,也可以采用说明文形式,介绍松鼠的生活习性。不同的体裁表达同样的喜爱之情。

2. 适用内容整理

策略选用	教学内容	说　明
范恩图	五上第一单元都是写关于书的话题,试比较表达方式及选材的异同	《1. 窃读记》同龄人阅读故事,让我们感受到作者阅读中的复杂滋味;《2. 小苗与大树的对话》采用访谈录的形式让我们获得了读书的启示;《3. 走遍天下书为侣》通过记叙作者旅游途中的经历让我们了解读书的方法;《4. 我的"长生果"》重在了解阅读的功效。写作角度不同,但都表达了作者对书的喜爱
	试分析诗词的异同	诗:只有题目和作者; 每句字数相同,一般五言或七言; 平仄相对,句末押韵; 词:既有词牌名和题目,分上下阕; 字数长短不一,又叫长短句; 平仄相对,句末押韵
	句式变化	陈述句与感叹句之间转换; 把字句、被字句和一般句式的转换; 反问句和陈述句之间的转换; 排列句子(时间顺序,空间顺序,逻辑顺序,按事物的几个方面,总分结构,先概括后具体,由现象到本质); 直接引语和间接引语之间的转换; 仿写句子; 用关联词把两句话连起来

通过梳理，我们发现无论哪个学段，都有对图像化策略的实施要求，并根据学生年龄和心理的不同特点，提出循序渐进的要求。

叶圣陶先生说：必须驱遣我们的想象，从文字看出一幅图画。将文字图像化，原本抽象的、静止的文字转化成了鲜活的形象。长此以往，学生在学习的过程中会形成一种不自觉的"形象思维"倾向，即不自觉地在头脑中"描绘"所学内容的形象，便于教师了解学生的思考历程，促进学生多元表达、分享观点。所以教师应该鼓励、要求孩子在阅读过程中积极采用图像化策略。

第四节　图像化策略的教学实践

《义务教育语文课程标准（2011版）》指出，"学生生理、心理以及语言能力的发展具有阶段性特征，不同内容的教学也有各自的规律，应该根据不同学段学生的特点和不同的教学内容，采取合适的教学策略。"因此，在运用图像化阅读策略的时候，要关注小学生的身心发展特点，要根据语文学习的规律，通过语文实践活动，使小学生逐渐在头脑中建构简单的阅读认知图式，有效地提高运用阅读策略进行阅读的能力。

一、观察 — 想象，使图文阅读向文字阅读迈进

《课标》在第一学段阅读目标中有一条："结合上下文和生活实际了解课文中词句的意思，在阅读中积累词语。借助读物中的图画阅读。"一、二年级的小学生，其形象思维和直觉思维较发达，他们对图像阅读更感兴趣。由于生活经验的缺少、词句积累的贫乏和语感的缺乏，削弱了学生对抽象的语言文字的阅读兴趣，且阅读过程又会遇到很多障碍，因此，"借助读物中的图画阅读"，引导学生观察图画，能帮助他们理解词句，从而克服阅读障碍，获得一定的阅读感受。以下《两只小狮子》的教学片段，教师充分利用课文中的插图，引导学生观察、思考，不仅使学生理解了词句的意思，而且促使他们的思维向纵深发展。

出示句子："一只小狮子整天练习滚、扑、撕、咬，非常刻苦。"
师：请大家看看文中的插图，图中的这只小狮子在练习哪一项本领？
生：这只小狮子在练习扑。（边回答边学着图中小狮子的样子做出

"扑"的动作。）

师：是的。那么你们又从哪里看出他练得非常刻苦？

生：他扑得很用力，你看，他扑到地上，地上都飞起了很多尘土。

师：你真会观察，从图中的泡泡符号中，你看出小狮子扑得很猛，非常刻苦。

生：他瞪着大眼睛，张着嘴巴，好像使出了全身的力气，在猛地扑去。

师：你抓住了小狮子的表情进行观察，也体会到了他的刻苦，真好。

生：他竖着小尾巴，这样就能使出力气来呢！

师：是的，图中的小尾巴也在告诉我们呢！多么刻苦的小狮子呀！如果你就是这只小狮子，说说你为什么要这么刻苦练习本领。

生：只有学会生活的本领，我才能成为真正的狮子。

生：只有掌握了生活的本领，我才能成为林中的大王。

生：爸爸妈妈总有一天会老的，我只有学会生活的本领，才能生活得很好。

师：是的，这只小狮子也正是这么想的，因此他练得很刻苦。让我们一起有感情地朗读吧。

当然，随着学生年级的升高，生活经验及词语积累的丰富、语感和思维的发展，他们对语言文字的理解力进一步提高，这时，引导学生运用想象，对语言文字所描述的形象、情境在头脑中加以再现，有助于他们品味词句，体会关键词句表情达意的作用，以及推想课文中有关词句的意思。如《颐和园》一文的教学片段。

（出示文章第四自然段）

师：请大家边读边想象画面，待会儿来交流你的体会。

生：颐和园的景色真美呀，树木郁郁葱葱，黄的、绿的琉璃瓦在阳光下闪闪发亮，还有那朱红的宫墙，古色古香，令人流连忘返。

生：昆明湖水平如镜，绿得似一块碧玉，真美。

生："游船、画舫在湖面慢慢地滑过，几乎不留一点儿痕迹。"这句话让我感受到了安静。

师：你很会体会，这应该是一份宁静之美。但是颐和园是游览胜地，游人如织，该是热闹非凡，怎么会给人这一份宁静之美呢？

生：因为作者是站在万寿山佛香阁前观赏远处的昆明湖，只看到游船点点，在湖面上移动，却听不到湖面上的声响。

师：你能联系上下文和生活经验体会，真了不起。作者这个"滑"字，就是体现了远处湖水的平静和游船移动的景象，用词真是精妙啊。让我们用朗读来表现这一份感受吧。

在这一片段中，教师采用的方法就是让学生边读边想象，利用其平时的积累去用心体会。在交流中，"闪闪发光""古色古香""水平如镜"等词语，说明学生的表达已不是对文中语言的照搬照抄，而是有了自己丰富的想象和体会。而对"滑"字的品悟，更是精妙。只有联系上下文和生活经验，脑海中对文中语言文字的表达产生了适切的画面，才能真正品出文字背后所要表达的意思和韵味。

二、补说 — 画说 — 绘制，使扶助阅读向独立阅读迈进

维果茨基认为，教育对儿童的发展能起到主导作用和促进作用，但需要确定儿童发展的两种水平：一种是已经达到的发展水平；另一种是儿童可能达到的发展水平，表现为"儿童还不能独立地完成任务，但在成人的帮助下，在集体活动中，通过模仿，却能够完成这些任务"。这两种水平之间的距离，就是"最近发展区"。把握最近发展区，能加速学生的发展。因此，在图像化阅读策略的教学中，我们要根据学生的身心特点，有层次、有梯度地设置相应的实践活动，促进学生图像化阅读策略运用能力的不断提升，从而有效提高他们的阅读能力。根据《课标》三个学段的阅读目

标,我们通过"补说——画说——绘制"三个层次,让学生学习绘制简单记叙文和说明文的结构框架图,并借助图像,学会概括文章主要内容,体会文章的中心思想。

1."补说"。所谓"补说",就是在教师绘制的简单结构图中,通过老师的启发和学生自主、合作、探究性的学习,能对结构图中的几处空白处进行口头补充,从而帮助学生读懂文章讲了些什么内容。

如在教学人教版一下课文《看电视》时,教师先指导学生学习第二诗节,并绘制简单的结构图,指点学生说出这一节是写"爸爸为了奶奶把球赛换成了京剧"。在此基础上,引导学生通过合作学习,借助结构图的提示,让学生补说第三、四诗节的内容。学生有了图像的支持,阅读更有目标性,使思维可视化,补说的效果也非常好(见下图)。

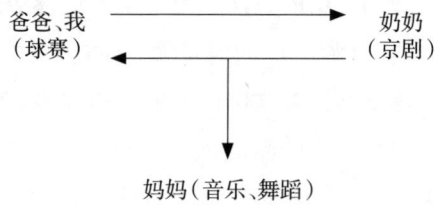

2."画说"。"画说"是在学生对结构图有一定认识和补说基础上的高一层次的实践操作活动。通过教师的启发引导,让学生根据文章的段落结构,画出有关结构图,如框架图、情节梯等,并让学生结合图像学习说说文章的主要内容。

如人教版四上《秦兵马俑》,可以让学生根据文章的段落结构画说框架图(见下页)。

学生通过画说框架图的实践活动,不仅认识了文章的段落结构,同时对文中的"兵马俑不仅规模宏大,而且类型众多,个性鲜明"这一过渡句的作用体会更为深刻。

3."绘制"。这里的"绘制",是指学生经过第二学段"画说"结构图的实践,对各种结构图了然于心。在自主阅读时,能根据文本结构的特

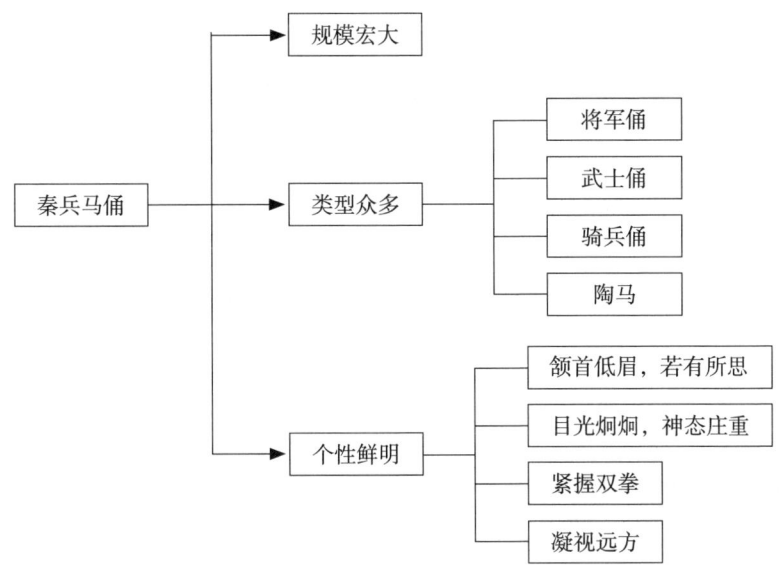

点,结合自己的爱好,绘制各种结构图。同一篇课文,全班学生所绘制的结构图可能是各种样式的,呈现出百花齐放的局面。

如教学人教版五下《鲸》时,学生绘制的结构图不拘一格,有框架图,有思维导图,还有表格等,但都较好地表现了文本的篇章结构和主要内容。

（1）框架图

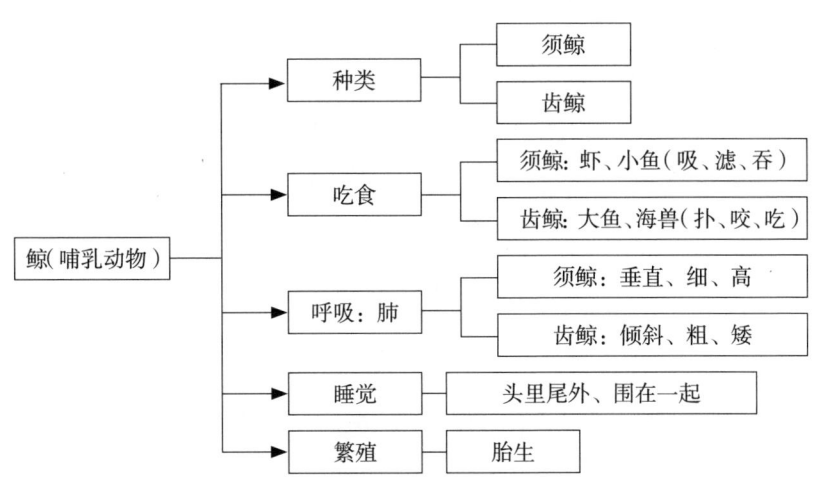

（2）思维导图

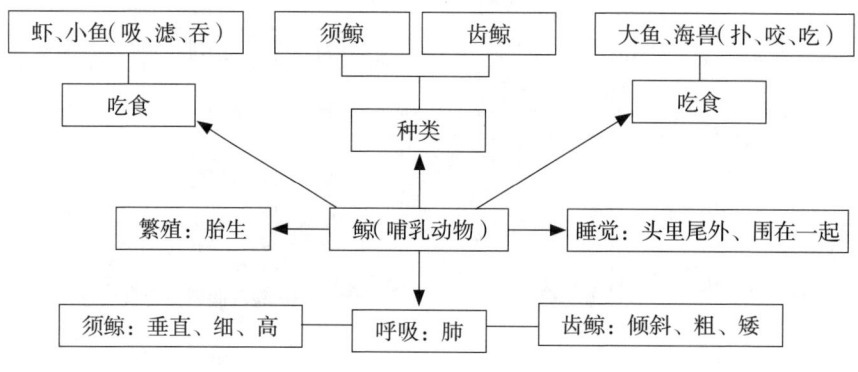

（3）表格

鲸（哺乳动物）	种类	须鲸	齿鲸
	吃食	虾、小鱼（吸、滤、吞）	大鱼、海兽（扑、咬、吃）
	呼吸（肺）	垂直、细、高	倾斜、粗、矮
	睡觉	头里尾外、围在一起	
	繁殖	胎生	

图像化策略典型课例

人教版六年级上册《索溪峪的"野"》教学设计

(宁波市白鹤小学 蔡婷尔 严洁)

【设计理念】

　　思维导图是英国心理学家、教育学家东尼·博赞发明的一种运用大脑思维的新型工具,它将无形的思维可视化,并具有发散性。那看似简单的图形,却能更好地将文本的文路和学生的思维以图形的方式展现出来。它的绘制给师生头脑中创设了一个全景图,可以一目了然地看到各个层次之间的关系,加强了学生对所学知识的理解和应用。《索溪峪的"野"》这篇略读课文文路非常清晰,是十分适合初步接触思维导图的学生绘制结构图的。

【学情分析】

　　六年级学生已经具有一定的概括能力和思维发散能力,适合利用思维导图来学习归纳和概括课文,并能利用图示分析得出自己的观点。

【教学目标】

　　1. 正确、流利、有感情地朗读课文。

　　2. 利用思维导图,梳理课文的结构,并得出作者抓住景物特点描写的表达方法。

　　3. 感受索溪峪风景区天然野性的自然风光。

【教学重点、难点】

　　感悟文章的野性美,领悟作者的写作方法。

【教学过程】

一、视频揭题,初识野趣

1. 欣赏风光,畅谈感受

(播放索溪峪风光视频)同学们,这是哪里?(板书:索溪峪)对,这就是我们今天足不出户,却要一起神游的张家界武陵源的索溪峪。谁能用一个词或一句话来说说你所看到的景物?

2. 揭示课题,激发兴趣

刚才,同学们欣赏了索溪峪的风光,都不约而同地谈到了"壮观""美丽"等词眼。可是,在当代作家曹敬庄看来,"走进张家界的索溪峪,脑子里只剩下了一个字:野"。(板书:"野")到底是怎么回事呢?今天我们就来学习曹敬庄游览索溪峪后的一篇游记!(板书"的",生读课题)

二、初读感悟,领悟题眼

1. 自由读课文,思考以下两个问题

(1)读了文章后,索溪峪给你留下了什么印象?

(2)这篇文章从哪几方面来写索溪峪的?

2. 小组合作,制作思维导图,厘清文本的结构思路

(1)课文第一段"走进张家界的索溪峪,脑子里只剩下一个字:野"。

(2)山野、水野、动物野、游人野。

文中的"野"是相对于其他山而言,那些景观被雕琢了,被"家"化了,已经有人们的审美意识在里面。而索溪峪的山则是随心所欲的、无拘无束的、极其自然的、狂"野"不羁的美。这种美乃自然之所赐,无人为痕迹。

【设计意图】从学生或默读、或浏览全文后的交头接耳中,教师感受到了每个学生思索、交流的过程,孩子已经能够大致将《索溪峪的"野"》这篇文章的结构很好地用图形的方式表现出来了。面对自己发现的文章总分段式,每段结构上的类似性,学生雀跃不已。跳一跳摘到苹果的过程

无疑是愉悦的。

三、细细品读，领悟表达方法

山野、水野、动物野、游人野，根据这几个关键词，继续下一层的思维导图（"野"具体表现在哪里？）。

小组交流展示汇报。

预设一：山"野"表现在哪里？

1. 惊险、磅礴、随心所欲、不拘一格。（课件展示）

2. 品读各种不同的美，欣赏画面，读文章。指导朗读。

3. 作者一开始把它与其他的景点进行比较，那他是不是在贬斥它们呢？为什么？（强调美的不同，是一种天然的美，没有人工雕琢的美）

4. 作者是怎样把这"野山"逼真地展现在我们面前的呢？（先概括后具体）

预设二：水"野"表现在哪里？

文章在描述时用了什么修辞手法？指导朗读。

预设三：动物"野"表现在哪些方面？

预设四：游人"野"表现在哪些方面？

这四段文字有一个共同的特点就是抓住景物特点，先概括表述再具体描写。

男女生合作朗读。

【设计意图】我们的语文课，究竟该教给学生什么？究竟怎样才能真正促进学生语文素养的提升？中国的语文教学历来倡导"文道统一"。如何实现"文"与"道"相辅相成的"鱼水关系"？如何处理好"内容理解"和"语言文字"之间的关系？这是新课程推进至今我们必须要解决的重要问题。如何体现语文学科"工具性"与"人文性"相融的性质？在具体操作上，我们以为，关键是方法要得当。用王荣生老师的一句话来说，就是"语言文字抓住了，思想感情跑不了"。

附学生阅读形成的思维导图：

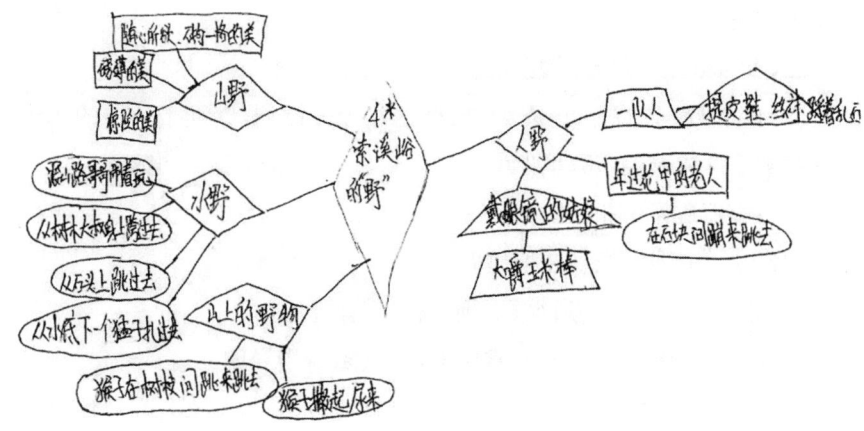

四、回归整体，拓展延伸

师：不同的人对同样的风景会有不同的感受，作者此时看到的山不再是山了，水也不再是水了，它们是充满朝气的青年、充满灵气的孩子，它们率真而自然，不加修饰，不加雕琢，用自己的纯真荡涤着游客的胸怀。作者深深地爱上了这片神奇的土地，把自己的感情都赋予了这美丽的山川。在作者眼里索溪峪简直就是大自然的宠儿。你读了这篇文章有何感受呢？想不想把它介绍给大家？请课后搜集有关资料为索溪峪写一篇导游词吧，介绍大家来玩。

【设计意图】本环节的设计有助于将课堂教学引向社会生活，注重语文实践，学生的思路拓宽了，思维活跃了，想象的翅膀展开了。这才是新课标追求的境界。

今天，我们来到索溪峪，在领略了奇山秀水后，也抒发了心中感想（指导学生适当运用优美的词语和一两种修辞手法，以真正实现活学活用）。美妙的事物总能吸引我们的眼球，引发我们的遐想。相信有一天，当你们亲历索溪峪，写下的感受定会更加精彩。到那时，再来欣赏你们的佳作，那会是多么奇妙的感觉。老师期待着！

板书设计

索溪峪的"野" { 水野 / 山野 / 动物野 / 游人野 } 抓住景物特点
先概括表述再具体描写

第四章

提问策略研究

第一节　提问策略概念阐释

目前,我国学生的问题意识有待培养,主要表现在相当多的学生随着年龄和年级的增长,其提问的欲望和次数呈明显的下降趋势,两者呈现一种反比的关系。据我国中小学生学习与发展课题组的研究发现[1],从小学到高中,学生在课堂上主动提出问题、回答问题的积极性越来越低。调查结果显示上课听讲遇到问题当场主动提问的学生中,小学生占 13.8%,初中生占 5.7%,高中生仅占 2.9%。

因此在教学中,如何培养学生的问题意识,培养学生的提问能力,这是摆在我们中小学各科教学面前亟待解决的重要问题。笔者认真拜读了近几年有关提问的文献,现将有关提问策略的研究成果综述如下。

一、问题意识与提问能力

学生的"问题意识"与"提出问题"是两个不同的概念。"问题意识",即人类在认识过程中因感知难以解决的现实矛盾而产生的怀疑、困惑、焦虑的心理状态,是力求发现问题、厘清问题、破解问题的心理态势。[2] 学生心中有了疑问,不一定能提出问题,"学生提出问题的过程可以分为三个阶段:第一,头脑中有问题意识;第二,在学习过程中产生并试图表述问题;第三,能够用准确、科学的语言表达出有探究价值的问题。"[3] 因此要

1　孙云晓,我国中小学生学习与发展课题组,郑新蓉,康丽颖. 您了解今天的中小学生吗 [J]. 中小学管理,1999（11）：3
2　姚本先. 论学生问题意识的培养 [J]. 教育研究,1995（10）
3　刘文娟. 问题教学在物理课堂上的应用探究 [D]. 山东师范大学,2008：54

培养学生的提问能力,首先应该让观念先行,培养学生的问题意识。只有学生有了强烈的问题意识,思维才有了动力,才能促使人们去发现问题,解决问题,发现新的问题。

二、提问与提问策略

《现代汉语词典》对"提问"的解释是:"提出问题来问,多指教师对学生。"百度百科关于"提问"这样解释:提问是指在一定的情境下,教学的一方为促进学习而向教学的另一方抛出问题解决的任务并期望学生积极反应并作答的一类教学行为。详细解释:(1)传讯审问;(2)提出问题要求回答。而本文研究的是小学阅读提问策略,其内涵与"(2)提出问题要求回答"相近。

20世纪初到60年代早期,提问策略研究的重点是教师在课堂上如何通过提问来促进学生的学习;从60年代后期到70年代初期,研究的重点是如何在课文中穿插问题;70年代后期到80年代,研究者的兴趣转移到如何引导学生自我提问。

浙江教育学院张孔义教授指出:教师提问一直是阅读教学的主要方法,而学生提问则很少运用。指导学生提出问题能够加深对文章的理解,学生阅读时提出问题,尤其是提出需要综合文章内容的问题,能促进学生积极地阅读,提高学生理解文章的意识,从而提高对文章的理解和记忆水平。[1]

国内还有学者提出,"学生课堂提问是指学生在课堂或相关的教学情境中,对自己知识领域、学习材料以及教师教学中的某些矛盾、空白和不一致提出质疑,寻求问题解决,以主动维持学习活动有效进行的过程"。[2]

---

1 张孔义. 西方中小学阅读策略教学研究述评 [J]. 外国教育研究,1999(4)
2 杨宁. 学生课堂提问的心理学研究及反思 [J]. 湖南师范大学教育科学学报,2009(1)

台湾地区赵镜中先生提出:"提问策略"是指读者在阅读时通过提出问题来帮助自己理解、思考,有点自问自答的味道。[1]

由此可见,"阅读提问策略"不是传统意义的教师提问、学生回答,也不是只要求学生阅读时提出问题,而是在教师引导下,学生习得自己提问,自己思考,自己理解,自己不断探索的阅读策略。其内容包括三个阶段:第一,教师引导学生乐于提问,敢于提问,勤于提问;第二,教师引导学生习得在阅读中自我提问,自我探索的方法;第三,学生运用提问策略,自主提问,自主阅读。

三、问题分类与 PIRLS 阅读理解层次对应关系

"问题"根据不同的角度可以分为不同的种类。作为老师,只有知道问题的类型才能更好地培养学生的提问能力。

百度百科主要介绍两种提问方式:封闭式提问、开放式提问。

赵镜中老师认为提问有不同的层面:基本问题;分析性问题——为什么;评价问题——我认为……

美国芝加哥大学教授盖泽尔斯把问题大致分为三类:呈现型问题、发现型问题和创造型问题。[2]

结合文献资料研究,我们选取有代表性的几种问题分类与 PIRLS 阅读理解层次进行了对应梳理。

---

1 赵镜中.构建以阅读策略为导向的阅读教学 [J].小学语文,2009(1—2):124-127
2 陈海燕.论中学生问题意识培养的必要性 [J].教育探索,2005(7)

问题分类与 PIRLS 阅读理解层次对应关系

《教会学生阅读》[1]	《构建以阅读策略为导向的阅读教学》[2]	《分享"悦"读体验》[3]	PIRLS 阅读理解层次
就在那儿的问题	基本问题	书面处理问题	直接提取
思考和寻找的问题	分析性问题	推论处理问题	直接推论
		诠释处理问题	诠释、整合观点和讯息
以我之见的问题	评鉴性问题	评估处理问题	检验、评估内容、语言和文本的元素

由此可见,尽管不同文献对提问分类不同,但其内涵都与 PIRLS 阅读理解层次有所对应。特别是柯华葳老师在《分享"悦"读体验》一书中,对问题的分类与 PIRLS 阅读理解层次完全对应。

因此,结合教学实践,我们课题组把问题分为三种类型:

初级问题:基本问题;

中级问题:分析性问题;

高级问题:评鉴性问题。

---

[1] 莎朗·沃恩,西尔维亚·L.汤普森.教会学生阅读:方法篇:[M].教育科学出版社,2008(10):137

[2] 赵镜中.构建以阅读策略为导向的阅读教学[J].小学语文,2009(1-2):124-127

[3] 柯华葳.分享"悦"读体验[M].清华大学出版社,2011(11):111

第二节 提问策略的教学目标

一、提问策略教学总目标

《义务教育语文课程标准(2011版)》积极倡导自主、合作、探究的学习方式,明确提出:学生是学习的主体。语文课程必须根据学生身心发展和语文学习的特点,爱护学生的好奇心、求知欲,鼓励自主阅读、自由表达,充分激发他们的问题意识和进取精神……培养学生问题意识,提高提问能力,无疑是培养学生探究、创新能力的有力举措。但是,《课标》对培养学生提问能力的教学目标阐述比较笼统、模糊,不利于有效开展提问策略教学。

因此,我们结合《课标》与课堂教学实际,确定小学阶段提问策略教学的总目标,具体如下:

1. 在语文学习过程中,能不断提出问题,培养问题意识。
2. 在发展语言能力的同时,习得提问方法,提升提问能力。
3. 能运用提问策略进行主动学习,激发想象力和创造潜能。

二、提问策略教学年段目标

《课标》中各学段对培养学生问题意识、提升问题能力都有所涉及,详见下表。

学 段	与提问相关内容
第一学段 (综合性学习)	对周围事物有好奇心,能就感兴趣的内容提出问题,结合课内外阅读共同讨论
第二学段(阅读) (口语交际) (综合性学习)	能对课文中不理解的地方提出疑问 能就不理解的地方向人请教,就不同的意见与人商讨 能提出学习和生活中的问题,有目的地搜集资料,共同讨论
第三学段(阅读)	在交流和讨论中,敢于提出看法,作出自己的判断

由此可见,《课标》从不同方面(阅读、口语交际、综合性学习)对提问做出了渐进的要求。其重点是在第二学段提出了详细的要求,所以,我们把培养学生提问策略重点放在第二学段。提问策略的年段教学目标如下:

学　　段	提问策略的年段教学目标
第一学段 (感悟提问)	创设问题情境,初步感悟老师的提问策略; 呵护学生好奇心,鼓励学生大胆质疑(提出基本问题)
第二学段 (学习提问)	学习活动中,了解不同类型的问题; 学习提出不同层次的问题(重点:分析性问题); 运用师生互助、小组合作、自我探究等形式,整理问题、解决问题,提出新的问题等
第三学段 (运用提问)	继续学习如何提出高层次问题(重点:评鉴性问题); 监控自我提问、自我解决问题的过程,提高提问、思辨、创新等能力

第三节 提问策略的教学内容

确定了"教什么",接下来"用什么来教"就成了我们研究的重要课题。结合学校开设的儿童文学阅读课程,我们确定两大教材开展提问策略教学——人教版语文教科书、儿童文学阅读读本系列。在两大读本中,哪些教材又最适合开展提问策略教学?根据提问策略教学的总体目标和年段目标,我们分年段选取合适教材开展教学。

一、第一学段提问策略教学内容(一、二年级)

根据第一学段提问策略教学目标,我们确定在一年级语文教学中,让学生初步感悟课堂教学中老师的提问,鼓励学生积极回答问题。二年级教学中,创设情境,老师示范提问,鼓励学生大胆提问——提出基本问题。选取部分课文教学,简单说明。

提问策略教学目标	篇目(列举)	教学简介	说　明
教师示范提问,激发阅读兴趣	人教版一年级下册第二单元《5.看电视》	猜谜导入,揭示课题 师:"小小一间房,只有一扇窗,唱歌又演戏,天天翻花样。"这是什么? 读课题,学词语。 质疑"奇妙",学习课文 师:我家看电视,到底"奇妙"在哪儿? 师引导学习第2、3小节,解决问题。 拓展"奇妙",链接生活 1. 师:你们家看电视是不是也很"奇妙"?联系生活谈一谈。	老师提问,激发学生学习兴趣; 老师示范提问,激发学生深入阅读; 老师第三次提问,促进学生联系学习与生活

续表

提问策略 教学目标	篇目(列举)	教学简介	说　明
创设情境，激发学生大胆质疑	人教版二年级上册第四单元《14. 我要的是葫芦》	出示课题，看图读词 自读全文，归类识字 首尾对比，形成悬念 学习第一自然段。 学习第四自然段。 收尾对比朗读，大胆质疑 生1：为什么小葫芦都落了？ 生2：那个人那么喜欢小葫芦，为什么不好好管理葫芦……	在开始"葫芦长得茂盛"与最后"小葫芦都落了"的强烈对比中，学生提出疑问，促进学生深入阅读课文
	人教版二年级下册第六单元《23. 三个儿子》	听故事，揭示课题 读结尾，大胆质疑 师生分角色读最后两个自然段。 读到这里，你有什么疑问？ 生1：老爷爷为什么说他只看见一个儿子？ 生2：老爷爷说的一个儿子是指哪一个儿子……	在故事情节中，学生自然生疑——创设情境，是促进学生大胆质疑的有利条件
鼓励学生提问，并引导小组合作释疑。	儿童文学读本《青蛙和蟾蜍》	亲子阅读《青蛙与蟾蜍》节选 一、走进《青蛙与蟾蜍》 聊一聊。 猜一猜。 (1)父母出示自己的书签，让孩子猜猜故事名字。 (2)孩子出示自己的书签，让父母猜猜自己喜欢的故事。 二、回味好故事 1. 父母为孩子重读他们喜欢的故事。 2. 活动中质疑、释疑 (1)"搭积木"——根据故事情节排语句。 父母：你为什么这样"搭积木"？ 生1：因为蟾蜍声音越来越大…… 孩子：妈妈，您为什么这样"搭积木"？ …… (2)贴一贴——亲子合作完成图文结合情节梯。	亲子借助书签互问互猜，在趣味盎然中学习提问、回味故事； 亲子活动中互问互答，培养学生问题意识

续表

提问策略教学目标	篇目(列举)	教学简介	说　明
鼓励学生提问,并引导小组合作释疑。		A 小组:你们为什么这样贴情节图? B 小组:因为…… 老师:你们从这些文字中发现什么秘密? 学生:你们从这些图画中发现什么秘密……	

二、第二学段提问策略教学内容(三、四年级)

如果说第一学段是引导学生初步感悟如何提问,培养问题意识,那么第二学段的教学目标就是扎扎实实引导学生学习大胆质疑,习得提问方法。一个阅读策略的习得,需要循序渐进,逐步掌握。所以,在第二学段学习提问策略过程中,我们分三个阶段完成:提出基本问题——提出分析性问题——提出评鉴性问题。在不同的阶段,我们选取不同的教材内容,逐步实施提问阅读策略教学。

提问策略	年　级	篇目(列举)	说　明
自由提问,感受问题类型	三年级上册	第二单元 《5. 灰雀》 《6. 小摄影师》 《7. 奇怪的大石头》 《8. 我不能失信》 第四单元 《13. 花钟》 《14. 蜜蜂》 《15. 玩出了名堂》 《16. 找骆驼》	1. 课前预习提问(问题没有优劣,只要敢于提问,都得到鼓励); 2. 课中辨析问题类型,整理问题; 3. 围绕主问题开展教学
提出基本问题、分析性问题	三年级下册	第三单元 《9. 寓言两则》 《10. 惊弓之鸟》 《11. 画杨桃》 《12. 想别人没想到的》	(一)从理解内容的角度提问 围绕课题提问 关键词、句提问 课文疑难处提问 课文矛盾处提问

105

续表

提问策略	年级	篇目（列举）	说　明
提出基本问题、分析性问题	三年级下册	第四单元 《13. 和时间赛跑》 《14. 检阅》 《15. 争吵》 《16. 绝招》	课文结尾处提问 课文整体提问……
提出分析性问题、评鉴性问题	四年级上下册	第三单元 《9. 巨人的花园》 《10. 幸福是什么》 《11. 去年的树》 《12. 小木偶的故事》 第四单元 《13. 白鹅》 《14. 白公鹅》 《15. 猫》 《16. 母鸡》	（二）从感悟表达方法的角度提问 1. 优美词句的表达方法、作用提问 2. 句、段、篇的写作手法提问 3. 句、段对比阅读中提问 4. 群文阅读，对比阅读提问……
		儿童文学读本 《不老泉》 《小学生丰子恺读本》	1.《不老泉》六何法提问； 2.《小学生丰子恺读本》群文阅读，对比阅读提问。

三、第三学段提问策略教学内容（五、六年级）

第三学段除了继续学习自主提问的方法，还将运用提问策略，进行巩固练习。考虑到学生面临六年级的毕业复习，所以我们将阅读策略教学的重点放在五年级。具体如下：

提问策略	年级	篇目（列举）	说　明
自主提问	五年级上册	第六单元 《17. 地震中的父与子》 《18. 慈母情深》 《19. "精彩极了"和"糟糕透了"》 《20. 学会看病》	（三）从积累、运用的角度提问 1. 问作者（写作目的、表达情感等） 2. 问伙伴（感悟、收获、建议……） 3. 问自己（理解、收获、改写……）

续表

提问策略	年　级	篇目(列举)	说　明
自主提问	五年级上册	儿童文学读本《森林报》	运用提问策略,自主阅读

以上所列教学内容,只是一些典型的课文。在教学中,我们根据学生需求、教学实际情况进行适当调整。总之,教材只是例子,借助教材,学习提问,习得策略才是我们教学的最终归宿。

第四节 提问策略的教学实践

一、三个阶段开展提问策略教学

浏览第二学段教材（人教版），不难发现在泡泡文、课后问题、语文园地"我的发现""口语交际"等地方出现有关的实施点或相关要求。下面以人教版三年级下册第四单元加以说明。

课 题	"提问策略"的学习与运用	说 明	问题层次
《13.和时间赛跑》	P54 泡泡文："我"为什么"着急""悲伤"，又为什么"高兴""快乐"呢	示范提问	直接提取信息
《14.检阅》	P56 泡泡文：怎么谁都不愿意第一个开口呢	示范提问	直接推论
	P58 泡泡文：我能体会博莱克当时的心情	启发提问：博莱克当时的心情怎样？他在想什么	直接推论
	P59 课后问题：我有一些问题想和大家讨论讨论：观众为什么说"这个小伙子真棒""这些小伙子真棒"	示范提问	诠释、整合观点和讯息
《15.争吵》	P61 泡泡文：他们都说在外边等着对方，俩人想的一样吗	示范提问	直接推论
	P61 泡泡文：这里的"挨"字用得真好	启发提问：这个"挨"字好在哪儿	评鉴语言
《语文园地四》	P68 口语交际：我们每个人都有一两样拿手的本领。……交流的时候，可以先说说自己的这一招怎么好，再告诉别人怎么做，有的还可以边说边演示。听的同学如果有疑问，可以随时提出	直接要求提出问题	

从教材梳理中不难发现,教材中直接出现问题,启发学生思考比较普遍,而直接要求学生自己提出问题比较少,更没有如何引导学生提出问题的有关策略。为了弥补这一缺憾,我们在课题研究中重点研究:如何有序开展提问策略教学。

根据以上对教材特点的分析,以及学生年龄特点的分析,我们分三个阶段开展提问策略教学。

(一)第一阶段:示范提问。面对一、二年级的小学生,大多数老师采用"老师自己问,自己答"或"老师问,学生答"的方式,让孩子逐渐明白提问的目的以及方法。

(二)第二阶段:模仿提问。进入三年级,教师培养学生问题意识,初步学习提问。如何帮助学生习惯于常常自我提问,也就是让他们学会自问自答或彼此互问互答,以及学会思考,提出"好"的问题?

策略一:师生互换角色,让学生当老师提问。课堂上,老师经常鼓励学生:"想一想,老师会怎么出题考学生呢?""如果你是老师,关于这个你会提出什么问题?""猜猜,老师会提什么问题?""小老师,你的问题是什么?"……

策略二:与学习伙伴对话,生生互问互答。教学中,教师创设情境,请同桌合作,一人扮演文中的学习伙伴,提出泡泡文的问题,一人回答。鼓励同学们像文中学习伙伴一样提出更多更好的问题。例如人教版三年级下册《检阅》的教学片段:

师:同学们,同桌合作扮演文中学习小伙伴,互问互答。

生1:怎么谁都不愿意第一个开口呢?

生2:因为博莱克是左腿截肢了,现在靠拄拐走路,在游行检阅时,不知道把他安排在哪儿。

生1:那就劝他不去呗,你说可以吗?

生2:不行,他也是儿童队员啊!

生1:那就把他藏在队伍中间,行吗?

生2:还是不行,这样博莱克有可能会自卑、伤心的……

在以上教学中,生生以课文泡泡文提问为载体,拓展互问互答,不仅帮学生深入理解了文本,而且逐渐学会了围绕重点提问。

策略三:小组合作,自问自答。在创设情节提问、同桌合作提问的逐步训练之后,引导四人小组合作,以自读自问自答的方式开展提问策略教学。

请看《去年的树》提问策略教学三步骤:

提问步骤	具体内容	例:同学们对《去年的树》有多少了解呢?请提出三个问题。
(1)自读提问	学生自主阅读文章,自主提出问题	学生提问: ①鸟儿找到树了吗?②鸟儿为什么盯着灯火看?③树已经不在了,鸟儿为什么要唱歌给灯火听?
(2)小组讨论	小组讨论:梳理问题,解决问题	小组分享讨论:1.问题归类:你所提的问题是较低层次问题,还是较高层次问题? 2.小组解决较低层次问题。 小组问题梳理:低层次问题①;高层次问题②③;小组解决问题①
(3)问题重设	思考删减问题,重设问题	问题重设:鸟儿盯着灯火看的时候,它在想什么?

在课堂上,教师根据学生提出的问题进行梳理,整理出一两个高质量的问题——建立在文本与儿童纵横坐标的交叉处,其最佳位置应该是在儿童的最近阅读发展区的问题,然后引导同学们在自我提问驱动下,深入阅读理解文本。这样孩子们经过思索与体验的爬坡,收获阅读愉悦,促进自主提问、深入阅读能力的提升。

(三)第三阶段:自主提问。从模仿提问到学会提问,从提出浅层次问题到深层次问题,都需要老师教给可行的提问方法。

1.营造良好的课堂氛围,促使学生敢问

首先,建立融洽的师生关系,取得学生的亲近和信任。其次,建立正确的课堂评价观,激发学生的提问兴趣和勇气。学生不愿提问题,首先是长期受课堂评价的影响,学生不能在提问中得到肯定和鼓励,从而逐步失去提问的兴趣。笔者认为,要想让学生思维之花常开,提问之果常结,必须鼓励学生并给他们营造一个自由、和谐、民主而开放的课堂环境。只有这样,才能激活他们积极的思维,让他们随时打开想象的大门,提出更多、更好、更有价值的问题。

2. 留给学生自学思考的时间,促进学生能问

在以生为本、顺学而导的课堂教学中,课堂应是学生的课堂,是在老师引导下自主学习的课堂。"创造始于问题",学生只有认真思考了才会有问题。因此,对于几十分钟的教学时间,不要为了完成教学任务而压制学生的提问,或为了提问而提问,应多预留时间给学生,保证学生能够充分地自主学习和思考,这样才能保证学生提出自己心中真正的不解和疑问。

3. 教给学生可操作的提问方法,促进学生善问

"授人以鱼不如授人以渔",为改进学生问得"浅""散""碎"等现象,教师还应该指导学生善于在学习的各个环节和各种课型中学会提问,使学生养成提问的习惯。我们培养学生的提问能力不能只是简单机械地会问几个"为什么",而应该培养学生善问、问得深、问得准的习惯。在教学中可教给学生这样几种提问的角度和方法。

```
＊从理解内容的角度提问
围绕课题提问
关键词、句提问
课文疑难处提问
课文矛盾处提问
课文结尾处提问
课文整体提问
……
```

* 从感悟表达方法的角度提问

（1）优美词句的表达方法、作用提问

（2）句、段、篇的写作手法提问

（3）句、段对比阅读中提问

（4）群文阅读、对比阅读提问

……

* 从积累、运用的角度提问

（1）问作者（写作目的、表达情感等）

（2）问伙伴（感悟、收获、建议……）

（3）问自己（理解、收获、改写……）

教学有法，但教无定法，引导学生自主提问、自主探究的方法还有很多，我们在课堂实践中应持之以恒，循序渐进。

二、两种方法开展提问策略教学

阅读策略教学是建立在传统的阅读教学基础上，从对阅读策略掌握和应用这个角度，我们采用两种形式开展教学——渗透型教学和专题型教学。

（一）渗透型教学

渗透型教学是指在日常的阅读教学中，将某些阅读策略结合儿童文学阅读活动，逐渐渗透。教学步骤分为：阅读活动——反思归纳——巩固练习——总结策略。例如，提问策略教学——阅读《不老泉》。

步　骤	问题举例	教学说明
1.阅读活动——自由提问	生1：我想知道：不老泉讲了一件什么事？ 生2：故事中有哪些人？	【情境提问】在情境中提问符合学生阅读兴趣，为下一步策略教学做好铺垫

续表

步　骤	问题举例	教学说明
2.反思归纳——梳理感悟"六何法"	何人——故事中有哪些主要人物？ 何时——故事发生在什么时候？ 何地——故事发生在什么地方？ 何事——故事是什么样的？ 如何——故事如何开始、结局？ 为何——故事为何会这样？	【反思提问】引导学生关注问题特点，初步感悟"六何法"提问，是渗透提问策略教学的重要环节。根据学情，初期教师引导梳理感悟，后期引导学生自我反思归纳
3.巩固练习——练习提问	生练习提问： 生1：哪些人和动物喝了不老泉？ 生2：塔克一家真的会一直长生不老？什么时候可以改变这种状况？	【学习提问】与第一次提问不同的是，学生习得"六何法"之后，不仅提问的角度、思路更多元，而且能提出不同层次的问题
	生评鉴问题： ★哪些人和动物喝了不老泉？ ★★他们能长生不老，为什么还不高兴？……	感悟问题有层次：★问题：能在文章中直接找到答案； ★★问题：能在文章中间接找到线索，通过自己的理解找到答案
4.总结策略——评鉴问题	师：通过今天的学习，你有哪些收获？ 生1：我知道了问题可以分类…… 生2：我学会了"六何法"提问……	【学会策略】学生从"内容"走向"策略"——实现"习得策略，学会阅读"的教学目的

（二）专题型教学

专题型教学是指将某一或某几种相关策略以专题课的形式，通过实例讲解它们的操作要点。教学步骤分为五步：定向——解释——示范——练习——总结。这种教学建立在渗透型教学的基础上，学生对策略已经有所了解，但还需巩固强化。例如阅读《去年的树》：

教学步骤	具体内容	例：同学们对《去年的树》有多少了解呢？请提出三个问题。
1.定向	确定教学目标：提问策略	师：今天我们用自主提问的方法展开学习……
2.解释	教师讲述（或引导学生回顾）策略含义，讲解使用该策略的方法。	师：在《不老泉》阅读中，我们开展"自主提问"有哪些好方法？生1："六何法"提问。 生2：问作者，问自己，问同学……

续表

教学步骤	具体内容	例:同学们对《去年的树》有多少了解呢？请提出三个问题。
3. 示范	结合文本向学生示范所选策略的操作过程。	师:请哪位同学给大家做个示范,你怎样提问？学生示范提问
4. 练习	学生运用阅读策略开展迁移练习。	自我提问,小组分享,问题解答,评鉴问题
5. 总结	请学生结合阅读实践,总结习得的策略。	师:回顾你刚才的学习过程,总结"自主提问"的方法。生1:我是先读课文,再提出问题,最后自我解答问题。生2:我是解答不了的问题向小组请教……

两种方式的教学,各有利弊。"渗透型教学"从"内容"到"策略",符合学生阅读儿童文学作品的心理特点,学生感兴趣,但课堂教学节奏较慢;"专题型教学"从"策略"到"内容"再到"策略",目标明确,节省时间,效率较高,但对初学者有一定难度。所以,我们结合学生年龄特点,儿童文学阅读特点,先进行"渗透型教学"然后进行"专题型教学"。

阅读策略不是孤立的一门课程,它来源于并运用于文章的阅读理解过程。实验研究结果表明,阅读策略教学不能离开阅读情境单独进行,应该通过不同阅读情境进行。能促进文章阅读,提高思维效率的阅读策略有很多,但实验研究表明,一次精要地教授少量的策略,学生的策略学习才能取得良好的效果,因此我们在教学中遵循这样的原则:

1. 少量教学原则
2. 阅读情境教学原则
3. 循序渐进原则

教是为了不教,问是为了不问。提问策略是通向阅读理解、提升阅读能力的窗口。在阅读策略教学的路上,首先,我们教师在思想观念上从"教课文"转向"教阅读"。其次,在教学实践中,遵循循序渐进、符合语言情境等原则,探索阅读提问策略教学方法——引导学生将提问的对象涉及文本、作者、自我;提问的层次由浅入深;思维的触角涉及形象思维、抽象思维、创造思维等不同层面,最终促进学生阅读素养的全面提升。

提问策略典型课例

人教版四年级上册《给予是快乐的》教学片段

(宁波市新城第一实验学校 施晓波)

【设计理念】

"以生为本,以学定教"是我们当前教学的主旋律,但教师的"主导作用"该怎样发挥?在教学过程中,尽管课堂的行进状态难以把握,但与此同时也蕴藏了无限的"教学机遇",关键在于教师的"处理策略"。一般地,我们可以从学生阅读文章的疑惑处,解读文本的矛盾处,提炼、梳理出有价值的问题。

【教学目标】

1. 学会本课生字,理解由生字组成的词语。

2. 联系上下文理解课文中重点句子的意思,了解小男孩和保罗的心理。

3. 正确、流利、有感情地朗读课文,学习提出有价值的问题,同时获得"给予是快乐"的真切感受。

【教学片段】

小组合作,学习提出有价值的问题。

……

师:请大家打开课本,轻声快速地读读课文,看看课文向我们讲述了一个怎样的故事。

生:(读书)

师:大家读得非常认真,看来是被故事吸引住了。现在我还想告诉大家一个秘密,(在课题左上方画上略读符号)你们知道这个星号表示什么吗?

生:这个星号表示,这篇课文是略读课文。

师:有谁知道"略读"是什么意思?

生:简略地读。

生:这样的文章只要了解故事的大致内容就行了。

师:同学们说得很对。另外还有一点很重要,那就是这样的课文要求大家自己读懂,而我只能给大家一些提示。这样一篇文章,要你们自己读懂,有信心吗?

生:有!

师:光有信心还不行,还应该有好的读书方法。(投影:读、思、圈、注)这是我们平时经常用到的方法,除了这些方法,还有一点更重要的是(投影:问)要能自己发现问题、提出问题。下面就来检验一下,我们的自学能力如何吧!

(教师要教学生学会学习,这位老师很注意学习方法的传授。)

生:(读、思、圈、注,自学课文。教师巡视,了解学生自学情况,随机指导学生学习。约5分钟)

师:通过刚才的自学,我发现同学们读书的本领真强。许多同学都掌握了自学的方法,而且运用自如,读得很深入,也提出了自己的问题。可是作为四年级的同学,光会提出问题还不够,我们还应该提出有价值的问题,并且能够尝试着自己解决问题。下面我们就以小组为单位进行学习,互相协作,交流一下,解决、筛选我们提出的问题,比一比看看谁的问题提得最有价值。过一会儿,我们在全班进行汇报。

生(分组讨论)

师:同学们讨论得非常热烈!在互相交流的过程中,我们解决了许多自己提出的问题,对课文又有了进一步的理解。那么究竟谁的问题提得最好、最有价值呢?我们来分组进行汇报,交流一下各组的想法。同时,告诉大家,我在读课文的时候,也提出了两个问题,一会儿我们比一比,我提的问题怎么样?

(分组讨论,解决简单的问题,对提出的问题进行筛选,比较谁提的问题最有价值。教师参与学生学习,指导学生学习交流。)

生:我们小组经过讨论,认为这个问题最有价值:保罗的眼睛为什么湿润了?

生:我们组认为,保罗被小男孩善良、无私的言行深深地打动了,激动得快要流泪了。从这个细节中我们能够从另一个侧面更深地体会到小男孩的优秀品质。

师:问题提得好,理解得更好,你们组表现得真不错。其他小组有什么想法呢?

生:我们小组认为"保罗为什么一错再错?"这个问题最有价值。因为课文中只有三个人物,而保罗和小男孩是最重要的人物,保罗的思想变化最大,从这种变化中我们一次又一次地发现了小男孩一心为弟弟着想的好品质。

师:分析得非常精彩。可是我要问:保罗真错了吗?

生:(纷纷举手)

师:在读文中,我自己提出了这样的问题"保罗是错了,还是对了?"(投影)让我们来共同讨论一下。

(结合学生小组讨论的问题,逐层深入,把课堂聚焦到"主问题"上,使学生和文本进行深度对话。)

生:我认为保罗有错的地方,也有对的地方。因为刚开始,当他见到小男孩在看车的时候,认为小男孩是羡慕自己的车,也想有这样的哥哥送自己一辆这样的车。可是小男孩却说"希望自己也能当这样的哥哥。"完全出乎了保罗的意料之外,这时候他想错了。

生:老师我来补充,保罗还有错的地方,比如:当小男孩请求保罗把车子开到自己家门口的时候,以为小男孩是为了炫耀一下,没想到小男孩从屋中背出了自己残疾的弟弟,坐在车前欣赏这辆车,并给弟弟许下了一个承诺。这也是保罗想错的地方。

师：同学们理解得非常好，是保罗的判断一错再错。那保罗有没有对的表现呢？老师希望大家再发表一下自己的见解。

生：我认为保罗每次被小男孩的言行感动后，所做的都是对的。比如：当知道小男孩想当这样的哥哥的时候，他主动邀请小男孩坐车兜风。当听到小男孩当着弟弟的面许下诺言的时候，他又再次把兄弟两个请进车里，去欣赏美丽的夜色，并陪他们共同度过了一个难忘的夜晚。这样的做法都是对的。

师：我真佩服你们，你们的回答太精彩了。由这个小组的一个问题，我们联系到了上下文的内容，对课文进行了深入地理解，你们的问题提得太好了，回答得也非常出色。抓住主要内容，进行大胆提问，会对理解文章提供很大的帮助。下面我们找同学来读一读他们之间发生的故事吧！分一下角色来朗读课文。

生：（分角色朗读课文，学生声情并茂，十分感人）

师：感谢你们三个人的出色表现，用你们甜美的声音和充沛的感情把我们又带进了感人的故事当中。谢谢你们！让我们再来看一看其他小组的想法吧！

生：我们小组提出的是"为什么保罗认为给予是快乐的？"

师：是个不错的问题，谁来谈一谈自己的看法？

生：因为保罗从小男孩的身上感受到了那种无私、善良的品质，看到了小弟弟在实现心愿时的兴奋，而这一切就是小男孩所希望的，也是由小男孩和保罗他们两个给予的。一次次的思想活动，让保罗领悟到了给别人快乐，自己也会快乐。他感觉到自己好像更成熟了。

生：帮助别人、助人为乐是一个人优秀品质的表现。具有这样品质的人是无私的人，心里装着别人的人。他们会从帮助别人的过程中体会到快乐！

师：理解得很好，请继续汇报。

生：我们认为这个问题应该在读书的过程中注意到：为什么说他们三个人在一起过了一个难忘的夜晚？

师：真是火眼金睛，善于思考。在这篇课文中，这个问题确实非常有研究的价值。让我们来共同研究一下。

（投影）保罗和小男孩、弟弟在一起度过了的一个夜晚，为什么"难忘"？

生：我想，小弟弟在这个夜晚里看见了他从来都没有看到过的美好的景色和圣诞节的礼物，所以他感到难忘。

生：小男孩因为小弟弟许下了一个美好的诺言感到难忘。

生：小男孩难忘的是让自己的弟弟看见了这么漂亮的汽车，并能坐在上面过一个快乐的夜晚。

师：保罗呢？这个夜晚对于他来说又为什么那样难忘？

生：保罗懂得了给予是快乐的这个深刻的道理。所以认为这个夜晚是难忘的。

生：保罗因为让小男孩和小弟弟坐着自己的车去兜风，让他们看见了美好的夜色而感到难忘。

师：那确实是一个难忘的夜晚，特殊的夜晚，在那里他们共同体会着给予带来的快乐。让我们再来找一找他们快乐的原因吧！

（充分尊重学生的主体地位，分组讨论提出问题，解决问题，在学习交流中，学生已经把握了文章的主要内容，体会到了诚信的可贵和爱心的可贵。）

（投影）保罗的哥哥因为（　　　　　　）而感到快乐，保罗因为（　　　　　　）而感到快乐，小男孩因为（　　　　　　）而感到快乐。

生：保罗的哥哥因为承诺送给弟弟一辆汽车作为圣诞礼物而感到快乐。

生：保罗因为和小男孩兄弟两个度过了一个难忘的夜晚而感到快乐。

生：保罗因为懂得了给予是快乐的而感到快乐。

生：小男孩因为帮助弟弟实现了美好的心愿而感到快乐。

生：保罗因为帮助了两个穷兄弟而感到快乐。

……

【反思】

通过以上教学片段，我们可以清楚地看到，老师要学生找重要问题的过程就是提炼、梳理主问题的过程，出主意、想点子的过程就是寻找学习方法、学习策略的过程。"给我一个支点，可以撬动地球。"地球不可谓不重，但只要找到了支点就能撬动，这说明了什么？这说明了"四两拨千斤"这一亘古不变的力学原理。在阅读教学中，如果能找到巧妙的"切入点"，精心设计阅读教学主问题，就可以起到"支点的作用"，获得阅读教学的最佳突破。

第五章

联想策略研究

第一节　联想策略概念阐释

爱因斯坦曾说,想象力比知识更重要,因为知识是有限的,而想象力概括着世界上的一切,推动着进步,并且是知识进化的源泉。他说的这种想象力,从某种角度也可以说是联想。丰富的联想能够碰撞出智慧的火花,能够点燃创新的火箭,也必然将阅读教学带入一个更加广阔的天地,使学生克服自身知识水平和经验阅历的局限,在阅读过程中获得更多的情感体验。而阅读教学中所依托的文本很多是作者联想思维的结晶,具有表意的多元化和模糊性,表达上的概括性和内隐性等特点。因此,阅读过程本身就是一项极具创造力的思维体操。培养学生的联想能力,是提升阅读素养的有效途径。

关于联想策略的定义,国内外学者说法不一。

《辞海》这样定义:联想是指在回忆的过程中由甲事物想起乙事物的心理过程,是事物间的某种联系在人脑中的反映。

Hany Rolin（转引熊慧志）认为,记忆就是通过联想把新的信息与旧的信息联系起来。只要有助于记忆的联想,无论它有多么古怪或荒诞,都可以采用。

李玫（2001）认为,联想思维是指通过事物表象之间的联系而展开的一种思维方式,也就是指在意识中一旦出现某些表象就会引起另外一些表象。

钟道隆（2000）认为,词汇联想策略是一种高效的记忆词汇的手段,它有助于学生了解、掌握构词规律并运用这些构词规律科学地记忆词汇。

国内学者焦新奇说,人们在读书的时候,看到书本上所写的内容,往往自觉或不自觉地把它们和别的事物联系起来,人们把这种思维活动叫"联想"。他认为联想的范围是非常广泛的,有时候是把书本上所写的事物和道理与现实生活相联系。比如,我们读了白居易的诗句"野火烧不尽,春风吹又生",就会由野草顽强的生命力联想到毅力过人、坚不可摧的革命者。有时,联想是把书本上写的道理和事物与其他书本相联系。比如,读了文天祥的诗句"人生自古谁无死,留取丹心照汗青",我们也许就会联想到陆游的诗"王师北定中原日,家祭无忘告乃翁"。

他认为,联想与想象是不同的。人们在读书的时候,看到书本上的描述,头脑里自觉或不自觉地浮现出书本上所描述的情景,他把这种思维活动叫作想象。比如,我们读了李白的诗"朝辞白帝彩云间,千里江陵一日还。两岸猿声啼不住,轻舟已过万重山",头脑里就会浮现出一幅长江三峡的宏伟壮丽的图景,仿佛自己也置身于一叶小舟之中,听见了两岸猿猴的啼鸣,看见了两岸高耸的青山,箭一般飞驶到了江陵。[1]

国内另一位学者梁玉敏在《语文阅读的认知策略》一文中指出,具有各种不同关联的事物反映在人脑中,就会形成各种不同的联想。她认为联想策略可分为以下几种形式:

一、接近联想阅读。接近联想阅读,是指阅读者在读书时由所阅读的知识自然产生的在时间或空间上与这种指示有关或相近的联想。例如提到天安门就容易想到人民英雄纪念碑,因为二者在空间上接近。如"桃花流水鳜鱼肥"则是在时间上接近。空间上的接近和时间上的接近也是相联系的,空间上接近的事物感知时间也必定相接近;感知时间相接近的,空间距离也常接近。

二、类似联想阅读。类似联想阅读,是指由读者所阅读的知识的刺激而引起的对和它在性质上接近或相似的事物的回忆。相似联想反映事物间的相似性和共性。例如,一般的比喻都是借助相似联想,如以风暴比

---

[1] 焦新奇.谈谈阅读中的想象和联想[J].文学教育,2012(2).

拟革命形势,以苍松翠柏形容坚强的意志。作诗时用韵律,由一个字想到同音、同韵的字,也是一种相似联想。相似联想是暂时联系的泛化或概括化的表现。泛化是对相似事物还未完全分辨清楚时所做的相同的反应,概括化则是对不同事物的共同性质所做的反应。

三、对比联想阅读。对比联想阅读,是指阅读者由所阅读的知识刺激而产生的与书本知识具有相反特点的事物的回忆。对比联想既反映事物的共性,又反映事物的相对立的个性。有共性才能有对立的个性。如由黑暗想到光明,由冬天想到夏天等。如黑暗和光明都是"亮度"(共性),不过前者亮度小,后者亮度大。夏天和冬天都是季节,不过一个炎热,一个寒冷。我国律诗中讲究对仗,对联的应用也非常广泛。我国心理学家的研究表明,我国儿童的对比联想比较丰富。对比联想使人容易看到事物的对立面,对于认识和分析事物有重要的作用。

四、移植联想阅读。移植联想阅读,就是指阅读者由所阅读的知识刺激而产生的把某方面知识转移应用到其他方面的联想。比如学了六下文言文《学弈》一文后,孩子明白了学习时要专心致志的道理,因此也会由此及彼,联想到自己的学习态度,提醒自己只有一心一意地学习,才能学有所成。

综观以上学者的观点,我们认为,联想策略是指阅读中读者调动已有的经验库存,由所读文章的内容,想到与个人的生活经验、生活中的类似事件等,从而更好地理解当前阅读中的材料,展开进一步深入阅读。

因此,如何寻找新旧材料之间的联结点,是有效展开联想阅读策略的关键。除了焦新奇提到的,"把书本上所写的事物和道理与现实生活相联系""把书本上写的道理和事物与其他书本相联系",以及梁玉敏提出的"接近联想阅读、类似联想阅读、对比联想阅读和移植联想阅读"四种联想策略以外,是否有其他更合理的分类和补充,需要我们进一步研究。

第二节　联想策略的教学目标

一、小学阶段联想策略教学总目标

《义务教育语文课程标准》总目标	相对应的联想策略教学总目标
培植热爱祖国语言文字的情感,增强语文学习的自信心,养成良好的语文学习习惯,初步掌握学习语文的基本方法	通过联想策略在阅读教学中的学习、迁移、运用,培植热爱语文的情感,增强语文学习的自信心,养成运用联想学习语文的习惯,初步掌握联想策略在阅读中的运用方法
在发展语言能力的同时,发展思维能力,激发想象力和创造潜能。学习科学的思想方法,逐步养成实事求是、崇尚真知的科学态度。	在语文阅读教学中能凭借语言材料,在联想中阅读感知,激发想象,发挥自己的创造性
能主动进行探究性学习,在实践中学习、运用语文。	能运用不同的联想策略进行探究性学习,在阅读实践中学习、运用接近联想、类似联想、对比联想、移植联想等阅读策略
具有独立阅读的能力,学会运用多种阅读方法。有较为丰富的积累和良好的语感,注重情感体验,发展感受和理解能力。	能把自己的直觉形象,通过已有的知识积累,与相关信息产生联系。通过联想帮助自己理解文本含义,使原本的表象更加丰富、更加具体

二、小学阶段联想策略分年段教学目标

第一学段（1~2年级）

《语文课程标准》阶段目标	相对应的联想策略教学阶段目标
结合上下文和生活实际了解课文中词句的意思,在阅读中积累词语。借助读物中的图画阅读	能联系上下文和生活实际展开接近联想,了解课文中词句的意思,在阅读中积累词语。借助读物中的图画展开想象帮助阅读理解

续表

《语文课程标准》阶段目标	相对应的联想策略教学阶段目标
阅读浅近的童话、寓言、故事,向往美好的情境,关心自然和生命,对感兴趣的人物和事件有自己的感受和想法,并乐于与人交流	阅读浅近的童话、寓言、故事,借助图、文想象美好的情境,关心自然和生命。对感兴趣的人物和事件联系实际进行类似联想,乐于交流自己的感受和想法
诵读儿歌、童谣和浅近的古诗,展开想象,获得初步的情感体验,感受语言的优美	诵读儿歌、童谣和浅近的古诗,展开联想和想象,获得初步的情感体验,感受语言的优美
具有独立阅读的能力,学会运用多种阅读方法。有较为丰富的积累和良好的语感,注重情感体验,发展感受和理解能力	能把自己的直觉形象,通过已有的知识积累,与相关信息产生联系。通过联想帮助自己理解文本含义,使原本的表象更加丰富、更加具体

第二学段(3~4 年级)

《语文课程标准》阶段目标	相对应的联想策略教学阶段目标
能联系上下文,理解词句的意思,体会课文中关键词句表达情意的作用。能借助字典、词典和生活积累,理解生词的意义	能联系上下文展开接近联想,理解词句的意思,体会课文中关键词句表达情意的作用。能根据字典、词典和生活积累展开移植联想,理解生词的意义
能初步把握文章的主要内容,体会文章表达的思想感情	能初步把握文章的主要内容,学习运用接近联想、类似联想等不同策略,体会文章表达的思想感情
能复述叙事性作品的大意,初步感受作品中生动的形象和优美的语言,关心作品中人物的命运和喜怒哀乐,与他人交流自己的阅读感受	能复述叙事性作品的大意,展开联想与想象,初步感受作品中生动的形象和优美的语言,能换位思考,展开联想,感受作品中人物的命运和喜怒哀乐
诵读优秀诗文,注意在诵读过程中体验情感,展开想象,领悟内容	诵读优秀诗文,注意在诵读过程中体验情感,从不同的角度展开想象,领悟内容

第三学段(5~6 年级)

《语文课程标准》阶段目标	相对应的联想策略教学阶段目标
能借助词典理解词语的意义。能联系上下文和自己的积累,推想课文中有关词句的意思,辨别词语的感情色彩,体会其表达效果	能联系上下文和自己的积累,运用多种联想策略推想课文中有关词句的意思,辨别词语的感情色彩,体会其表达效果

续表

《语文课程标准》阶段目标	相对应的联想策略教学阶段目标
在阅读中揣摩文章的表达顺序,体会作者的思想感情,初步领悟文章基本的表达方法。在交流和讨论中,敢于提出自己的看法,作出自己的判断	在阅读中揣摩文章的表达顺序,展开联想体会作者的思想感情,初步领悟文章基本的表达方法。在交流和讨论中,敢于提出自己的看法,做出自己的判断
阅读叙事性作品,了解事件梗概,能简单描述自己印象最深的场景、人物、细节,说出自己的喜欢、憎恶、崇敬、向往、同情等感受。阅读诗歌,大体把握诗意,想象诗歌描述的情境,体会诗人的情感。受到优秀作品的感染和激励,向往和追求美好的理想	阅读诗歌,大体把握诗意,从不同的角度展开想象诗歌描述的情境,体会诗人的情感。能联系优秀作品展开丰富的联想,交流自己对美好理想的向往与追求
诵读优秀诗文,注意通过诗文的声调、节奏等体味作品的内容和情感	诵读优秀诗文,注意通过联系诗文的声调、节奏等展开联想,体味作品的内容和情感

目标层级说明:第一学段侧重在阅读中了解并学习简单的联想策略,比如接近联想、类似联想;第二学段侧重在阅读中尝试迁移接近联想、类似联想等简单的联想策略,并进一步了解和学习对比联想、移植联想;第三学段侧重在初步学会运用多种联想策略理解阅读重点,突破阅读难点。

第三节　联想策略的教学内容

一、第一学段(1~2年级)

1. 能联系上下文和生活实际展开接近联想，了解课文中词句的意思，在阅读中积累词语。借助读物中的图画展开想象帮助阅读理解。

一上	《10. 比尾巴》	模仿课文的句式说话，在一问一答的口语交际中培养语感和想象力
	《17. 雪地里的小画家》	联系生活展开接近联想，续编故事，培养观察力、想象力和语言表达能力
一下	《11. 美丽的小路》	运用看图想象，理解"花花绿绿、五颜六色"等词的意思，通过联系实际、角色体验、朗读感悟等方法，体会每个角色的语气，演读课文
二上	《2. 黄山奇石》	在培养观察力与想象力的基础上，激发好奇心和求知欲，可采取看图学文的方法，说清黄山石的奇妙
	《11. 我们成功了》	借助北京申奥的专题片和课文中的插图，展开想象，知道北京申奥成功的重大意义，读出激动心情和自豪感
	《19. 蓝色的树叶》	引导联系生活进行类似联想，说清感受，知道人与人之间应该互相帮助
	《30. 我是什么》	借助板画，展开想象，将自己想象成千变万化的水，复述水的变化过程
二下	《1. 找春天》	结合生活经验，在找春天的过程中说清春天特点，读出语言的美感和蕴含其中的感情
	《5. 泉水》	结合插图，一边读，一边想象画面，再把喜欢的部分背诵下来
	《9. 日月潭》	通过观察插图或结合生活经验了解"附近、隐隐约约、名胜古迹、群山环绕"等词语的意思，理解重点句子的意思

续表

二下	《12. 北京亮起来了》	结合相关图片,结合生活实际,在具体语言环境中展开想象,体会"金碧辉煌、绚丽多彩"等一些优美的词语的意思,并背诵喜欢的句子和段落
	《15. 画风》	借助图片感受风,积累描写风的短语,并联系生活,对课文中的语言进行迁移运用

2. 阅读浅近的童话、寓言、故事,借助图、文想象美好的情境,关心自然和生命。对感兴趣的人物和事件联系实际进行类似联想,乐于交流自己的感受和想法。

一上	《20. 小熊住山洞》	通过看图培养观察能力、理解能力、想象能力和语言表达能力
一下	《26. 小白兔和小灰兔》	通过联系实际,推测心理活动、创设情境等方法引导体会人物情感,说清小白兔和小灰兔的不同做法和不同收获
二上	《13. 坐井观天》	展开想象,体会青蛙和小鸟说话时的语气,初步理解寓意
	《16. 风娃娃》	朗读课文,联系生活,体会风娃娃的好心和傻气
	《17. 酸的和甜的》	借助连续的插图,通过观察每幅图中几个动物的神态、动作,想象他们的语言,猜测他们的心理,练习有感情地朗读。借助图画,展开想象,进行表演
二下	《14. 邮票齿孔的故事》	初步学会能抓住重点词句和想象补白来感悟人物的品质、故事的真谛
	《16. 充气雨衣》	结合生活实际,想想生活中还有哪些日常用品需要改进
	《21. 画家和牧童》	结合插图展开想象,学习牧童敢于挑战权威和大画家谦虚谨慎的优秀品质
	《22. 我为你骄傲》	能通过想象体验,联系上下文理解"很不自在"等词语,品读相关语句,感受小男孩心情变化的原因,读出小男孩知错能改的真诚
	《27. 寓言两则》	能在读中展开类似联想,联系实际说清故事的寓意

3. 诵读儿歌、童谣和浅近的古诗,展开联想和想象,获得初步的情感体验,感受语言的优美。

一上	《7. 小小的船》	培养学习语文的兴趣和初步的想象力,感受诗句的美丽,培养热爱大自然的感情

续表

二上	《4. 古诗两首》	在反复诵读中,展开联想,体会诗人对秋天的赞美之情,感悟诗歌的韵味和意境的美好
	《9. 欢庆》	带着想象读诗歌,读出韵律感,表达对祖国的无限热爱之情
	《23. 假如》	发挥想象,仿照课文,口头说一段诗歌,也可结合图文来表现自己想象的内容
二下	《2. 古诗两首》	借助文字想象画面,图文结合,启发思考和想象,加深对诗句的领会、理解。特别是学习《宿新市徐公店》,在读后充分感受诗歌的情趣,根据插图或诗意展开想象,编一个小故事

二、第二学段(3~4年级)

1. 能联系上下文展开接近联想,理解词句的意思,体会课文中关键词句表达情意的作用。能根据字典、词典和生活积累展开移植联想,理解生词的意义。

三上	《11. 秋天的雨》	结合上下文,展开联想,体会课文使用的多种修辞手法,或把秋雨拟人化,或把秋雨比喻成生活中常见的东西和事物,或很含蓄地抒发感情,感受语言美,背诵积累好词佳句
	《17. 孔子拜师》	通过查字典、联系上下文或结合生活实际的方法体会词语的意思。如"远近闻名、渊博、拜访、纳闷、佩服、敬重"等词语,联系生活实际谈谈自己的理解,并试着表达运用。"风餐露宿、日夜兼程"等词语,可以查字典,并结合课文中的具体语境,体会词语的含义
三下	《21. 太阳》	联系生活实际,说清太阳的特点及与地球的密切关系,通过对比联想,体会有关说明方法的表达效果
四上	《9. 巨人的花园》	找找句子,互相说说想象到的画面。如结合上下文,想象巨人推倒围墙前后的情景
	《13. 白鹅》	通过查词典、联系上下文的方法理解"净角出场""三眼一板"等词的意思,通过移植想象读出白鹅的高傲
	《16. 母鸡》	通过联系上下文、联系生活等方法理解重点句,说出母鸡的负责、慈爱、勇敢、辛苦
	《26. 那片绿绿的爬山虎》	联系上下文体会含义深刻的语句,交流学习体会

续表

四下	《5. 中彩那天》	联系实际,交流对"一个人只要活得诚实,有信用,就等于有了一大笔财富"这句话的体会
	《6. 万年牢》	课文中三处提到了"万年牢",推想、说清这中间有什么联系

2. 能初步把握文章的主要内容,运用接近联想、类似联想、对比联想、移植联想等不同策略体会文章表达的思想感情。并能对课文中不理解的地方提出疑问。

三上	《1. 我们的民族小学》	联系自己的小学生活,了解民族小学学生幸福的学习生活,体会课文表达的自豪和赞美之情,并受到民族团结的教育
	《19. 赵州桥》	在整体感知的基础上,通过类似联想,理清文章结构,把握课文主要内容
三下	《6. 燕子专列》	通过对比联想体会恶劣气候、环境与人们奉献爱心的关系,体会这样写的表达效果,感受人们的爱心,增强保护环境、爱护鸟类的意识
	《16. 绝招》	围绕课前的阅读提示,引导展开想象,并进行交流,体会小柱子勤学苦练的精神和争强好胜的性格
	《22. 月球之谜》	通过移植联想,培养就掌握的材料提出问题的能力
四上	《1. 观潮》	通过接近联想策略说清"潮来前""潮来时""潮头过后"的景象
	《3. 鸟的天堂》	通过接近联想策略说清"鸟的天堂"的美丽
	《4. 火烧云》	引导想象火烧云绚丽的色彩和多变的形态,背诵积累或仿写迁移有关语段
	《11. 去年的树》	运用类似联想策略想象鸟儿看到灯火时的感受,读出鸟儿对树的无比留恋
	《19. 秦兵马俑》	默读课文,想象兵马俑的神态和气势,说清读后的感受
四下	《18. 永生的眼睛》	从课文中找出含有"骄傲"的句子,有感情读一读,再联系上下文,讨论从中体会到了什么
	《19. 生命 生命》	知道作者从三个事例中引出了对生命的思考。联系生活实际,交流对课文最后一段话的理解
	《20. 花的勇气》	说清作者从"失望""遗忘"到"惊奇""心头怦然一震"的心理变化

3. 能复述叙事性作品的大意,展开联想与想象,初步感受作品中生动的形象和优美的语言,能换位思考,展开联想,感受作品中人物的命运和喜怒哀乐。

三上	《18. 盘古开天地》	展开联想与想象,体会盘古的献身精神,能用自己的话复述课文
	《20. 一幅名扬中外的画》	对照画面,展开联想,了解课文描写了画面上的哪些内容,了解古画《清明上河图》的历史价值
	《24. 香港,璀璨的明珠》	通过试听材料和语言文字的有机结合,展开想象,体会香港的繁华和美丽,积累、运用课文中的好词佳句。
	《29. 掌声》	在正确、流利、有感情地朗读课文的基础上,结合生活实际,展开联想,说清英子的变化
三下	《1. 燕子》	理解课文内容,抓住描写燕子和春天的语句,展开想象,说清燕子的活泼可爱和春天生气勃勃的景象,培养热爱大自然的思想感情。学习作者细致的观察、表达的一些方法,积累好词佳句
	《3. 荷花》	感受荷花的美丽,体会作者丰富的想象,学习边阅读,边想象画面的读书方法
	《14. 检阅》	结合生活实际,展开想象,设身处地地考虑文中人物的处境,体会心理,有感情地朗读
	《17. 可贵的沉默》	结合生活实际,展开类似联想,感受父母的爱,懂得关心父母,关心别人。学习抓住人物的神态、动作进行生动描写的方法,积累自己喜欢的词句
	《31. 女娲补天》	结合画面,展开想象,复述故事,积累优美生动的词语,感受女娲为了拯救人类不怕危险、不怕困难、甘于奉献的精神
四上	《2. 雅鲁藏布大峡谷》	想象描写的画面,用自己的话向别人介绍雅鲁藏布大峡谷
	《17. 长城》	说清长城特点,展开联想体会古代劳动人民修筑长城的艰辛和智慧
	《18. 颐和园》	朗读课文,展开想象,体会颐和园的美丽
	《22. 跨越海峡的生命桥》	想象小钱会对捐骨髓的台湾青年说些什么,感受台湾同胞的爱心
	《30. 电脑住宅》	边读边想象电脑的神奇和它给人们生活带来的方便,并说清打算怎样设计电脑住宅
	《31. 飞向蓝天的恐龙》	根据课文内容,想象恐龙飞向蓝天的演化过程,再用自己的话有条理地说一说

续表

四下	《2. 桂林山水》	想象桂林山水的美丽风光,再联系上下文,说清自己对桂林山水的感受
	《4. 七月的天山》	结合想象,有感情地朗读并说清天山的景象
	《21. 乡下人家》	展开想象,交流最感兴趣的一处乡村风景
	《22. 牧场之国》	围绕四次出现的"这就是真正的荷兰"展开想象,说清异国的田园风光
	《30. 文成公主进藏》	了解故事的经过,再把这个故事简要地讲给别人听
	《32. 渔夫的故事》	交流阅读的体会,再把这个故事简要地讲给家人听

4. 诵读优秀诗文,注意在诵读过程中体验情感,从不同的角度展开想象,领悟内容。

三上	《12. 听听,秋的声音》	在诵读过程中,结合诗歌意思,展开联想,体会诗歌情感
	《21. 古诗两首》	边读边展开联想,从秋天的声音中体会秋天的美好
三下	《2. 古诗两首》	在诵读中体会诗人热爱春天的感情,感悟大自然的美好,能用自己的话说出诗句的意思
四上	《5. 古诗两首》	诵读中体验李白与孟浩然、王维与元二之间的深厚感情,结合诗意,想象朋友分别时的情境
四下	《1. 古诗词三首》	用自己的话说说诗句的意思,想象出一幅幅画面
	《16. 和我们一样享受春天》	围绕四次提到"这究竟是为什么",在诵读中体验作者渴望和平的思想感情

三、第三学段(5~6年级)

1. 能联系上下文和自己的积累,运用多种联想策略推想课文中有关词句的意思,辨别词语的感情色彩,体会其表达效果。

五上	《1. 窃读记》	联系课文和生活实际,说说对"你们是吃饭长大的,也是读书长大的"这句话的理解
	《6. 梅花魂》	联系上下文,理解"梅花魂"中"魂"的意思
五下	《1. 草原》	推想"蒙汉情深何忍别,天涯碧草话斜阳"的意思,谈谈体会
	《16. 桥》	推想短句的作用,体会其渲染紧张气氛的作用,知道微型小说的一些特点

续表

五下	《22. 人物描写一组》	找一找最能表现人物性格的语句,读一读,说清这样写的好处
	《25. 自己的花是让别人看的》	联系上下文,结合生活,推想"人人为我,我为人人"的含义
六上	《3. 草虫的村落》	联系上下文,展开想象,理解"游侠""寒暄"等词语的意思
	《11. 唯一的听众》	展开想象,理解为什么"我"觉得老人的眼睛像"深深的潭水"
	《17. 少年闰土》	展开想象,理解"只看见院子里高墙上的四角的天空"的含义
	《18. 我的伯父鲁迅先生》	联系上下文和时代背景,交流对含义深刻的句子的理解
六下	《2. 匆匆》	联系生活实际,和同学说说自己对含义深刻句子的理解和感受

2. 在阅读中揣摩文章的表达顺序,展开联想体会作者的思想感情,初步领悟文章基本的表达方法。在交流和讨论中,敢于提出自己的看法,作出自己的判断。

五上	《3. 走遍天下书为侣》	假如独自旅游,你会带上什么东西呢?仿照课文,写一写自己的想法
	《8. 小桥流水人家》	阅读课文,想象文章描写的情景,知道作者是怎样表达思乡之情的
	《9. 鲸》	根据课文和自己搜集的资料,以"鲸的自述"为内容写一篇短文
	《11. 新型玻璃》	试着做一回小发明家,说清想发明的玻璃及特点
	《15. 落花生》	了解作者由花生领悟做人的道理的写法,展开联想说清自己的感悟
	《17. 地震中的父与子》	想象阿曼达在废墟下会想到什么,说些什么
	《19. "精彩极了"和"糟糕透了"》	知道爱有两种表现形式。联系生活说一说生活中类似的感受
五下	《1. 草原》	体会"借景抒情"的表达特点,展开想象,说清内蒙古草原的美丽
	《3. 白杨》	联系上下文,体会白杨坚强执着的特点,学习"借物喻人"的表达方法,并尝试运用

续表

五下	《6. 冬阳·童年·骆驼队》	交流印象最深刻的场景和画面,说说自己的感受
	《14. 再见了,亲人》	读课文,挑选一件志愿军战士为朝鲜人民所做的事,展开想象,再写下来
	《17. 梦想的力量》	读课文,展开联想,说清瑞恩的梦想是什么,他是怎样实现自己的梦想的
	《22. 人物描写一组》	想象小嘎子、严监生、王熙凤的形象,说说留下的印象
	《23. 刷子李》	读语句,展开想象,说清刷子李高超的技术。
	《26. 威尼斯的小艇》	读课文,展开想象,说清假如坐在小艇上游览威尼斯会有怎样的感受
六上	《1. 山中访友》	展开想象,说出作者好友的特点,体会对大自然的热爱
	《2. 山雨》	展开想象,体会山雨的韵味,了解作者是怎样细致观察、用心倾听的
	《3. 草虫的村落》	写一些自己观察过的小虫,展开想象,融入自己的感受
	《9. 穷人》	结合课文内容,展开想象续写《穷人》。写后与同学交流
	《15. 这片土地是神圣的》	读了课文,联想家乡的土地、身边的资源,它们是得到了保护还是遭到了破坏?谈谈自己的发现和感受
	《23. 最后一头战象》	选择嘎羧告别村寨、伫立江边回想往事中的一个场景,想象嘎羧内心的感受,并写下来
	《26. 月光曲》	读读第九自然段,说说听着琴声,皮鞋匠兄妹好像看到了什么,再谈谈读后的体会和感受
六下	《10. 十六年前的回忆》	揣摩课文最后三个自然段与开头有什么联系,体会首尾呼应的好处
	《11. 灯光》	展开想象,郝副营长在说"多好啊"这句话时看到什么,想到什么
	《14. 卖火柴的小女孩》	读后有什么感想,写几句话给"卖火柴的小女孩"
	《19. 千年梦圆在今朝》	数千年的中华飞天梦是怎样变成现实的,说说从中感悟到什么
	《名碑荟萃》(综合复习)	联系自己临帖习字的实际,选择一位书法家介绍他的书法作品

续表

| 六下 | 《琥珀》(综合复习) | 作者是怎样想象这块琥珀形成的过程的?用自己的话简要地说一说 |

3. 阅读诗歌,大体把握诗意,从不同的角度想象诗歌描述的情境,体会诗人的情感。能联系优秀作品展开丰富的联想,交流自己对美好理想的向往与追求。

五上	《24. 最后一分钟》	有感情地朗读诗歌,体会诗歌表达的情感
五下	《9. 儿童诗两首·我想》	有感情地读儿童诗,体会诗人想与自然融为一体的心情
	《9. 儿童诗两首·童年的水墨画》	围绕"街头""溪边""江上"这三幅画面展开想象,感受童年的快乐和自由
六上	《8. 中华少年》	在反复诵读中,展开丰富的联想,体会诗人对祖国的一片深情
	《20. 有的人》	结合对鲁迅的了解,谈谈对这首诗的理解和从中得到的启示
	《我们去看海》《致老鼠》《爸爸的鼾声》(与诗同行)	展开联想,体会儿童诗丰富新奇的想象力和童趣稚拙的语言美
六下	《生活是多么广阔》(综合复习)	结合自己的生活体验,展开想象,在第二节后面接着写几句诗

4. 诵读优秀诗文,注意通过联系诗文的声调、节奏等展开联想,体味作品的内容和情感。

五上	《5. 古诗词两首·秋思》	想象画面,把《秋思》改写成一个小故事
	《25. 七律·长征》	想象画面,体会诗句表达了诗人怎样的情感
五下	《5. 古诗词三首》	读读三首古诗词,展开想象,说说眼前浮现出怎样的情景,体会到怎样的乐趣
六上	《诗经·采薇》《春夜喜雨》《西江月·夜行黄沙道中》《天净沙·秋》(诗海拾贝)	边读边展开想象,感受古诗词的音韵美和文字美,体会诗人的思想情感
六下	《鸟鸣涧》《江畔独步寻花》(古诗词背诵)	在诵读过程中,结合诗歌意思,展开联想,体会诗歌情感

儿童文学经典作品

年级	书目	阅读策略
一二年级	《熊梦蝶 蝶梦熊》 郝广才 / 著，〔俄〕欧尼可夫 / 绘	结合插图，展开联想，在童话故事里遇见惊喜和赞叹
	《格林童话选》 〔德〕格林兄弟 / 著，魏以新 / 译	通过图文阅读，在童话故事中展开想象，感受奇妙的故事情节和丰富的人物形象
	《我和小姐姐克拉拉》 〔德〕迪米特尔·茵可夫 / 著，陈俊 / 译	通过阅读，运用接近联想，回忆自己的童年生活和趣事，感受故事中的人物形象
	《猜猜我有多爱你》 〔爱尔兰〕麦克布雷尼 / 著，〔英〕婕朗 / 绘，梅子涵 / 译	读懂漫画，通过阅读简单的文字，运用接近联想、移植联想，感受温馨的母子之情
三四年级	《中国神话故事》 聂作平 / 编著	在阅读中，感受神话故事的神奇想象，体会人物的形象
	《安徒生童话》（丹麦） 安徒生 / 著，叶君健 / 译	展开联想，体会童话丰富新奇的想象力
	《彼得·潘》 〔法〕巴里 / 著，杨静远 / 译	在阅读中，展开丰富的联想，体会奇妙的永无岛和不肯长大的男孩彼得·潘这样的童话形象
	《窗边的小豆豆》 〔日〕黑柳彻子 / 著	通过阅读，运用接近联想的策略，回忆自己的童年生活和趣事
	《父与子》 〔德〕卜劳恩 / 绘，洪佩琪 / 编	读懂漫画，运用移植联想，感受温馨又奇妙的父子情
	《让太阳长上翅膀》 金波 / 著	在诵读中展开想象，体会儿童诗优美的语言和丰富的想象
五六年级	《鲁滨孙漂流记》 〔英〕笛福 / 著，徐霞村 / 译	推想鲁滨孙在岛上遇到的困难，感受其勇敢积极乐观的形象
	《狼王梦》 沈石溪 / 著	阅读动物小说，通过想象，感受小说传递的关于生命和梦想的主题
	《哈利波特与魔法石》 〔英〕罗琳 / 著，苏农 / 译	在阅读中展开联想和想象，体会魔幻小说的语言特点
	《汤姆·索亚历险记》（美）马克·吐温 / 著，刁克利 / 译	通过对比联想，体会汤姆索亚的勇敢冒险精神
	《万物简史》（少儿版） 〔英〕布莱森 / 著，严维明 / 译	利用联想策略，读懂科普读物

非连续性文本

五下	利用信息,写简单的研究报告	提取信息,推想研究内容
六下	看说明书做玩具小台灯	根据说明书步骤,推想制作方法

第四节　联想策略的教学实践

阅读是语文之根,阅读是学习之母,阅读能力是可持续发展的学习能力。学会阅读,才能更好地生存、发展。联想是人脑在已有知觉材料的基础上经过加工改造产生新形象的心理过程,是创造性思维的重要基础。在小学语文阅读中注重学生联想能力的培养,对学生学习知识、增强技能、提高语文综合素质等都有重要意义。

一、充实表象内容,丰富联想的基础

表象是头脑中所保持的过去感知过的事物的映象,人对这些映象进行加工改造产生新形象就是想象。可见,想象是以丰富的表象为基础的。表象越丰富,其想象越开阔、深刻。因此,要培养学生的想象能力,学生的头脑中就必须有可供"加工改造"的表象。多观察事物,积累知识和生活经验,是培养想象力的前提。

1．学会观察。叶圣陶先生说:"想象不过是把许多次数、许多方面所观察得到的融合为一,团成一件新的事物罢了。假如不以观察为依据,也就无从谈起想象的作用。"大自然是神奇而丰富的世界,我们应带领学生走出课堂,观察自然,接触社会,感受生活,丰富学生的感性经验,并在观察过程中引导学生积极思考,大胆探索,发展好奇心和广泛的兴趣爱好,逐步打开学生想象的大门。例如,组织学生参观展览、名胜古迹,引导学生观察东升的红日、秋日的田野,欣赏悦耳的音乐、迷人的图画等,使他们增加头脑里的表象储备,为想象提供取之不尽的素材。

2．重视积累知识和生活经验。从心理学的角度讲,想象的活动始终是对感觉与知觉所给予的那些材料的改造,想象力是在过去知觉的基础上的一种新的形象的创造力。丰富的想象来源于生活,来源于对生活的深刻理解和感受。因此,要培养学生的想象力,应教育学生热爱生活,关心生活,引导他们积极参加科技、文艺、体育等活动,引导他们在生活中捕捉形象,积累表象,为发展想象力创设良好的条件。同时,还应重视学生知识的积累和记忆力的培养,因为学生有了广博的知识,才便于发现各种知识之间的联系,并受到启示,触发联想和想象,产生知识的迁移和连结,最终达到认识上的新飞跃。

二、利用多媒体,拓宽联想的广度

多媒体对学生想象力的训练、创新能力的培养是极为有利的。想象不是凭空的,它需要有所依托,需要不断地刺激。多媒体的运用,可以更有效地训练学生的想象能力,使其顺利进入有效创新。我们知道,视觉对人的刺激远远深于听觉,但如果把视觉和听觉加起来,那么起到的效果就会更好,而运用多媒体的好处,就在于它能够更好地刺激学生的视觉和听觉。教育学家告诉我们:人们从听说获得的信息能够记忆的约占25%。如果同时调动听,视觉,就能接受信息的65%。在语文教学中,如果充分发挥录音、录像、幻灯、投影、电视等电教多媒体的优势,将声音、形象与讲授有机结合,形成立体教学氛围,可以大大丰富学生的想象空间。由于小学生视野的局限,在思维上无法认知一些视觉上不曾见到过的事物,利用电教多媒体帮助学生理解课文内容有着教师直接用语言描述无法替代的作用。如《北京亮起来了》这篇课文中有一些比较抽象的词语,如"华灯高照""光彩夺目""绚丽多彩""金碧辉煌"等。老师在教学时如果能适时播放北京夜景的录像,那么学生就较容易把握这些词汇。学生头脑中因为存在北京夜景的表象,就可以引起其他相关的想象,进一步体会到北京夜景的美。又如教《画风》一课时,老师可以请学生闭上眼睛想象,然后一边播放风的声音,一边轻轻地对学生说:"在风中,许多事物都发生变化,路上,小溪边,阳台上,人们的服装……"学生随着声音融情入境。这时的风声既渲染气氛,又使学生产生了相关的画面,进行了联想,激发了想象。

三、强化实践,提升联想的高度

能力只有通过实践才能展示出来。语文学科也同样如此。这样的练习可采取多种形式提高思维的灵活性、变通性和创新性。

1. 结合插图,创设情景,帮助联想

插图和文章的表现形式不同,所以它们强调的重点也不同,课文强调的是整体,插图强调的是局部,可能文有图也有,可能文有图却无,也可能是文无图却有,所以让学生在阅读时将文章与插图进行对比,获得有关的表象和情节依据,进行再造想象和创造想象,以补充丰富画面的形象和情节,无形中是对图和文进行了一番再创作。

2. 根据人物的语言、动作、表情等,展开联想

为刻画丰满生动的人物形象,作者总是要对文中人物的语言、动作、表情等进行细致入微的描写,在学习过程中,我们应该抓住这些词句,让学生根据自己的生活经历和体验,在头脑中进行再造想象,使人物形象栩栩如生地闪现在学生的脑海里。

3. 抓住文中空白,丰富联想

好的文章像书法,有时密不透风,有时又疏可走马。作者常有意不把意思挑明说透,刻意留下"空白",让读者揣摩;或因表达的需要,省略了一些内容,留下"空白"。在阅读中,教师就应该用好这些"疏可走马"处,巧妙地激发学生展开想象,用创造的才智为这些"空白"添补亮丽的色彩。

4. 前溯、后续、扩补和改写式,还原联想

任何事物和现象都有一个发生、发展和转化的过程,其间充满着前后相继、前因后果的必然联系。因此,在阅读教学中,教师要善于抓住

一切有利契机,诱导学生或追溯课文描写内容的原因和先前状态;或将其继续延展和演化;或针对文中重点部分作适当扩补和重改,通过展开种种对比性、因果性、必然性的想象,同时融入自觉的创造性因素,追因寻果,多方联想,以期创造出更完整、更丰满、更深邃、更新颖的思想内容和艺术境界。

5. 巧问妙引、适当点拨,抓准联想点

所谓抓准想象点,是指一篇文章中能引发学生想象的因素很多,应选择那些能够反映文章主题思想,体现作者创作意图,符合教学目的要求的重点和关键之处,积极诱导学生进行合情合理的创造性联想,从而真正有效地利用课堂有限的时间最大限度地促进学生创造想象能力的发展和提高。一篇文章中题目、开头、结尾,甚至其中的某句话,某段描写,都有可能是很好的联想点。不同的文章,想象点也各异,因此,必须视具体情况而定。

这样的阅读实践练习要以质量为主,鼓励学生大胆想象,允许想象离奇些,不要抑制他们的想象。教师不能因其想象离奇、不合情理就横加指责,要注意给予适当评价,对其不合理之处要晓之以理,细心纠正,对其思维想象力要及时鼓励。只有这样,才能对学生起到激励作用,激活其思维,开发其深藏的想象力。事实上许多有成就的人物,其共同点都有强烈的好奇心和丰富的想象力,唯其如此才会做出傲人的成绩。

四、注重课外实践,延展联想的深度

想象是源于生活的,是建立在现实生活基础上的,并以一定的知识为基础。中国文学名著《西游记》中,孙悟空这一形象虽然是想象的产物,但在现实中可以找到它的"原型",它是猴子与人的结合体,生活中是客观存在的,但"孙悟空"这个个体又是想象的结果,现实中找不到这样的猴子。这说明想象与生活关系密切,想象需要一定的知识为支撑。那么,怎样培养学生的想象能力?对此,笔者认为,必须注重实践,提高想象能力。

1. 注重社会实践。理学家朱熹有诗云:"问渠哪得清如许,为有源头活水来。"这就告诉我们,要丰富学生的想象能力,提高学生的语文能力,只限于课堂,只限于课本,那就太狭窄了。世间的一切变化会引发人的情感变化,思维的变化。正如古人所说,心之所动,物使之然也。因此,要引导学生利用各种机会走进大自然,去观察山川河流,去观察草木鱼虫;引导他们接触社会,体验生活,感受人世间的苦与乐;引导他们在生活中捕捉形象、积累知识。这样,不但丰富了生活知识,而且为自己插上想象的翅膀。

2. 阅读课外作品。语文教学时,要求学生多阅读古今中外的文学作品,这样不仅可以积累妙词佳句,懂得文章的谋篇布局,而且可以间接地丰富生活阅历,为发展想象力打下基础。因此,有目的地引导学生阅读文学作品对于培养学生的想象力是很重要的。如中国的《西游记》《聊斋志异》,外国的《鲁滨孙漂流记》《一千零一夜》等文学作品,这不但有助于储备知识,学会一些想象的方法,而且有助于开启智慧,培养想象力。

每个学生的精神世界都是一本丰富、独特、耐读而且是不容易读的书。只有放飞想象的翅膀,让其思维自由自在地驰骋,思维才会产生强大的内驱力,才会变得更有灵感。

联想策略典型课例——

人教版三年级下册《夸父追日》教学设计

（宁波市江东区教育局教研室　周步新　鄞州区章水镇郑家小学　戴豪亮）

【设计理念】

1. 尊重学生，以生为本，顺学而教；

2. 遵循学习规律，体现"教教材"到"教语文""教阅读"的转变；

3. 根据语文学科教育特点，体现略读课文教学特色。

【教学目标】

1. 能自主阅读课文，能正确、流利地朗读课文，概括说清故事内容。

2. 结合阅读展开联想进行交流，感受神话传说的神奇，从中体会夸父追日的执着等精神。

【教学重难点】

感受神话传说的神奇，产生阅读联想，体会夸父追日的执着及奉献的精神。

【教学准备】

课前布置学生收集、阅读有关太阳的神话，多媒体课件。

【教学时间】

1课时。

【教学过程】

一、揭示课题，温故知新，激发兴趣

1. 读词串猜神话（课件演示）——盘古开天地、女娲补天、嫦娥奔月、精卫填海等。

2. 看来同学们都很熟悉这些故事,一定也很喜欢阅读。这些故事都可以叫作——(生接答)神话故事。神话故事是古代人民口头创作的神异故事,有着神奇的想象,生动的故事内容,表现了人们征服自然的渴望和对美好生活的愿望与追求。(随机板书:神奇的想象、生动的故事、美好的愿望)

3. 出示《夸父追日》相关画面,知道这个神话故事吗?今天我们就来学习这一单元的最后一篇课文——《夸父追日》。

(生齐读课题)

4. 课前预习过课文吗,是怎么预习的?

预设:

(1)自己读了课文,读准字音,读通课文;

师:不错,能够知道读课文的基本要求了。

(2)读读课文,想想故事主要内容。

师:真了不起,你不仅能读课文,还知道读课文首先要解决的问题了。看来大家课前都进行了预习,读了几遍课文。

二、自主读文,读准读顺,说清内容

1. 课前已经读过课文了,那就看大家能否将课文读正确,先请大家读一读这些句子——可有些难度哦,一定有信心接受挑战吧(课件出示几个比较难读的句子,鼓励学生先各自试读,再指名读):

夸父伏下身子,去喝黄河、渭河里的水。咕嘟咕嘟,霎时间两条大河都给他喝干了,可是还没止住口渴。

夸父又向北方跑去,想去喝大泽里的水,那大泽,又叫"瀚海",有上千里宽。他还没到大泽,就像一座大山颓然倒了下来。

(随文了解"虞渊、渭河、瀚海"这几个地名的意思)

【设计意图】即使是略读课文,但是对于学生容易出错的地方、不理解的地方,教师还是有必要进行指导,并加以落实。

这些难读的句子回到课文,我们再把课文读正确、读流利。

2. 我们发现这也是一篇略读课文,我们平时是怎么学略读课文的?

预设:

可以借助课前提示来帮助自己学习;

可以自己提出问题,边读边想;

可以运用老师教过的一些学习方法,更多自学;

……

看看这次课前提示要求我们怎么做,请两个同学读一读。

这样,我们可以把阅读提示概括成两条(用投影呈现)然后一一来解决。

因为课前大家都读过几遍课文了,那就让我们正确流利地读课文,速度可以稍快一些,同时按照提示要求,边读边想一想故事内容吧。

【设计意图】尽管是三年级的学生,不过有了课前预习的基础,因此相信学生能用以往课文学习的经验,快速读文,并学习运用平时学到的方法自己思考课文内容。

3. 课文读得差不多了,自己试着说说故事的内容吧。

4. 指名说说。

针对学生的发言,随机点评:

说得简洁;

能够利用课题补充说清;

按一定顺序,如事情发展顺序说清:夸父为什么追日,怎样追日,追日的结果。

(随机板书:喜欢光明 拿…… 提…… 迈开…… 奔跑 变成了…… 变成了)。

师:你真能干,自己读读课文,就能说故事的内容了。其他同学听清楚这位同学是怎么说这个故事的内容吗?

5. 聪明的同学发现了 —— 夸父喜欢光明,告诉我们夸父追日的起因,他拿…… 提…… 迈开…… 奔跑……,这是讲夸父追日的经过,变成了…… 变成了……,这是夸父追日的结果,这样按一定顺序简洁地说清事情的起因,经过和结果,就说清了这篇神话故事的主要内容。

6．请用上刚才的方法,同桌之间互相简单地说说这篇神话故事的内容。

【设计意图】要三年级的学生概括地说故事的内容有点难,教师有必要引导学生前后联系,回顾反思学习过程,这也是很好的一种感悟与小结的方法。

7．补充拓展(课件出示《山海经·海外北经》中夸父逐日原文):

夸父逐日

夸父与日逐走,入日;渴,欲得饮,饮于河、渭;河、渭不足,北饮大泽。未至,道渴而死。弃其杖,化为邓林。

学生自由朗读,指名说说大致意思。(着重理解"入日,河、渭、邓林"等意思)

说说读后感受。(预设:这么长的课文居然可以用这么简洁的文字表达,我们的祖先真了不起……)

【设计意图】通过阅读比较,体会不同的表达方式带给人不同的阅读感受。

三、根据提示,产生联想,建构学习

1．课前学习提示中的第一项任务大家已经顺利完成,还有一项任务是什么呢?

——(生自然接答)从故事中想到些什么。

2．同学们,这样的想,可以叫作联想。比如说,你闻到一阵香味,会想到——

这样,就是多角度的联想,这可是很重要的阅读方法哦。我们再小试身手:

听到歌声,我们可能会想到——

阅读课文,我们就可以——

联系到自己经历的一些事情,比如从这个故事联想到其他读过的相

似的故事,从这个故事中的主人公联想到生活中见到过相似的人,从故事中联想到相关的一些问题。

(随机板书:头脑风暴、脑图)

【设计意图】教师通过具体的事例、类比的讲解,帮助学生形象了解联想这一重要阅读策略的含义,启发学生多角度展开联想,学习运用多种方法进行阅读联想。

3. 那么,读了《夸父追日》,我们可以多角度地联想,大家想到些什么呢?

预设一:"这是个神话"。(细读品味,合作交流,体会神奇)

个体自主学习 ── 那我们就来找一找课文中你觉得神奇的地方;

小组合作学习 ── 完成学习卡,为集体交流做好准备。

小组学习卡

我们小组认为第( )段( )句话写得十分神奇,我们是从( )等词语感受到的,我们还知道这句话的意思是( )。

【设计意图】通过引导学生自主、合作、探究学习,鼓励学生自主阅读,个性解读,感悟神话的神奇之处,同时也简化教学环节,提高课堂教学效率。

集体交流,可着重围绕以下句子展开(课件随机出示语段及配画),体会神话的神奇、夸张:

(1)夸父拿着手杖,提起长腿,迈开大步,像风似的奔跑,向着西斜的太阳追去,一眨眼就跑了两千里。

(2)夸父伏下身子,去喝黄河、渭河里的水。咕嘟咕嘟,霎时间两条大河都给他喝干了,可是还没止住口渴。

(随机补充资料,加以拓展 ── 黄河是我国第二长河,长度5464千米,横向跨越将近整个中国。渭河,黄河的最大支流,全长818千米。这样的两条大河夸父霎时间喝干了,真是神奇!)

(3)他还没到大泽,就像一座大山颓然倒了下来,大地和山河都因为他的倒下而发出巨响。

(同时,联系上下文了解"颓然、遗憾"等词语的意思。)

(4)第二天早晨,当太阳从东方升起,金光普照大地的时候,昨天倒在原野的夸父,已经变成了一座大山。山的南边,有一大片枝叶茂密、鲜果累累的桃林,那是夸父的手杖变成的。

预设二:感动于夸父追求光明的精神。

你从课文哪些语句中感受到的,请用"～～～"在课文中画出有关句子,圈出重点词语。

跟大家交流一下,注意读出相应的体会、感受。

预设三:还想到读过的中外民间传说,如《盘古开天地》《女娲补天》,这些传说中的人物都有一种执着和奉献的精神……

同学们说得真好,听了大家的发言,老师也联想到了一首诗,让我们一起读读吧(课件出示,配乐朗读)

向着明亮那方
〔日本〕金子美玲

向着明亮那方
向着明亮那方
哪怕一片叶子
也要向着日光洒下的方向
灌木丛中的小草啊

向着明亮那方

向着明亮那方

哪怕烧焦了翅膀

也要飞向灯光闪烁的方向

夜里的飞虫啊

向着明亮那方

向着明亮那方

哪怕只是分寸的宽敞

也要向着阳光照射的方向

住在都会的孩子们啊

【设计意图】学习过程应该是学生自主建构意义的过程。鼓励学生自主阅读课文,展开多角度联想,体现了真正意义上的自主学习。

4. 同学们,听了大家的交流,你又想到了什么呢?下课后可以继续大胆地不断地去想,并找相关的文章、书籍拓展阅读。

【设计意图】课堂不应是学生学习的终点,更应成为学生终身学习的起点。

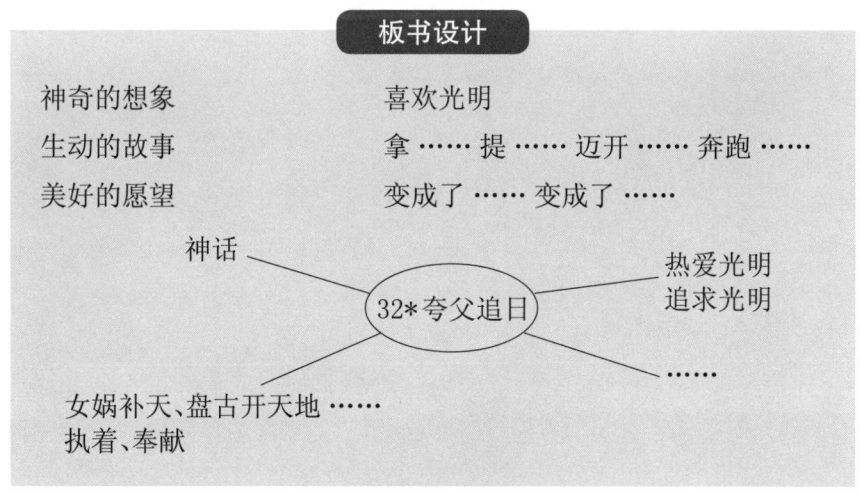

第六章
比较策略研究

第一节　比较策略概念阐释

比较是指对比几种同类事物的异同、高下。它是确定事物之间相同点和相异点的思维方法,为客观全面地认识事物提供了一条重要途径。比较的前提是要有供比较的对象,也要有比较的共同基础;比较的目的则是掌握对象的属性、特征、运动规律等等。比较是人类意识能动性的基础,这种思维方法存在于一切思维活动中,正因如此,比较极具研究意义。

阅读中的比较是将两件或两件以上有共同基础的文本进行对照、辨析,以加深理解,提高读写能力的一种方法。叶圣陶先生指出:"阅读方法不仅是机械地解释字义,记诵文句,研究文法修辞的法则,最要紧的是多做比较、多归纳。"《义务教育语文课程标准(2011年版)》在阅读方面的总体目标与内容中提到:具有独立阅读的能力,学会运用多种阅读方法。有较为丰富的积累和良好的语感,注重情感体验,发展感受和理解的能力。国际阅读素养发展研究(简称PIRLS)将阅读能力分为四个层次:获取信息、直接推论、诠释并整合观点、评价文章内容和表达形式,四个层次的难度水平依次递增。在诠释并整合观点层次,要求学生提取自己已有的知识,联系文中未直接表达的信息,能够做到:分辨文章整体信息或主题;考虑文中人物可选择的其他行动;比较及对照文章信息;推测故事中人物的情绪或气氛;诠释文中信息在现实生活的适用性。可见比较阅读是第二学段和第三学段学生阅读的重要方法。

俄国著名教育家乌申斯基说:"比较是一切理解和思维的基础,我们正是通过比较来了解世界上的一切的。"在小学语文阅读教学中应有目的有计划地进行比较阅读策略的教学,在教学中引导学生把两篇或多篇文章(语段、字词)对照着阅读,通过辨析其异同,发现其共性与个性特征,加深学生的认识和理解。通过课内的比较阅读方法训练,学生养成边阅读边比较的习惯,能通过比较阅读加深对文章内容与写法的认识和理解,学生形成自己的想法或观点,获得比较阅读的能力,有效提升理解能力和思维能力。

《学记》对比较法有过专门论述:"古之学者,比物丑类。鼓无当于五声,五声弗得不和;水无当于无色,无色弗得不章;学无当于五官,五官弗得不治;师无当于五服,五服弗得不亲。"古时候做学问的人,善于从事物的类比中体会出事物的关系。这就说明,先秦时期,师者已经在教学时注重运用类比法,发展学生抽象思维,提高学习效率,同时对比较阅读教学进行反思和提炼。梁启超在20世纪20年代就提出了"分组比较"教学法,主张"不能篇篇文章讲,须一组一组地讲。"近30年来,在语文比较阅读教学这一领域出现了许多围绕怎样进行比较阅读训练来开展教学实践的课题。[1] 新课程改革给语文教学提出了更高层次的挑战:不仅要求语文教学教给学生知识,更强调学生能力与方法,以及对持续性发展的关注。现行小学语文教材在编排上注重人文情感的熏陶,提倡语文综合性学习,这就更需要师生能够将同一主题的多篇教材进行比较阅读,扩大比较的范围,比较的内涵,从而使得关于比较阅读教学的研究从课内走向课外,从常规的文本比较阅读走向非连续性文本的比较阅读。

比较作为辨别、确定事物异同的思维过程和方法,它是和观察、分析、综合等活动交织在一起的一种复杂的智力活动。有比较,才有鉴别,才有认识,才有创造。比较阅读作为一种层次较高的研究型阅读,在成为学生的一种阅读能力或成为教师教学的手段时,都应该具有自己的策略,当然教师运用一定的比较阅读教学策略,在一定程度上就是培养了学生运用该种策略进行比较阅读的能力。

---

1 王思斯,武琳.论新课程下的比较阅读教学.文学教育,2012(06):65.

我们认为,对小学生来说比较是这样一种阅读策略:把一篇或者多篇内容或形式上有一定联系的文本(包括非连续性文本,包括篇、段、词、字)集中起来,通过横向比较或纵向比较,从内容、主题、表达等多个角度进行同中求异,异中求同的辨析,以明确表达的内容,理解表达的中心,掌握表达的方法,或揭示一般规律的一种阅读方法。这样的比较阅读策略,不仅助力学生全面了解课文内容,理解作者表达的思想感情,更重要的是通过比较阅读策略认识、理解、领会、运用甚至能够评价所采用的表达方法,全面提高阅读和表达的能力。同时,有效训练学生的思维能力,为其终身发展创造条件。

第二节　比较策略的教学目标

一、目标制订的依据

日本国语阅读教学指导原则是"以思考为主",强调阅读的整体就是锻炼思考,而且在阅读教学单元目标中写得十分明白:"从社会的纠葛中,抓住人们对生活的种种态度 —— 有怀着痛苦而生活的人,也有看到希望而生活的人,深入思考以发展思考力。"[1]特级教师于漪说:"教师应从学生思想情感、知识能力的实际出发,运用文章精要之处,开启学生思维的窍门⋯⋯"我国《义务教育语文课程标准(2011年版)》没有专门涉及比较阅读策略,但是阅读教学必须重视思维训练已经成为极力倡导的教育理念。在"总体目标与内容"中提到:在发展语言能力的同时,发展思维能力,学习科学的思想方法,逐步养成实事求是、崇尚真知的科学态度。在教学具体建议中提到:阅读是运用语言文字获取信息、认识世界、发展思维、获得审美体验的重要途径。⋯⋯阅读教学应引导学生钻研文本,在主动积极的思维和情感活动中,加深理解和体验,有所感悟和思考,受到情感熏陶,获得思想启迪,享受审美乐趣。思维包括分析、综合、比较、抽象、概括判断和推理等基本过程。将比较思维用于阅读教学中,搭建比较的平台,不仅能够提升学生的阅读兴趣,加强记忆,深化理解,还能实现在发展语言能力的同时,发展思维能力。

建构主义者认为"知识是由人创造,必然要受人们价值观和文化的影响,认识主体在反映客观世界时,并非对事物进行原封不动的'镜面反

1　夏承虞. 九国语文教学资料[M]. 东北师范大学出版社,1985:22.

射',而要以其特有的经验和方式对现实进行选择,修正并赋予独特的意义。"在语文教学中,通过比较阅读策略,使学生有效地将教材中的文章和相关作品甚至个人的经验进行对照、分析、总结,从而使其形成独特的见解,在丰富阅读文本内涵的同时,建立新的知识结构体系。接受美学理论者认为,作品是由作家创作的,但读者却根据自己对作品的理解,完成了对作品内涵上的理解,也就是说,接受美学理论认为,读者在阅读中起着很重要的作用。我们知道,作者在进行创作时,都有着明确的创作目的,并尽可能将作品中的思想传递给读者。但是不同的读者对同一部作品会有不同的理解,这样的阅读差异势必形成一种自发的阅读比较。通过这样的比较,使阅读者有意识地开动脑筋去探究文本的内在含义和美学价值,从而提高阅读能力,全面训练思维能力,使阅读教学更有实效。

比较的目的在于得出一个新的结论,或概括出一种现象,或解决某一问题,或推演出一种规律,或只为了对比较对象进行更充分、更透彻的赏评。[1]比较阅读的一般环节可以确定为:首先,确立目标;其次,根据专题文本间内在的主要联系,选择好比较的对象,确定可比点;再次,按可比点逐一比较分析文本,异中求同,把握文本的共性,或同中求异,寻找文本的个性,并深究造成这种异同的原因,深入理解文本主题内涵,体味文本表达之妙。最后,得出结论,获得具有独创性的新见解。可比点主要分两类:一类是微观上的文体形式、主题内涵、情感体验等,一类是宏观上的作家、文化等。[2]因此,比较阅读策略的教学目的在充分考虑学生年龄特点和认知规律的前提下,可以根据比较阅读可比点的类别进行具体分解。

二、比较阅读策略的教学目标

基于以上思考,我们确定小学阶段比较阅读总目标:通过比较阅读,

---

[1] 吴涛.语文学习中的比较策略没有过时[J].语文教学.2009(09):116.

[2] 焦敬华,董素一.比较阅读在专题整体教学中的应用[J].天津师范大学学报.(基础教育版),2013(04):34.

更好地理解课文思想内容,掌握组材、选材的特点,了解并尝试运用简单的记叙文、说明文及应用性文体的不同表达方式。

第一学段:

比较了解课文中词句的意思,在比较中积累词语,能进行图文比较。

比较阅读浅近的童话、寓言、故事,以及儿歌、古诗等,展开想象,加深对感兴趣的人物和事件的感受和想法,并乐于与人交流。

比较课文中出现的常用标点符号,在阅读中体会句号、问号、感叹号所表达的不同语气。

通过比较阅读,激发课外阅读的兴趣。

第二学段:

比较理解课文中词句的意思,体会关键词句表达情意的作用。

借助比较准确把握文章的主要内容,体会文章表达的思想情感并提出自己的疑问。

初步感受作品中生动的形象和优美的语言,关心作品中人物的命运和喜怒哀乐,与他人交流自己的阅读感受。展开想象与比较,领悟优秀诗文的大意和情感。

比较体会文中句号、逗号的不同用法,了解冒号、引号的一般用法。

通过比较阅读,激发阅读兴趣,培养边阅读边思考的习惯,并乐于与同学交流。

第三学段:

比较理解课文中词句的意思,辨别词语的感情色彩,体会其表达效果。

借助比较了解文章的表达顺序,初步领悟文章的基本表达方法。在交流和讨论中,敢于提出看法,做出自己的判断。

了解叙事性作品中的事件梗概,能比较确定并简单描述自己印象最深的场景、人物、细节，说出自己的喜爱、憎恶、崇敬、向往、同情等感受。阅读诗歌，大体把握诗意，想象诗歌描述的情境，体会作品的情感。阅读说明性文章，能明确要点，了解文章的基本说明方法。阅读简单的非连续性文本，通过图文等材料获得有价值的信息。

比较体会文中顿号与逗号、分号与句号的不同用法。

通过比较阅读培养边阅读边思考的习惯，与人主动交流见解的习惯，并拓展阅读面。

《课标》强调，在理解课文的基础上，提倡多角度、有创意的阅读，利用阅读期待、阅读反思和批判等环节，拓展思维空间，提高阅读质量。由此可见，比较阅读不仅是促进课文理解的有效手段，更是拓展思维空间，提高阅读质量的重要手段，教师应根据不同年段的学生认知心理，将比较阅读策略有机渗透在阅读教学的每一个环节。

第三节 比较策略的教学内容

阅读教学中的比较有着多种多样的内容与方法。从内容上看,可以是文章的内容、人物形象、表达方法、语言运用等方面进行比较;从方法上看,可以是业界同行之间的类比,也可以是不同类文本之间的比较,可以是新旧知识的比较,也可以是拓展内容间的比较。当然在进行阅读教学时,教学过程当中有许多生成的教学资源,如师生之间或生生之间对文本的不同理解等,都可以作为比较阅读教学的内容。同一个教学内容,因为比较的角度不同而使教学效果不同。

我们对两则及以上的文章(段、句)进行对比阅读时,前提必须有可对比的内容,并且有可比点展开教学,然后通过讨论、辨析进行求同、求异的理解、归纳,从而展开探究,获得知识与能力的提升。比较式阅读教学过程大致可以梳理为这样三个阶段:阅读文本,获得感知;对比异同,碰撞感知;综合归纳,巩固新知。可见,对比较内容的选择,以及对比较点的确定,是比较阅读教学成败的关键。教师在锁定比较内容,明确可比点时,必须立足学生的阅读能力提升,充分考虑学生的学习兴趣,使比较阅读教学环节获得理想的阅读效果。

一、小学阶段阅读中的比较

(一)选择恰当的比较文章(段、句)

现行人教版教材以主题单元组材,比较文章的选择大多可以在同一主题单元中获得。尽管如此,我们在寻找比较文章(段、句)之前,必须认真解读教材,使所选择的材料在主题、情感、表达等方面有较强的联系。

如六年级上册第五单元的主题是"走进鲁迅"。这一单元安排的课文,大多可以成为比较阅读选用的材料。学习课文《一面》感受鲁迅先生对陌生进步青年的关心时,可以与上文《我的伯父鲁迅先生》进行比较。两篇文章都是他人眼中的鲁迅先生,都是通过第三人称的叙述写出了鲁迅先生的崇高品质。《我的伯父鲁迅先生》一文可以与该课后安排的"阅读链接"中萧红的《回忆鲁迅先生》与巴金《永远不能忘记的事情》进行比较阅读,同样是怀念鲁迅先生的文章,在具体内容的选择上有许多异同之处。

(二)明确可辨性强的比较点

人们通过比较可以从中发现各事物间的异同,事物间的比较点是比较的关键。比较内容确定后,教师必须明确比较点,以有效组织比较阅读,因此,阅读比较点必须具有启发性和探究性。张志公曾说:"只要比得恰当,越比理解得越清楚,印象越深刻,掌握得越牢固。"可见,比较点必须是比较材料中最具有价值的信息,学生能根据比较点在教师的引领下,进行快速有效地阅读理解和分析归纳。如上文提到的《一面》与《我的伯父鲁迅先生》进行比较阅读,联系六年级学生的阅读教学目标,教师可以从理解思想情感和领悟表达方法两个角度出发设置比较点:1. 求同:比较鲁迅先生对待侄女、自己、车夫、女佣、对待陌生青年的态度,全面理解鲁迅先生关心他人的高尚品格。2. 求异:同样是回忆鲁迅先生,反映鲁迅先生关心他人的高尚品格,作者分别抓住了不同的事情,着重进行了不同的描写。

(三)生成合适的比较内容

比较策略能使学生更好地理解课文思想内容,掌握课文组材、选材的特点,了解不同的表达方式,进一步掌握文章的体裁。在进行比较阅读时,教师选取合适的比较材料进行阅读比较,也可以根据教学需要安排师生互动、生生互动,并对课堂生成的资源进行比较。比如在教学三年级上册《小摄影师》时,我们可以抓住文中高尔基和小摄影师的对话,请学生尝试改写。通过原文与改写后的对话进行比较,从而认识语言描写中不同的提示语的位置及其作用。再如在进行二下年级《爱迪生救妈妈》一文教学时,指导说清爱迪生救妈妈的经过是本文难点。教学中,可以安排学生进行复述,通过比较不同学生的复述理清经过的顺序,掌握事件重点,巩固学生对复述能力的掌握。

二、教材比较内容的梳理

在阅读教学中,比较的内容是很广泛的,从比较内容的形式来说,可以是文本与文本的比较,也可以是同一文本内的比较,可以是连续性文本与非连续性文本的比较;从比较内容的出处来说,可以是课内与课内,课内与课外,文本与生成,生成与生成之间的比较。根据语文学习的规律,目前的阅读教学第一学段侧重词句的教学,第二学段侧重段的教学,第三学段侧重篇章的教学。结合比较策略和各年段阅读教学目标,我们将现行人教版语文教材进行梳理,整理出课内文本与文本,或同一文本内较为典型的比较内容(不含课外或互动生成),以供教学参考。

第一学段

年级	比较内容	特　点	比较点	目　标
一年级上册	《识字(一)4. 操场上》	构词规律	构词方式	能模仿组词;尝试创编"跳高拔河拍皮球"类词句
	《4. 哪座房子最漂亮》	构词方式	叠词的特点	感受叠词在儿歌中的音乐美;能仿写叠词
	《2. 四季》《5. 爷爷和小树》《9. 影子》《14. 自己去吧》《20. 小熊住山洞》	语言表达	构句方式	能进一步理解句子;较快速度背诵全文或有感情朗读课文
	《10. 比尾巴》	语言表达	问句的形式	认识问句并初步尝试完整规范的问答

续表

年级	比较内容	特　点	比较点	目　标
一年级下册	《1.柳树醒了》《2.春雨的色彩》《11.美丽的小路》《14.荷叶圆圆》《16.要下雨了》《17.小壁虎借尾巴》《18.四个太阳》《24.画家乡》《26.小白兔和小灰兔》《27.两只小狮子》《30.棉花姑娘》《34.小蝌蚪找妈妈》	语言表达	构词与构句方式	能进一步开启想象力理解句子；尝试仿说词语或句子；较快速度背诵全文或有感情朗读课文
	《4.古诗两首·春晓村居》《13.古诗两首·所见小池》	语言表达	古诗样式	初步认识五言诗和七言诗；初步读懂诗意，并背诵古诗
	《20.司马光》	人物形象	人物心理	进一步感受司马光的镇定；能有感情朗读课文
二年级上册	《1.秋天的图画》《2.黄山奇石》《9.欢庆》	语言表达	比喻句	感受秋天的美丽等；初步认识比喻句
	《3.植物妈妈有办法》《23.假如》《26."红领巾"真好》	语言表达	构词与构句方式	能进一步开启想象力理解句子；尝试仿说词语或句子；较快速度背诵全文或有感情朗读课文
	《13.坐井观天》《15.小柳树和小枣树》《16.风娃娃》《17.酸的和甜的》《21.从现在开始》《30.我是什么》	人物形象	人物对话或人物心理	展开联想理解课文；读懂故事中的道理
二年级下册	《1.找春天》	语言表达	拟人句	感受春天的美丽等；初步认识拟人句
	《3.笋芽儿》《6.雷锋叔叔,你在哪里》《15.画风》《20.要是你在野外迷了路》《23.三个儿子》《30.爱迪生救妈妈》	语言表达 人物形象	构句方式 人物对话或人物心理	读懂课文内容；明白故事中的道理或感受到人物的品质

第二学段

年级	比较内容	特　点	比较点	目　标
三年级上册	《3. 爬天都峰》《6. 小摄影师》《11. 秋天的雨》《12. 听听，秋的声音》《16. 找骆驼》《23. 美丽的小兴安岭》《27. 陶罐和铁罐》《28. 狮子和鹿》《29. 掌声》《32. 好汉查理》	语言表达 人物形象	构段方式、人物对话、人物动作或人物心理	读懂课文内容；明白故事中的道理、感受到人物的品质或景物的美
	《13. 花钟》《18. 盘古开天地》	语言表达	拟人句	读懂课文，体会同一种意思的不同表达形式
	《22. 富饶的西沙群岛》《24. 香港，璀璨的明珠》	语言表达	构段方式	读懂课文，进一步了解总分段式，初步了解过渡句
三年级下册	《3. 荷花》《4. 珍珠泉》《5. 翠鸟》《11. 画杨桃》《12. 想别人没想到的》《17. 可贵的沉默》《20. 妈妈的账单》《21. 太阳》《30. 西门豹》	语言表达 景物特点 人物形象	构段方式、人物对话、人物动作或人物心理等	读懂课文内容；初步学习课文的写法；明白故事中的道理、感受到人物的品质或景物的美
	《9. 寓言两则》	文章体裁	寓言故事	了解寓言故事的特点
四年级上册	《1. 观潮》《3. 鸟的天堂》《4. 火烧云》《6. 爬山虎的脚》《13. 白鹅》《14. 白公鹅》《15. 猫》《16. 母鸡》《18. 颐和园》《19. 秦兵马俑》《22. 跨越海峡的生命桥》《25. 为中华之崛起而读书》《26. 那片绿绿的爬山虎》《29. 呼风唤雨的世纪》	语言表达 写作顺序	构段方式、描写顺序或方法	读懂课文内容；深入感受文中的思想情感；了解作者的表达顺序和方法
	《9. 巨人的花园》与《10. 幸福是什么》以及《12. 小木偶的故事》	文章体裁	童话	了解童话故事的特点
	《20. 古诗两首》	文章体裁	送别诗	了解送别诗的特点
	《28. 尺有所短 寸有所长》	文章体裁	书信	了解书信的格式与写法

续表

年级	比较内容	特 点	比较点	目 标
四年级下册	《2.桂林山水》《4.七月的天山》《5.中彩那天》《6.万年牢》《7.尊严》《9.自然之道》《11.蝙蝠和雷达》《16.和我们一样享受春天》与《19.生命 生命》《21.乡下人家》《22.牧场之国》《24.麦哨》《26.全神贯注》	语言表达写作顺序	构段方式、描写顺序或方法、修辞方法	读懂课文内容;深入感受文中的思想情感,对含义深刻的句子有自己的体会;了解作者的表达顺序和具体写法
	《1.古诗词三首》	文章体裁	山水诗	了解山水诗的特点;初步了解诗词的异同
	《23.古诗词三首》	文章体裁	田园诗	了解田园诗的特点;进一步了解诗词的异同
	《30.文成公主进藏》	文章体裁	民间故事	了解民间故事的特点

第三学段

年级	比较内容	特 点	比较点	目 标
五年级上册	《1.窃读记》《3.走遍天下书为侣》《4.我的"长生果"》《9.鲸》《11.新型玻璃》《13.钓鱼的启示》《16.珍珠鸟》《14.通往广场的路不止一条》《15.落花生》《17.地震中的父与子》《19."精彩极了"和"糟糕透了"》《21.圆明园的毁灭》	语言表达、写作顺序	相关内容写作顺序、思想感情、表达方法	读懂课文内容;深入感受文中的思想情感,对含义深刻的句子有自己的体会;了解作者的表达顺序和具体写法
	《5.古诗词三首》	文章体裁	思乡诗	了解思乡诗的特点;比较诗词异同;体会诗人情感
五年级下册	《3.白杨》《4.把铁路修到拉萨去》《7.祖父的园子》《8.童年的发现》《9.儿童诗两首》《11.晏子使楚》《14.再见了,亲人》《16.桥》	语言表达、写作顺序文章体裁	相关内容写作顺序、思想感情、表达方法等描写儿童的古诗	读懂课文内容;深入感受文中的思想情感,对含义深刻的句子有自己的体会;了解作者的表达顺序和具体写法;

续表

年级	比较内容	特 点	比较点	目 标
五年级下册	《18.将相和》《19.草船借箭》《21.猴王出世》《22.人物描写一组》《23.刷子李》《24.金钱的魔力》《27.与象共舞》《28.彩色的非洲》《5.古诗词三首》			了解描写儿童的古诗具有的特点;体会儿童生活的无忧无虑;比较诗词异同
六年级上册	《1.山中访友》《4.索溪峪的"野"》《5.詹天佑》《6.怀念母亲》《9.穷人》《10.别饿坏了那匹马》《13.只有一个地球》《16.青山不老》《18.我的伯父鲁迅先生》《19.一面》《20.有的人》《21.老人与海鸥》《23.最后一头战象》《24.金色的脚印》《26.月光曲》《28.我的舞台》	语言表达、写作顺序	相关内容写作顺序、思想感情、表达方法等	读懂课文内容;深入感受文中的思想情感,对含义深刻的句子有自己的体会;了解作者的表达顺序和具体写法并尝试仿写
六年级下册	《4.顶碗少年》《5.手指》《6.北京的春节》《8.各具特色的民居》《10.十六年前的回忆》《11.灯光》《13.一夜的工作》《14.卖火柴的小女孩》和《15.凡卡》《16.鲁滨孙漂流记》《17.汤姆·索亚历险记》《18.跨越百年的美丽》《20.真理诞生于一百个问号之后》	语言表达、写作顺序	相关内容写作顺序、思想感情、表达方法等	读懂课文内容;深入感受文中的思想情感,对含义深刻的句子有自己的体会;了解作者的表达顺序和具体写法并尝试仿写

  以上仅仅是对课内教材的梳理,所列课文均可挖掘比较点进行比较阅读。同时,还可以拓展补充课外教材与课内教材进行对比阅读。当然在进行阅读教学的时候,我们可能会进行整本书的阅读,课外群文阅读等,在进行具体教学时也可以灵活采用比较阅读策略,提高阅读质量。后两者内容,由于更具灵活性和独创性,在此不一一列举。

第四节　比较策略的教学实践

王荣生先生指出："追求阅读效率,需要有必要条件,一是目标明确,二是方法得当。"选择有效的方法,是获得高效阅读的关键。在进行比较策略阅读教学时,教师首先要明确目标,围绕目标确定比较内容,接着根据比较点的具体情况,选择正确的方法来点拨学生进行有效阅读。比较的内容可以来自课文中,内容或形式上有异同的所有材料都可以作为比较阅读的内容,但是在阅读教学中,应抓住能有效落实教学目标的教学内容进行比较阅读。为了凸显文本特点,教师可以改写文本进行原文与改文的比较,可以链接相关课外材料进行比较,可以将课堂上的互动资源进行比较。因此,比较的内容从类别上可以分为同类材料、异类材料、正反材料三种。教材中段落之间的比较,同类材料居多;师生或者生生互动产生的材料一般为正反材料。

建议将比较式阅读教学过程分解成三个环节进行教学:阅读文本,获得感知 ⟶ 对比异同,碰撞感知 ⟶ 综合归纳,巩固新知。

其中"对比异同,碰撞感知"环节指的是通过同类、异类或正反材料进行阅读比较、分析的过程,是比较阅读最重要的环节。

这三个环节形成比较阅读教学的基本结构,这个基本结构可以运用在一堂完整的课中,也可以是某堂阅读课的一个组成部分。当然,根据比较阅读教学目的的不同,在具体实施时要做到因材施教,因地制宜。

一、多角度进行文本内部的比较

阅读教学的重要任务就是要以教材为例子,全面提高学生的阅读能力。我们在进行比较阅读时首选是教材中的精读课文。精读课文往往承载着明显的阅读目标,所选课文一般都是具有代表性的文学作品。教学比较策略阅读,可以从字、词、句、段、篇,多个角度出发,进行比较阅读,以更好地理解课文内容,体会文章思想情感,提高一定的阅读能力,习得相应的表达方法。

(一) 推敲字词

字词的比较并非第一学段的专利,也是第二、第三学段比较阅读的内容之一。优秀文学作品中的字词精准,值得细细品味。例如"冒"字是叶圣陶《荷花》一文的文眼,因为在句子"白荷花在这些大圆盘之间冒出来"中,"冒"字充分体现了白荷花的生机勃勃,甚至勾画了白荷花尖而柔和的特点。教学时通过"冒"和文中其他写荷花开放的动词进行比较,体会"冒"在文章表情达意方面的作用,引导学生感悟作者遣词造句的妙处,用以培养第二学段学生的语感。

(二) 品评人物

围绕人物进行比较阅读,重在通过人物形象的比较进而体会文章的思想感情。对人物形象进行比较分析时,可以是将同一个人物的不同侧面进行比较,也可以将不同人物在事件中的表现进行比较。在教学《我的伯父鲁迅先生》时,就可以通过比较鲁迅先生对家人、对自己、对陌生车夫、对女佣的言行举止,总结出鲁迅先生为别人想得多,为自己想得少的崇高品质。《草船借箭》一文中,以"借箭"为线索,比较诸葛亮与周瑜,比较诸葛亮与鲁肃,比较诸葛亮与曹操,从而使学生理解诸葛亮的神机妙算。

(三) 揣摩写法

体会语言表达的妙处,学习作者的写作方法也是比较阅读的教学目的之一。第一学段更多关注句子的比较,促进对问句、比喻句、拟人句等的理解和运用。第二学段则更多关注段落结构的比较,以提高学生快速读懂课文以及连贯有序写话等多方面能力。第三学段在人物描写的比较上,学习用不同的描写方法刻画人物形象。如《金钱的魔力》中通过比较老板和托德对待"我"前后不同的态度变化,体会对话描写、神态描写等在突出人物特点上的作用。

(四)梳理内容

通过对内容的比较,不仅能够快速了解文章的内容,还能发现内容与内容之间的异同,因此引导学生对课文内容进行比较是开展学习探究、进行复习等的重要措施。在第一学段甚至三年级的课文中,段落之间内容相似,结构相似的课文较多,教师通过对这类课文的内容比较,就能使学生快速读懂内容,并对朗读课文和背诵课文带来好处。如《自己去吧》《画家乡》《秋天的图画》《从现在开始》《秋天的雨》等。

二、聚焦式进行文本之间的比较

将一篇或多篇与课文内容相似、相近,或者虽有联系但是相对的文章进行比较,更能够促进学生对比较内容的阅读兴趣,激发学生的探究热情。因此在阅读教学中,教师要打破按部就班依次教学课文的思维定式,适当采用文本之间比较阅读的方法以获得阅读教学高效。

(一)同类文本的比较横向拓宽视野

同类文本一般指的是所叙述或描写的事情或事物基本相同的一类文本。同一素材在不同的作家笔下呈现不同的文学效果,因为作家们创作的角度不同,刻画的角度不同,通过比较同类文本横向拓展阅读视野。如《白鹅》与《白公鹅》进行比较,我们发现两篇文章结构相同,先介绍鹅的特点,再从几方面具体描写;都注意运用拟人的写法,使鹅形象可亲可爱;

都善于运用反语等写法表达对鹅的喜爱之情,语言风趣幽默。但是两篇文章叙述语气不同,《白鹅》更多的是善意的嘲弄,《白公鹅》更多的是欣赏和夸赞;叙述的内容重点不同,《白鹅》重在描述吃相和高傲,《白公鹅》通过鹅抢占地盘等举动来展现其海军上将的派头。

(二)相异文本的比较纵向挖掘深度

相异文本一般指的是同一主旨的不同文本,或者同一作家的不同文章。在同一主旨的不同文本比较中,学生容易领会表达情感的方法以及该类文章的写法。对同一作家不同文章的比较阅读,则能使学生更全面地了解作家,并深入理解该作家的相关作品。如四年级"生活的启示"主题单元中,《钓鱼的启示》先叙述事件,文末揭示启示;《通往广场的路不止一条》开篇揭示启示,接着叙述了两件相关的事件;《落花生》的启示融合在事件中。对于这一组同一主题的不同文本进行比较,学生能够对启示类文章有全面的了解,甚至获得启示类文章的写作思路。

(三)隐藏式进行师生对话中的比较

阅读是运用语言文字获取信息,认识世界,发展思维,获得审美体验的重要途径。阅读教学是学生、教师、教科书编者、文本之间对话的过程。正因如此,我们在阅读教学中要注重培养学生感受、理解、欣赏和评价的能力。在比较阅读中,教师记得随时以读者的身份参与到和学生共同感受、共同理解、共同欣赏和共同评价的过程中来。与学生共同阅读的同时,教师必须作为引领者,时刻明确每个教学环节的目标。因此,课堂上师生的对话,虽然是随机的,但是对话是在教师的引领下有序地、不知不觉地展开的,这些展开的对话恰好构成了极具思辨效果的对比阅读内容。

《人物描写一组》是五年级下第七单元"作家笔下的人物"中的一篇精读课文。《小嘎子和胖墩儿比赛摔跤》是《人物描写一组》中的第一个片段,选自徐光耀的《小兵张嘎》。这个片段主要写了小嘎子和胖墩儿摔跤的情景,选文采用了大量准确的动词,穿插心理活动的描写,运用极富地方特色的语言,刻画了小嘎子和胖墩儿这两个鲜活的儿童形象。教学时,教师与学生一起感知课文,交流两个鲜活的人物给自己留下的深刻印象,接着寻找给人深刻印象的词语并锁定动词体会动词的准确。此时,大多数学生认可精准连贯的动作描写使人物形象生动,于是教师在此基础上将原文中的动词保留情节不变进行改写。通过对原文和改文的比较,学生纷纷发表各自的阅读感受。的确,本文中鲜活的人物形象不仅借助动作描写,还巧妙结合了人物内心,多处运用具有地方特色的比喻等。

  这样的师生对话的背后是教师对学情的把握,对教材的充分理解,因此比较阅读的过程在不知不觉中进行,而比较阅读的内容是教师的精心预设。当然,在进行师生互动时,生生之间的谈话也会成为比较的内容,教师要及时把握生成,使阅读更具深度。

比较策略典型课例——

人教版四年级上册《跨越海峡的生命桥》（第一课时）教学设计

（奉化市岳林中心小学　俞齐齐）

【设计理念】

《跨越海峡的生命桥》是四年级上册教材内的一篇精读课文，课文中有几个很有价值的语言文字训练点，例如：比喻手法、"静静地"一词等，因此在这完整的一堂课的教学中，着重引导学生比较体会，让学生深切感受到人与人之间纯真美好的感情。本教学设计同时体现"理清文章的起因、经过、结果，并通过'谁干什么'的句式说清文章主要内容"，通过比较阅读大陆青年小钱与台湾青年同一时刻的不同经历，体会"生命桥"的意义。

【教学内容及学情分析】

《跨越海峡的生命桥》讲述了一段发生在海峡两岸同胞间的真情故事。台湾同胞冒着生命危险，用真挚的爱心挽救了大陆青年小钱的生命，架起了一座跨越海峡的生命桥。文章语言质朴而饱含深情，平中见奇，寓意深刻，读之，字字叩击心魄，文之所至，情意斐然。

爱，是人类最美好的情感。主题为爱的课文学生在前几册教材中已学过不少，这篇课文继续引导学生感受人间真爱，感受人与人之间用爱创造出来的奇迹。学生对大陆与台湾的历史问题、骨髓捐献与白血病的治疗都不甚了解，教学时要让学生了解这些知识。本节课还要指导学生抓起因、经过、结果来归纳课文主要内容，要注意教学时的层递性，不盲目拔高,从而体现这一策略的智慧型教学。

【教学目标】

1. 预习检查,读准"间隔、暂停、骨髓"等多音字及难读词的读音,读通课文。资料补充了解白血病,联系文中相关句子,感受作者运用比喻的手法将白血病的严重性进行形象化描写。

2. 抓课题,理清文章的起因、经过和结果,通过"谁干什么"的句式说清经过部分,再连起来概括文章主要内容。在此基础上,说清"生命桥"的含义。

3. 通过咀嚼关键词"静静地",比较小钱与台湾青年的现状"在什么样的情况下,台湾青年静静地躺在病床上",感受台湾青年与李博士不顾自己安危,一心为他人着想的高尚品质,感受海峡两岸人民的血脉亲情。在此基础上,重组运用第3—6自然段的语言,完成小练笔,表达小钱对台湾青年的感激之情。

【教学重、难点】

1. 抓课题,理清文章的起因、经过和结果,通过"谁干什么"的句式说清经过部分,再连起来概括文章主要内容。在此基础上,说清"生命桥"的含义。

2. 通过咀嚼关键词"静静地",并联系上文写一写:"在什么样的情况下,台湾青年静静地躺在病床上",感受台湾青年与李博士不顾自己安危,一心为他人着想的高尚品质,感受海峡两岸人民的血脉亲情。在此基础上,重组运用第3—6自然段的语言,完成小练笔,表达小钱对台湾青年的感激之情。

【教学流程】

(一)检查预习,体会比喻句的妙用

1. 检查词语

暂停　白血病　骨髓　辗转　间隔

指名读,请小老师带读:正音,特别注意"骨髓"的读音。

2. 出示"白血病"的资料(指名一生读,感受白血病的严重)

课文第二自然段里也有一句话写到了白血病,是哪一句?

引出:这个刚满18岁的年轻人,患了严重的白血病,生命就像即将凋零的含苞的花朵,唯有骨髓移植,才能使这朵生命之花绽放。

(1)读了句子,你有什么感受?(白血病会夺取人的生命)

是啊,白血病使18岁的小钱的生命就像——即将凋零的含苞的花朵,意思就是小钱快死了。作者把小钱的生命比作了即将凋零的含苞的花朵。用比喻的方法让我们知道了白血病是多么严重。

(2)齐读句子。

【设计意图:通过出示资料的方法,让学生了解白血病;通过品词析句的方法,引导学生知道用比喻的方法可以写出白血病的严重】

(二)借助课题,梳理课文大意

1. 今天我们来学习《跨越海峡的生命桥》,读题。

你见过桥吗?(简说桥的形状和作用)那么生命桥你见过吗?

跨越海峡的生命桥,这个海峡指的就是——出示图片,别看版图上很小,实际平均距离有200多千米,海峡的两岸分别是台湾、大陆。

那么跨越200多千米海峡的生命桥是怎么回事?走进课文,认真读一读。

2. 指名学生自由回答。根据学生的回答,教师顺势点出:起因是"小钱得了白血病"。结果是"小钱得救了"。

3. 说"经过":课文哪几个自然段在写故事的经过?(第3—6自然段)

默读第3—6自然段,想想这段话在写"谁干什么"?

帮助学生概括故事的"经过":

4. 故事的经过说清楚了,现在咱们把起因、结果放进来,连起来说说课文讲了一件什么事。(自由练说,指名说。)

5. 再读课题,现在你知道生命桥指的是什么了?(爱心)课文最后一个自然段有一个句子也表达了这个意思,把它找出来吧。(齐读:两岸骨肉同胞用爱心架起了一座跨越海峡的生命桥。）

6．小结方法

【设计意图：写事的文章可以通过理清起因、经过、结果来概括主要内容，而起因、经过、结果可以用"谁干什么"的句式来说清。教给学生这些方法，从而提高学生概括课文主要内容的能力。】

（三）抓住"静静地"，品读第3—6自然段

1．过渡语：通过刚才的学习，我们知道了课文第3—6自然段经过部分写得最具体了，让我们一起走进"李博士为台湾青年抽取骨髓，并连夜送到杭州为小钱做骨髓移植手术"的场面。默读第3—6自然段，划出最令你感动的句子，说说你的感受，可以做批注。

指名学生自由说令其感动的句子，并说自己的感受。

2．根据学生回答的句子，引出句子：此时此刻，跑到空旷的地方才比较安全。但是，李博士沉着地站在病床旁，那位青年也静静地躺在病床上。

（指名读，说说你的感受。）

理解"静静地""沉着"：从哪个词语感受到的？你仿佛看到了什么？台湾青年的勇敢、坚强、一心为别人、不顾自己安危……

3．默读第3—5自然段，感受画面。

a．台湾青年是在怎样的情况下静静地躺在病床上？自由读第3—5自然段，画出句子，用文章中的语言完成填空。

出示：

＿＿＿＿＿＿＿＿，但是，台湾青年静静地躺在病床上。

（学生找句子，同桌互相说）

b．交流：指名说，随机出示句子。

c．配乐齐读。同学们，我们用联系上文的方法，感受到了台湾青年静静的外表下那颗不平静的心。让我们跟随音乐，跟随你的内心，读出你真实的感受吧！

【设计意图:抓住"经过"这部分中的关键词"静静地",让学生体会自己的感动,说说自己的感受,并且联系上文,将段落的语言内化进行填空说句,从而提高学生感受、表达、体悟的能力。】

(四)回到第二自然段,对比小钱"静静地"

1. 在同一时刻,小钱也静静地躺在病床上,他会想些什么? 出示课文插图。

学生自由发挥想象说话。(提示:我才18岁……)

师小结:小钱静静地躺在病床上,内心却是不平静的,因为他期待重生、满怀希望!

读到这里,我们也一定知道尽管余震不断、针头脱落、家人生死未卜,但台湾青年仍然静静地躺在病床上,因为他的内心有一个坚定的信念——(指名学生说)

(出示"但是,他知道,在海峡的另一边有一位青年正满怀着希望,期待着自己的骨髓。")(生齐读)注意红色的词语再读一遍。(生再读"希望、期待着")

你们看,同样是"静静地"这个词语,小钱想得更多的是对生命重生的渴望,台湾青年想得更多的是对挽救生命的执着。同样的词语,放在不同的语境里,表达的情感、意思是不同的。

【设计意图:抓住第二自然段中"静静地"一词,通过对比,让学生明白同样的词语,放在不同的语境里,表达的情感、意思是不同的。】

(五)小练笔,写出真情实感

1. 同学们,小钱最终得救了,两岸骨肉同胞用爱心架起了一座跨越海峡的生命桥。有一天,小钱和这位台湾青年见面了,他的内心深处,一定非常感激那位捐赠骨髓给他的台湾青年,他会对台湾青年说些什么呢?请你代他写一写。

写之前,我们先给这位台湾青年取一个昵称吧!

出示提示句:

XX，我从李博士处得知，那天＿＿＿＿＿＿＿＿＿＿＿＿＿＿＿＿＿＿
＿＿＿＿＿＿＿＿＿＿＿＿＿＿＿＿＿＿＿＿＿＿＿＿＿。非常感谢你给了我第二次生命，让我获得了新生！

2. 反馈交流，指名学生读自己写的小练笔，指导写出感动、感激之情。

评价标准：有没有用文中的语言表达出感激之情。（打分100+的形式）

【设计意图：通过小练笔的方式，让学生把课文的主要内容用自己的语言写下来，并适当地增添语句加以表达。这是将语言文字层层递进，从学习、内化到最后能运用的体现。】

（六）总结

同学们，的确如此，大陆和台湾虽然被海峡所隔，但两岸人民的血脉亲情是无法割断的，这种血脉亲情就是跨越海峡的生命桥！再次齐读课题。

板书设计

跨越海峡的生命桥

比喻	起因	静静地
	经过	谁干什么
	结果	

【评价】

阅读是语文教学的范畴，从"语文素养"这个词来引申，语文素养落实在阅读教学过程中，它的核心素养是阅读能力。培养孩子的阅读能力需要什么？语文知识，同时需要阅读策略。学生只有掌握了策略，才能够自主阅读，自主阅读了之后才会运用能力。本教学设计抓住关键词语的品评以及对重要人物的比较，基本上实现了三个转化：第一，从内容到形态，我们关注了语言的表达形态，如："静静地"这个词语；对环境、比喻句的描写。第二,从理解走向表达,如:概括课文主要内容是表达,感悟式练笔是表达。第三,从研究走向实践。通过在课堂上不断地运用比较进行阅读提升,逐渐使学生学会比较阅读,形成深入思考的习惯,以全面提高学生的语文素养。

第七章

联系策略研究

第一节 联系策略概念阐释

阅读教学的安身立命之本应该是规范科学、明确细致的阅读理论体系。[1]然而,现实是"阅读的技能或策略的传授被忽略,反而是在借助文本进行识字、写字、听说、写作教学,也就是说阅读教学名存实亡。"[2]尽管"温故而知新"、"由此及彼"、"贯穿古今"、"披文以入情"、"牵一发而动全身"等阅读联系策略的相关诠释自古就有,老师们在教学中也早有运用,却大都对阅读联系策略的概念、教学目标、具体教学内容及教学策略不明就里,对联系策略的教学究竟该如何进行不知所以。

我们凭借查阅资料、网络搜索工具(主要是百度和中国知网),就现有条件下找到的文献中涉及阅读联系策略的代表性观点进行分析:

来源	定 义	评 析
国际常用的十种阅读策略	(1)既有知识和经验运用(Accessing Prior Knowledge)。有的翻译成"先备知识",阅读者在阅读文本时,都带着已有的知识和经验去理解,所以同一个文本在不同阅读者那里难度不同,理解的意义也不尽相同 (2)联想(Making Connections)。在文本的阅读中,让读者联系到了经历的一些事情,如,从这个故事联想到其他读过的相似的故事,从这个故事中的主人公联想到生活中见到过相似的人,从故事中联想到社会的一些问题	这两处涉及联系策略的内容可供借鉴,但其名称的表述等更多适用于成人分析性、研究性阅读,与小学生阅读有相当一段距离。因为翻译及专业用语的表述习惯不同,这样的概念阐述即使教师也似懂非懂,更何况小学生。其中的联想策略与联系策略概念也有混淆之处

---

1 魏小娜. 反思与聚焦:探寻我国阅读教学的本体 [J]. 课程·教材·教法,2014(3):43.
2 张心科,郑国民. 20世纪前期语文课程分合论 —— 兼说"阅读教学"的含义 [J]. 教育学报,2009(06).

续表

来源	定义	评析
台湾赵镜中	文本呈现的信息使我们想到曾看过的或者经历过的一些事物,做一些关联。通过连结,读者能够与文本产生共鸣,更能从作者那里吸取信息。如果文本能够唤起另一个文本的信息,读者就能用他所熟悉的方法获得新的信息[1]	以"连结"来定义"联系"策略,他认为这样的连接,也可以称为联系,"连结"这一策略就是联系阅读策略,就是读者由这一文本联系另一文本,用自己熟悉的、已有的方法获得新的信息
台湾柯华葳（2009）	常用的阅读理解策略有7种:找出大意、解释阅读材料提出理由支持、比较自己的经验、比较以前阅读过的材料、预测文中接下去会发生的事、归纳和推论、描述风格和结构[2]	没有明确定义联系策略,但均涉及这一策略。"解释阅读材料提出理由支持"可以从字面上理解为联系文本内容与自己的理解来发表观点。"比较已有经验、材料"等都需通过联系进行比较。两者分类不清,可以归为一类
美国学者[K-W-L]策略	我知道了什么,我想知道什么,我学到了什么。[3] 就是强调学生原有的知识,鼓励学生通过联系"已知"来提出问题、解决问题	都离不开联系这一策略的运用:"知道了什么",需要联系文本内容及自己的思考;"想知道什么",需联系已有的知识与生活经验来提出;而"学到了什么",则要联系阅读过程,小结收获,反思学习,进行阅读监控

上述关于阅读策略的观点均有各自的立场,对我们厘清阅读联系策略概念有所帮助;但他们并非针对联系这一策略进行阐述,这需要我们进一步明确概念内涵。

基于分析思考,结合长期从事小学语文教学实践研究的经验,我们认为"联系"是这样一种阅读策略:阅读时能通过上下文(包括其他补充阅读材料),凭借观察图画、展开想象等手段,结合生活实际以及已有的知识

---

1 牛瑞雪. 构建以阅读策略为导向的阅读教学——台湾小学语文教育学会理事长赵镜中教授专访 [J]. 小学语文,2009（1-2）:125.
2 温芳. 阅读摘要策略增进国小高年级学生撰写大意能力之研究. [EB/OL]. [2011-12-01]. http://www.docin.com/p-194227487.html
3 何光峰. 美国几种常用的阅读策略简介 [J]. 语文教学通讯(高中刊),2005（03）:60.

和经验,去思考去理解,获得自己的阅读感受。例如:在阅读时能看看插图,读读上下文,想想这个词语的意思;或回忆教过、学过的方法,想想类似的文章以前是怎样读懂的。

这一策略包括这样四个方面的联系:(1)上下文的联系;(2)图文间的联系;(3)阅读与生活实际的联系;(4)阅读与原有知识、经验、已有学习背景的联系。

第二节 联系策略的教学目标

增强策略意识,明确了联系策略概念之后,如何正确定位其教学目标,恰当选取教学内容?这对从事阅读教学的一线语文教师来说无疑是挑战。

一、小学阶段联系策略教学总目标

通过教师引领、自主实践、体验,在阅读中能够联系读物中的图片,联系上下文,联系生活实际及已有的知识、经验、学习方法理解词语、句子的含义,读懂叙事性文章、把握大意,说出自己的感受,抓住说明性文章的要点,了解常用的说明方法,找出简单的非连续性文本中有价值的信息,联系语调、韵律、节奏等体味作品的内容和情感,诵读优秀诗文。

二、小学联系策略各年段教学目标

首先,我们细读《课标》(2011版)中各年段的阅读教学目标,找到与"联系"这一策略相关的条文:

学 段	相关条文
第一学段	结合上下文和生活实际了解课文中词句的意思,在阅读中积累词语;借助读物中的图画阅读
第二学段	能联系上下文,理解词句的意思,体会课文中关键词句表达情意的作用。能借助字典、词典和生活积累,理解生词的意义
第三学段	能联系上下文和自己的积累,推想课文中有关词句的意思,辨别词语的感情色彩,体会其表达效果

由此发现,《课标》的目标制订考虑到学生的年段、身心特点,做到循

序渐进,不断提升:联系的方式分别为结合上下文、生活实际、读物中的图画到联系上下文、借助字典、生活积累,目标达成从理解词句的意思到体会关键词句表情达意的作用,再提高到辨别感情色彩体会表达效果。不过,《课标》中这三个学段的联系都限于词句的范围。而实际上,阅读中的"联系"更多的是对文章内容和意义的把握。因此,我们建议《课标》在目标的制订上补充相关要求,尤其在第三学段可增加运用阅读策略把握课文内容和意义这样的目标,以供老师备课、教学时明确。

学　段	联系策略教学目标
第一学段	1. 能够借助读物中的图画、联系生活实际了解文章中词句的意思; 2. 初步学习联系上下文理解,阅读浅近的童话、寓言、故事,对感兴趣的人物和事件有自己的感受和想法,乐于与人交流; 3. 诵读儿歌、儿童诗和浅近的古诗,联系想象,感受语言的优美
第二学段	1. 能联系上下文理解词句的意思,体会课文中关键词句表达情意的作用; 2. 学习借助字典等工具书和生活积累,阅读简单的叙事性作品,联系前后内容复述大意,初步感受作品中生动的形象和优美的语言,能与他人交流自己的阅读感受; 3. 诵读优秀诗文,联系想象,领悟诗文大意
第三学段	1. 能联系上下文和积累的学习经验、多种方法,理解课文词句的意思,辨别词语的感情色彩,体会其表达效果; 2. 在阅读中通过联系文章的表达顺序,体会作者的思想感情,初步领悟文章的基本表达方法; 3. 阅读叙事性作品,通过联系事件梗概,简单描述自己印象最深的场景、人物、细节,说出自己的喜爱、憎恶、崇敬、向往、同情等感受;阅读诗歌,大体把握诗意,联系诗歌描述的情境,体会作品的情感;阅读说明性文章,能联系文本要点,了解文章的基本说明方法;阅读简单的非连续性文本,能联系图文等组合材料,从中找出有价值的信息;诵读优秀诗文,通过联系语调、韵律、节奏等体味作品的内容和情感

第三节 联系策略的教学内容

正如奥苏贝尔所提倡的"有意义学习过程的实质,就是符号所代表的新知识与学习者认知结构中已有的适当观念建立非人为的和实质性的联系"。[1] 语文教师也理应帮助、引导学生在语文学习中建立这样的"非人为的和实质性的联系",促进学生对上下文的联系,图文间的联系,阅读与原有知识、经验的联系,阅读与生活实际的联系,阅读与说话、写作的联系,加强与文本、学习过程及生活实际之间的对话交流,提升语文素养、学习能力。

现以全国选用范围最广的《义务教育课程标准实验教科书》教材为例,我们仅列举三年级上册联系策略的相关教学内容:

课文目录	教材佐证	"联系"策略运用
第一组	单元学习导语	侧重阅读与生活实际的联系
1. 我们的民族小学	课文学习伙伴(泡泡文) 文后资料袋	联系生活实际 图文间联系 联系相关资料
2. 金色的草地	课文学习伙伴(泡泡文) 课后习题	联系上下文 联系观察发现
3. 爬天都峰	课文插图 课文学习伙伴(泡泡文) 文后练习	图文间的联系 上下文的联系
4. 槐乡的孩子	课前学习导语	阅读与已有知识、经验的联系
第二组	单元学习导语	侧重已有知识、经验的联系

---

1 奥苏贝尔,诺瓦克,黑伊西. 教育心理学:一种认知观[M]. 佘星南,宋钧译. 北京:人民教育出版社,1994:扉页

续表

课文目录	教材佐证	"联系"策略运用
5. 灰雀	课文学习伙伴（泡泡文）文后练习	联系上下文 联系自己的阅读体验 联系课外阅读
6. 小摄影师	课文学习伙伴（泡泡文）文后练习	阅读与生活实际的联系 联系上下文 阅读与习作的联系
7. 奇怪的大石头	课文学习伙伴（泡泡文）文后练习	阅读与已有知识、经验的联系 联系上下文
8. 我不能失信	课前学习导语	联系已有知识、经验 联系生活实际
第三组	单元学习导语	侧重阅读与生活实际的联系，阅读与写作的联系
9. 古诗两首（《夜书所见》《九月九日忆山东兄弟》）	课文插图与注解文后练习	图文间联系 联系注释 联系已有知识、经验
10. 风筝	课文学习伙伴（泡泡文）文后练习及拓展资料	联系词典注释理解意思 联系心情体验 联系已有知识、经验 联系插图、资料
11. 秋天的雨	课文学习伙伴（泡泡文）文后练习	联系上下文 联系相关资料 联系生活实际 联系已有知识、经验 图文间的联系 阅读与写作的联系
12. 听听，秋的声音	课前学习导语	联系生活实际 阅读与写作的联系
第四组	单元学习导语	侧重联系生活实际，联系观察发现
13. 花钟	课文学习伙伴（泡泡文）文后练习	联系感受、体验 联系上下文 联系生活实际 联系观察发现
14. 蜜蜂	课文学习伙伴（泡泡文）文后练习及拓展资料	联系上下文 联系相关资料 图文间联系

续表

课文目录	教材佐证	"联系"策略运用
15. 玩出了名堂	课文学习伙伴（泡泡文）文后练习及拓展资料	联系生活实际 联系已有知识、经验 联系相关资料 阅读与习作的联系
16. 找骆驼	课前学习导语	联系上下文 联系阅读思考分析
第五组	单元学习导语	侧重联系已有知识、经验
17. 孔子拜师	课文学习伙伴（泡泡文）文后练习及拓展资料	联系生活实际 联系阅读感受 联系已有知识、经验 联系相关资料
18. 盘古开天地	课文学习伙伴（泡泡文）文后练习	联系上下文 联系观察发现 联系生活实际与想象 联系相关阅读
19. 赵州桥	课文学习伙伴（泡泡文）文后练习	联系上下文 联系生活实际 联系相关资料 图文间联系
20. 一幅名扬中外的画	课前学习导语	图文间的联系 联系已有知识、经验 联系生活实际
第六组	单元学习导语	侧重联系生活实际
21. 古诗两首《望天门山》，《饮湖上初晴后雨》	课文插图与注解 文后练习	图文间的联系 联系注释 联系生活实际 联系已有知识、经验
22. 富饶的西沙群岛	课文学习伙伴（泡泡文）文后练习	联系上下文 联系观察发现 联系已有知识、经验
23. 美丽的小兴安岭	课文学习伙伴（泡泡文）文后练习	联系生活实际 联系上下文 阅读与习作间的联系
24. 香港，璀璨的明珠	课前学习导语 文后拓展资料	联系生活实际 联系已有知识、经验

续表

课文目录	教材佐证	"联系"策略运用
第七组	单元学习导语	侧重阅读与生活实际与思考、分析的联系
25. 矛和盾的集合	课文学习伙伴及文后练习	联系生活实际 联系已有知识、经验 联系上下文
26. 科利亚的木匣	课文学习伙伴（泡泡文） 文后练习	联系上下文 联系生活实际 联系已有知识、经验
27. 陶罐和铁罐	课文学习伙伴（泡泡文）	联系上下文 联系生活实际
28. 狮子和鹿	课前学习导语	联系已有知识、经验 联系生活实际 联系相关课文
第八组	单元学习导语	侧重联系生活实际
29. 掌声	课文学习伙伴（泡泡文） 文后练习	联系上下文 联系自身感受 联系生活实际
30. 一次成功的实验	课文学习伙伴（泡泡文） 文后练习	联系上下文
31. 给予树	课文学习伙伴（泡泡文） 文后练习 文后拓展资料	联系上下文 联系生活实际
32. 好汉查理	课前学习导语	联系已有知识、经验 联系生活实际 联系上下文 联系自己的阅读感受

不难发现，这些实施点主要体现在每一单元前和略读课文前的学习导语、课文插图，以学习伙伴口吻、泡泡文形式出现及课后练习、拓展资料等助读系统里。

形式\册目	课文插图	单元导语	文前导语	提示（学习伙伴）	补充资料	文后练习	年段合计
一上	64幅	/	/	/	/	27题	714项
一下	99幅	8次	/	44次	/	36题	
二上	86幅	8次	/	49次	/	65题	
二下	74幅	8次	/	62次	12次	72题	
三上	72幅	8次	8次	46次	14次	95题	895项
三下	72幅	8次	8次	47次	12次	89题	
四上	72幅	8次	14次	28次	18次	80题	
四下	55幅	8次	15次	29次	18次	71题	
五上	60幅	8次	14次	10次	16次	76题	658项
五下	55幅	8次	14次	10次	21次	62题	
六上	44幅	8次	14次	10次	14次	61题	
六下	48幅	6次	10次	8次	23次	58题	

从这样的梳理中，我们也不难发现，教材每一组、每一课都存在着各种联系策略的具体实施点，这也证明了事物的联系具有客观性、普遍性和多样性。[1] 这也是联系策略与其他策略很大的不同之处，任何文本的阅读过程，其实都离不开联系，学生通过学习切身体会这一策略存在的客观性、普遍性与多样性。这些内容的呈现与编排也遵循了小学生心理发展规律，如阅读中的插图随着年龄的增长逐步减少、简化，教学中的提示、教师指导作用也随之减少、弱化；联系策略的学习在第二学段最为集中，也符合这一年段儿童身心发展特点……这些均有助于教师在教学中明确教学目标，确定教学内容，结合相关策略进行针对性的教学。

---

1 马克思主义基本原理概论[M]．北京：高等教育出版社，2010：40-41

第四节 联系策略的教学实践

在明确了联系策略的概念、教学目标及教学内容的基础上,我们认为还需从教师的教与学生的学两方面改进联系策略的教学。

一、关注学生的学

学生是教学的主体。教师要提高学生运用阅读策略的意识,鼓励学生在自主学习、阅读理解、体会感悟、迁移运用的过程中,领悟阅读联系策略的本质特点及运用规律,举一反三,学以致用。

如三年级上册第1课《我们的民族小学》着重联系生活实际,想象民族小学的学生上学、上课、活动等情景;第2课《金色的草地》联系观察发现,说说草地是怎么变颜色的;第3课《爬天都峰》联系课文插图和生活经验,说说天都峰的高与陡,以及自己登山的感受;第4课《槐乡的孩子》联系生活实际和自己的感受,说说槐乡孩子的勤劳、能干;第5课《灰雀》则联系课文插图和上下文,理解"惹人喜爱"的意思和男孩的想法……第10课《秋天的雨》,教材中第一次出现学习伙伴的提醒,提出联系上下文理解词语意思,可着重学习;《陶罐和铁罐》再次出现学习伙伴的提示联系下文理解词语意思,即是对前面学习的照应与复习巩固。

四年级上册第二组课文主题是学习观察与发现,可着重体会大自然事物的联系;下册第五单元出现理解含义深刻的句子,如结合《触摸春天》等进行联系策略的学习,学生可以接受理解,并能尝试运用。

五年级上册第一单元联系已有的学习方法自主阅读,把握课文大致内容;第四单元继续把握课文主要内容,学习抓住关键词句体会含义及表达效果;下册第一单元联系多种方法阅读理解运用。

六年级上册第一单元《山中访友》联系实际展开想象,体会独特感受;第四单元《只有一个地球》《鹿和狼的故事》联系实际事物间的联系;下册则将有关策略综合复习巩固灵活运用。

二、增强策略教学的自觉性

尽管在阅读教学中,大家都自觉、不自觉地指导学生运用联系这种策略,但关键是要能够明确意识到哪些教学环节需要指导学生运用阅读策略,做到:

1. 遵循规律切实把握年段要求。小学生处于身心发展的关键期,思维从以具体形象为主要形式向以抽象逻辑为主要形式过渡,因此我们教学联系策略时要关注学生的身心特点,重感性认识,重自主感悟,重循序渐进,切忌成人化、教条式的灌输。在第一学段着重加强学生的自主感受,大量阅读,积累实践经验,激发阅读兴趣;第二学段侧重引导学生在自主阅读、理解感悟的基础上,尝试、体会联系策略的运用;第三学段则重在鼓励学生自主运用联系策略,养成良好的阅读、学习习惯。如现行人教版教材中,插图、泡泡文在二年级、三年级出现得较多,随着学段的上升、学生年龄的增长逐步减少、简化,教学中的提示、教师指导作用也随之减少、弱化……这有助于教师在教学中明确教学目标,确定教学内容,结合相关策略进行针对性的教学。

2. 针对实际采用合宜的教学方法。任何方法的习得,策略的掌握都需要经历"感知 — 理解 — 运用 — 掌握"等阶段,学习过程离不开举一反三,迁移巩固。因此我们认为,联系策略的教学也要在学生自主感悟的基础上适时点拨、鼓励运用,在学生自主尝试的基础上适当拓展、加强迁移,促进掌握。这样经历先行学习,师生互动,教师在关键处进行点拨,然后拓展阅读的过程,是针对学生阅读策略学情比较合宜的。例如,我们观察发现采用不同方式进行教学的两个班级学生学习、运用联系策略的不同情况（见下表）：

教学方式	运用策略达成目标情况（比例）		
	词语理解	句子理解	课文理解
先学后教，拓展运用	92.6%	88.9%	85.2%
教师讲授为主	83.3%	86.1%	77.8%

三、具体课例教学说明

1. 联系插图、上下文及已有经验，理解关键词语

请看三年级上册《秋天的雨》的教学片段：

师：课文中的学习伙伴说，"读到这儿，我读懂了'五彩缤纷'的意思"，同学们，你们也读懂了吗，是怎么读懂的？

生：我读懂了，我知道"五彩缤纷"就是颜色很多的意思，我本来就知道的。

师：你根据自己已经知道的知识理解词语，其他同学呢？

生：我也知道，我看了课文图画上有许多植物，比如黄黄的像扇子一样的银杏叶，红红的像手掌一样的枫叶，还有很多很多颜色，就猜出了。

师：你能联系插图理解词语，说得不错。还有不同的方法吗？

生：我从课文中找到很多表示颜色的词语，比如"黄黄的""红红的""金黄的""橙红的"，还有很多颜色，这样一读，就知道了"五彩缤纷"的意思就是颜色很多，很漂亮。

师：让我们也一起将这段课文中表示颜色的词语圈出来吧。

生：我也知道了，从"菊花仙子得到的颜色就更多了，紫红的、淡黄的、雪白的……"这句话中的省略号知道还有许多颜色，"五彩缤纷"就是表示颜色很多，十分好看的意思。

师：同学们真能干，能够联系上下文理解"五彩缤纷"这个词语的意思了。刚才我们说到结合看图、自己已有的经验和联系上下文都是理解

词语的好方法(随机板书:联系)。

师:大家还能这样联系着说说这一段中"你挤我碰""频频点头"的意思吗?

…………

这样联系课文插图等理解词语的策略教学是较为适切的,符合三年级学生认知特点及学习规律,教师结合具体情境提出"联系"这一概念也是水到渠成。

2. 联系上下文及实际、体验,理解课文主要内容和含义深刻的语段

例如教学人教版四年级下册《全神贯注》时,我们主要通过三个板块落实联系策略的教学:

(1)联系已有经验说清课文主要内容

师:课前同学们已经预习了课文吧,读了几遍课文?

(生各自伸出手指表示,大多读了三遍,部分的读了五六遍)

师:不错,这是一篇略读课文,大家已经养成了预习时先读课文的好习惯。"读书百遍其义自见",读了几遍课文你们一定能说说课文的主要内容了吧,谁先来——

生:奥地利作家斯蒂芬·茨威格被邀请到法国大雕塑家罗丹家做客,结果罗丹只顾全神贯注地修改雕塑却忘了这事,茨威格对此深有感触。

师:你的语言很简洁,抓住了事情的起因、经过与结果,尤其能联系课文题目说清主要内容,很好。你也能联系课文中的两个人物说出他们之间的故事,不错。不过请想想,课文主要写哪位人物,主人公究竟是茨威格还是罗丹?

生:罗丹。

师:当文章不止一个人物的时候,我们可从主要人物的角度来说清主要内容,请再试试看。

（略）

师：这样说就更明白了。谁还有不同的说法？

（略）

师：大家通过预习自读课文能说出主要内容了，请同桌之间互相说说评评，注意把握主要人物，可以选用课题补充法、"六要素"（时间、地点、人物、起因、经过、结果）串联法等简要地说清楚。

（2）联系上下文和自己感受体会罗丹的全神贯注

师：刚才我们完成了这篇略读课文学习的第一个要求，说清课文讲了一件什么事，在这一阅读的过程中，我们发现课文重点、具体写了——（生接答）罗丹全神贯注地修改雕塑，这也深深地打动了我们。让我们完成学习提示中的第二个要求——（生再次接答）把自己认为最能写出罗丹全神贯注的句子用横线画下来，读一读……

师：就让我们赶快行动吧！请大家边读边想，可以将自己的想法用一两个词语概括地写在画出的句子边上做简单的批注。

（学生先个体自主学习，然后小组讨论交流，小组代表汇总大家的意见进行汇报，教师适时补充罗丹的画作等资料，丰富、提升学生的感受。）

（3）联系上下文和实际理解课文最后一句话的含义

师：同学们能够运用已有的学习方法，如联系上下文和自己的感受来理解课文，交流得真精彩，我为你们这样善于学习深感骄傲！欸，读着读着，有的同学自然而然地读到了课文最后一句话（投影相关语段），请大家再读一读，像刚才那样运用学到的方法联系实际说说自己的体会吧！

…………

在三年级学习的基础上，四年级下学期的学生已经有了联系策略的学习经验，因此教师便鼓励学生自主阅读，合作学习，自主运用策略——联系上下文、生活实际及自己的感受、体验等阅读理解课文内容及深刻含义。

联系策略典型课例——

人教版三年级上册《狮子和鹿》教学实录

(宁波市江东区教育局教研室　周步新　余姚市三七市镇中心小学　张红波)

一、揭示课题,引领发现策略

师:这节课,我们学习一篇写两个动物之间故事的课文,题目是——
(生接读)

师:读了课题,我们发现这篇课文的序号上有个梅花记号,这告诉我们什么信息?

生:这个梅花记号告诉我们这篇课文是略读课文。

师:前几篇略读课文老师怎么教大家学?

生:略读课文更多的需要我们自己读懂。

生:学习略读课文可以看课前导语,帮助自己学习。

生:还可以用上平时老师教的学习方法。

(根据学生回答,教师自然引出阅读策略:联系已有知识和经验)

师:老师跟大家合作读导语。

师:读了课前导语,我们明白学这篇课文主要做三件事——
(生自然接读)

1. 认真读课文,了解课文讲一个什么故事;

2. 再联系实际说说自己的体会;

师:这就是刚才说的——联系已有知识和经验的阅读策略。

3. 有兴趣的同学,还可以把这两篇课文(《陶罐和铁罐》与本文)联系起来,想想它们有哪些相同的地方。

二、自由朗读,合作交流评价

师:有趣的课文故事正等着我们读呢,我们可以怎么读课文——

(生接说:借助拼音,把字音读正确,把课文读通顺;喜欢的地方,难读的地方可以多读几遍)

师:那就让我们赶快读起来吧。

(生同桌互听互读互评:互相抽读课文,注意听,互相评字音是否读准,课文是否读流利)

师:下面请同学们汇报交流一下:两人都喜欢读的句子,都认为难读的句子。

(着重引导读准字音,适度理解词语,不强调有感情地朗读)

生(有点紧张):"啊!我的身段多么匀称,我的角多么精美别致,好像两束美丽的珊瑚!"

师:别急,注意这个词语(匀称),读准了——

(生还是读错了)

师:谁来帮帮他改正?

生:匀称。

师:请这位同学再读一遍。

(生读对了)

师:现在你做小老师领大家读对——

(生领全班齐读:匀称)

师:还有其他句子吗?

生:我们觉得这句也有点难读,"鹿忽然看到了自己的腿,不禁撅起了嘴,皱起了眉头:'唉,这四条腿太细了,怎么配得上这两只美丽的角呢!'"

师:这句话是挺难读的,不过你读得正确又流利,真棒!

生:我们觉得这句挺重要的,"他叹了口气,说:'两只美丽的角差点儿送了我的命,可四条难看的腿却让我狮口逃生!'"

师:谁来评一评他的朗读?

（学生参与评价）

三、运用策略，了解寓言内容

师（顺势引导）：读了课文，请同学们想想鹿对自己的角和腿前后不同的态度，说说课文讲了一个什么故事。

生：鹿非常欣赏自己美丽的角，却讨厌四条难看细长的腿。

师：这样的内容是故事的哪些部分写的？

生：我认为这只说了课文的前半部分，这样说不完整。

师：你来把这个故事说完整吧，相信你一定能行。

生：鹿喜欢自己美丽的角，却抱怨难看的腿；当狮子扑来时，难看的腿帮他狮口逃生，美丽的角却差点让他送命。

师：现在听了，大家觉得怎样？

生：这样就完整了。

师：现在我们每个同学把这个故事的内容完整地跟同桌说一说，说完互相评一评。

（生互说互评）

师：故事内容都会说了，就请大家比较一下，选择下面哪一项才是这篇课文的故事内容：

（1）鹿非常欣赏自己美丽的角，却抱怨四条难看细长的腿。

（2）鹿的四条有力的长腿帮它狮口逃生；而两只美丽的双角被树枝挂住，险些让它送命。

（3）鹿非常欣赏自己美丽的角，却抱怨四条难看细长的腿。当凶猛的狮子扑来的时候，四条有力的长腿帮鹿狮口逃生；而美丽的双角被树枝挂住，险些让它送命。

（生大多选择3，只1人选择1）

师：请选择3的同学说说理由。

生：如果选择1，那就是课文的前半部分；选择2，只有课文后半部分；只有3才将全部内容都概括起来了。这样就完整了。

师:这位同学,你听明白了吗?
(1生点头,再次明确故事内容要说完整)
四、联系实际,体会概括寓意
师:读了课文,请同学们想一想鹿的角与腿的优点与缺点,各自在书上做好记号。
(投影出示表格,生各自默读,边圈点画注,做上记号)

鹿身体的部分	优　点	缺　点
角		
腿		

师:现在请小组合作,学习组长从信封中取出表格,组织同学一起讨论交流,选择简短的词语概括填写。纪律组长注意管理好,每个同学选一格表格,要写得简洁概括。
(四人小组合作学习开展得有条不紊)
师:下面请小组代表上来交流汇报。
(一生交流时,小组其他同学板贴相关词卡)
师:其他小组有不同意见吗?
生:我们小组经过交流,认为:……
师:大家来看刚才两组同学概括的词语,比较一下,觉得他们填得怎样?
生:我认为这两个词语都写出了鹿的角的优点,都挺概括的,两个词语都可以的。
师:其他内容呢?
(生通过比较,体会词语概括的简洁)
师:这个表格大家都填对了,还能用简洁的词语概括填写,这样的方法我们以后在学习中也可以运用(再次点击:联系已有的知识和经验)。现在请大家再次练说这句话:他叹了口气,说:"两只美丽的角差点儿送了我的命,可四条难看的腿却让我狮口逃生!"这让鹿明白了:

(   )。

生：……这让鹿明白了,好看的东西并不一定有用,难看的东西也许很有用处。

生：……这让鹿明白了：任何东西都有它的长处,也有它的短处。

……

师(顺势引导讲解寓言的知识,以及阅读寓言的方法)：同学们刚才说的其实就是故事告诉我们的道理。《狮子和鹿》是一篇寓言故事(点击出示),"寓"是寄托的意思；"言"就是——(生接说：要说的话)；寓言就是——

生：用故事来告诉我们道理。

生：寄托着道理的故事。

师：请大家回想一下,前面我们刚学了哪些寓言,《陶罐和铁罐》这则寓言,告诉我们什么道理,《矛和盾的故事》呢？

生：(略)

师：现在读了《狮子和鹿》这则寓言,你明白了什么道理？是怎么概括的？

生：任何事物有优点也有缺点。

生：要正确看待自己。

生：好看的和实用的在不同情况下都有存在的价值。

生：合适的才是好的……

师：同学们真会学习！请大家回忆一下刚才学习课文的过程,说说我们是怎样学习概括寓意的？

生：联系课文内容。

生：借助学习导语,运用已有的知识和经验……

五、群文阅读,延伸拓展运用

师：现在我们也可以运用刚才的阅读策略,用寓言学习的方法自己学会寓言——运用已有的知识经验(点击阅读策略),了解内容,体会寓意——有没有信心？

（补充资料,简介《狮子和鹿》选自《伊索寓言》……学生发现已经学过——《龟兔赛跑》《乌鸦喝水》）

师:请四人小组内每人自选一篇,读后和同学简单讲故事,交流寓意。

（提供《农夫和蛇》《蚊子和狮子》《公鸡与宝石》《农夫和他的孩子们》,学生自主阅读）

师:请一组同学交流一下刚才阅读的收获,请其余同学仔细听,读相同内容的同学可以补充或者纠正。

师:读了这些故事,我们发现这些故事相同的地方——

生:它们都是寓言。

生:它们都是通过故事告诉我们道理。

生:我们读寓言故事的时候可以联系自己的想法来体会寓意。

师:通过这节课的学习,同学们联系已有的知识和经验,概括了故事内容,明白了故事的寓意,下面请看今天的作业——

生（接读）:

1. 课外再找几篇《伊索寓言》的故事读一读。

2. 摘抄课文或《伊索寓言》中的好词好句。

3. 有兴趣的同学可以联系比较,说说《陶罐和铁罐》《狮子和鹿》两篇课文相同的地方。

师:请大家课后完成。

第八章
推论策略研究

第一节　推论策略概念阐释

推论策略是人们常用的一种阅读策略。阅读无碍的读者都喜欢进行推论,他们的脑筋动得飞快,"故事这样发展""作者打算就这样结束"……就像固执的侦探一般,会情不自禁地花时间 —— 即便是阅读过程中区区几秒钟,都可能用来推论故事中的情节、曲折、结尾等。所以,根据已知的情况推论未知的事物,这种阅读过程有着不可抵挡的新鲜感和吸引力。尽管小学生在阅读中也会进行推论,但水平上还是有显著差异,有些推论精确翔实,有些任凭自己被故事的情节牵着鼻子走 —— 迷失在故事里而做不出什么有意义的推论。因此,推论可以作为一种阅读策略来进行练习,最终融入学生的阅读能力、阅读习惯及风格中。

首先,让我们就各种文献中有关阅读"推论"一词的论述进行梳理。《现代汉语词典》中"推论"的概念界定为:(1)(动词)用语言的形式进行推理。(2)(名词)经推理所得出的结论。由于概念中涉及"推理"这一界定,笔者查阅《现代汉语词典》中"推理"的表述为:(动)逻辑学指思维的基本形式之一,是由一个或几个已知的判断(前提)推出新判断(结论)的过程,有直接推理、间接推理等。由此可见,"推理"和"推论"在概念表达中有相同之处。

"推论"概念在PIRLS项目中也提出,且以"直接推论"这种概念提出。"进行直接推论"指当读者从文本中构建意义时,他们要对文中没有直接陈述的信息和观点做出推论。"做出推论"要求读者深入到文本的内部填补文本意义上的"空白"。其中的一些推论是简单地基于文本中包含的信息:读者只需要在两个或者多个观点或者信息之间建立联系。

虽然文中的观点可能是明确陈述的,但是他们之间的联系不是,因此读者必须要做出推论。直接推论是基于文本的。虽然这些推论没有在文本中直接陈述,但意义是相对明确的。属于这一类的问题有:推论出一件事是另一件事的原因;总结出争论的主要焦点;确定代词的指代对象;描述两个人物的关系等。[1]

查阅"推论策略"这一概念,发现多以"推理策略"这一表述出现。在国际常用的十种阅读策略中,涉及推论策略的是用"推理策略"这种表述方式。Beis huize netal(1999)提出:(1)注重形成整体衔接(global coherence)的文本推理策略有:激活以前的知识、就文本理解提出问题、归纳策略;(2)注重形成局部衔接(local coherence)的文本推理策略:文本结构、指代词和信号词等的功能和意义。[2]

"推理策略"较多地运用在中学语文教学中。《高中语文教学中有效阅读策略的探索与实践》中提出:推理是阅读过程的核心。所谓推理策略,是指读者在具体的语言环境中,运用自己原有的知识和文章提供的信息创造出新的语义信息。当读者建构文章意义模式时,他们运用推理去补足文章省略的信息,即使阅读最简单的文章也需要推理。[3]

《中学语文阅读策略及其教学研究》一文中用了"推理信息策略"这一表达,提出:推理是从已知推出未知的思维形式。阅读中的推理信息是指读者在具体的语言环境中,运用自己原有的知识和文章提供的信息创造出新的语义信息。在文章特定的语境中,作者表情达意必然会出现一些特殊用法,如省略、模糊、言在此而意在彼等。一则是为了使文章更紧凑,再则是给读者留有想象的余地,另外还可能是因为有一些意思不便直说或只能意会不能言传。为此,读者在阅读时就需要根据特定的语境,从

---

1 李英杰.小学生阅读能力学业水平评价的研究[D].2006(5)
2 曾祥敏.国外近十年阅读策略训练研究述评[J].西南交通大学学报:(社会科学版),2008.(04)
3 郎建芳.高中语文教学中有效阅读策略的探索与实践[D].2003.,(10)

整体理解的基础上作出推论,从而领会词句的未知义或深层义,补足文章的省略义。[1]

《中学语文阅读策略与英语阅读策略教学之比较研究》一文中也以"推理"概念提出相关阅读策略。该文章提出:推理是阅读理解过程的核心。所谓推理策略,是指读者在具体的语言环境中,运用自己的原有知识和文章提供的信息创造出新的文本信息。阅读中一般要进行两种:一是连续推理,这是指通过推理把文章不同内容联系起来,从一句到另一句,从一部分到另一部分,把内容联系起来,形成文章内容的连贯的整体意象。二是阐释推理,这是通过推理把文章没有说明的内容阐释清楚,从而对文章的理解更丰富、全面而深入。[2]

在文献研究的基础上,我们还发现"推论"这一策略往往与预测、判断和想象等策略结合在一起。

《语境烛照下的阅读、预测与推断》一文中提出:阅读、预测、推断,指的是根据语境对文章中内容、意义及关键语句等进行阅读。在阅读教学中,教师可以引导学生在初读阶段预测推断文章的内容主旨;在精读阶段对关键语句进行理解,从而领悟作品的深刻意蕴与表现力度,探求阅读的规律和方法。[3]

《阅读中的推论与判断》一文中提出:推论与判断,就是要求通过文章表面的表层意义来揣测、窥探、领悟、剖析和提炼出文章的深层意义。推论与判断之间不必要而且也不可能划一条泾渭分明的分界线。在阅读实践中,两者常常是交替使用。也就是说,在推论过程中,需结合运用判断;在判断过程中,需借助使用推论。[4]

---

1 丁晓良.中学语文阅读策略及其教学研究[D].2002(5)
2 刘敏.中学语文阅读策略与英语阅读策略教学之比较研究[D].2004(5)
3 吕腾.语境烛照下的阅读、预测与推断——对现代文阅读教学的探析[J].科技信息,2013(35)
4 易明华.阅读中的推论与判断[J].西安外国语学院学报,2001(01)

《如何进行阅读的推断和想象》一文从把握文本、合理归类、遵循原则这三方面提出在阅读教学中充分调动学生的生活经验和知识积累,使他们能够根据文章内容进行有意义的阅读推断和想象,并在积极主动的思维和情感活动中获得独特的感知和体验,发展他们阅读的想象能力、思辨能力和批判能力,最终全面提升语文素养。它主要有下列三种类型:根据文中的材料推出新的结论;根据文中的观点推出作者对相关问题的看法;根据语境推断和想象作品和相关要素。[1]

由此,我们发现推论概念的表述,与小学生的理解有距离。翻阅《义务教育语文课程标准(2011版)》,与"推论"相关的内容,在第一学段中通过"结合上下文和生活实际了解课文中词句的意思"的表述出现,在第二学段中通过"能联系上下文,理解词句的意思,体会课文中关键词句表达情意的作用""能对课文中不理解的地方提出疑问"等表述呈现,在第三学段中通过"能联系上下文和自己的积累,推想课文中有关词句的意思,辨别词语的感情色彩,体会其表达效果""在交流和讨论中,敢于提出看法,作出自己的判断"等表述呈现。由此可见,推论一方面要求学生根据已知去推测、猜想未知;另一方面,又要求学生在推断的基础上联系已知去想象、再现未知。推想既是一个抽象逻辑思维过程,又是一种形象情感体验过程,是感性到理性再到感性的阅读过程。[2]

在文献研究的基础上,我们认为推论是这样一种阅读策略:读者在具体的语言环境中,运用文章提供的信息和自己原有的知识、经验得出新的文本信息。在小学阅读教学中,重视推论(直接推论)策略的学习、运用,有助于小学生获得对文章丰富而深入的理解。

小学阶段,主要有以下三类推论:

(一)推想语词的未知信息。文章阅读是由词、句、篇相互构成的认

---

1 梁启堂.如何进行阅读的推断和想象[J].语文天地,2011(23)
2 龙文希,刘婕,吴珊婷.试论语文教学中学生推想能力的培养[J]新课程研究(上旬刊),2011(3)

知过程,理解全文的第一步就是把握词义。学生在阅读课文时,首先会到自己长期积累的记忆系统里提取意义资料以解读字词。但不管学生的词汇仓库中贮存着多么丰富的字词及其意义,阅读中总还会遇到一时无法解决的词义障碍。除了通过教师直接讲解、学生自主查阅工具书等,更有普遍意义与实用价值的解词方法是借助语境推断词义。由于文章中的词语含义往往与前后文中的其他词句的意思相关,学生就可以从前后文相关的语义信息中得到提示,进而推导那些陌生词语的全部或部分意思。

(二)推导言语的隐含信息。作者有时会将自己的真正用意隐藏在文字的深处,需要读者悉心体会、再三揣摩才能领悟言语的隐含信息。阅读教学中,教师要引导学生联系语境加以思索,借助上下文所提供的明确的语义信息推知词句的深层含义,捕捉言语的隐含信息。

(三)推导篇章的脱落信息。读者阅读文章总是从一句到另一句,从一个段落到另一段落。一边读,一边把文章的各个句子、各个段落的内容连接起来,形成文章内容连贯的整体意象。但有时候,文章的句与句之间、段与段之间会缺乏明显而直接的联系,如按通常情况来对照,可以说言语之间出现了断裂、跳脱、空白。这时,读者为了形成文章内容连贯的整体意象,就必须依靠语境进行推理,从而创造出一些新的信息来填补其中的空白。在具体的阅读过程中,教师要引导学生用心去读文章中的空白,发现许多字面上所没有的东西。

第二节 推论策略的教学目标

推论作为阅读策略对国内大多数教师来说是新的概念,不过联系上下文想想词语的意思,读读课文,说说看法等方法,教师早就在教学中有意无意地运用,其实这可以理解为推论策略的不同表达。推论策略主要应用于两个方面:一是理解文本中的相关词句和段落;二是培养学生提出问题,提高表明看法的思辨能力。

一、小学阶段推论策略教学总目标

1. 推想词语的未知信息,理解词语。从前后文或生活中相关的语义信息中得到提示,进而推导词语的全部或部分意思。

2. 推导段落、篇章的隐藏信息。能联系语境加以思索,借助上下文所提供的明确的语义信息推知词句、文章的深层含义,捕捉言语的隐含信息。

3. 培养敢于提问、敢于表达不同意见的能力,能根据已知去推测、猜想未知,并做出简单直接的判断。

二、小学各年段推论策略教学分目标

(一)第一学段(1~2年级)

第一学段的推论策略更多的是和孩子们的生活实际相结合,与想象融合在一起,帮助学生学习词语并获得相关的情感体验。字词教学是第一学段的重点,也是这一学段推论策略主要承载对象,而连环画、儿歌、儿童诗等极富特色的文本形式,使得第一学段的推论策略显得生动而形象。

1. 能结合上下文和生活实际了解课文中词语的意思。

2. 借助读物中的图画,推想故事的相关情节,并乐于与人交流自己对事物的感受和想法。

3. 诵读儿歌、儿童诗和浅近的古诗,根据语境推断和想象作品,获得初步的情感体验,感受语言的优美。

(二)第二学段(3~4年级)

第二学段中孩子们思维的严密性和深刻度有了很大的发展,并逐步有了自己的见解和想法。运用推论策略去"研究词句""推敲文本",从而读懂课文,成了一种非常有趣的游戏,为思维的发展搭建了一个广阔的平台。

1. 能联系上下文,理解词句的意思,体会关键词句表达情意的作用。

2. 能搜集相关信息,根据文中的观点推出作者对相关问题的看法。

3. 通过阅读、预测,推断文章的内容主旨,对课文中不理解的地方提出疑问。

(三)第三学段(5~6年级)

到了第三学段,孩子们有了独立思考的能力,他们更喜欢探究词语和文本后面的东西,更喜欢进行分析和辩论。此时的推论策略更多的和"阐释""判断"融合在一起,通过推论把文章没有说明的内容及内涵诠释清楚,进行交流、甄别、完善、判断,从而对文章的理解更丰富、全面而深入。

1. 能联系上下文和自己的积累,推想课文中有关词句的意思,辨别感情色彩,体会表达效果。

2. 在交流和讨论中,根据文中的材料推出新的结论,敢于提出看法,作出自己的判断。

第三节　推论策略的教学内容

一、第一学段（1~2年级）

1. 结合上下文和生活实际了解课文中词句的意思，在阅读中积累词语。

一上	《识字（一）2. 口耳目》	课后题"我会连"：通过观察，初步了解汉字中象形文字的演变
	《1. 画》	初步了解反义词，并在生活中积累反义词
	《语文园地三》	根据图画，学习恰当使用数量词，并积累运用
	《15. 一次比一次有进步》	读读说说：通过朗读"看看""看一看"这样的词语，了解不同的构词形式可以表达不同的意思，并学着说一说
一下	《语文园地一》	"我的发现"：学习用"加偏旁""换偏旁"的方法认识新字，并学习在生活中运用这样的方法识字
	《语文园地二》	读读想想：初步感受同一个字在不同词语中表达的不同意思
	《9. 两只鸟蛋》	课后题"我会读"：通过朗读、比较"鸟蛋凉凉的""凉凉的鸟蛋"等词组，感受同一个意思可以通过变换词序来表达
	《语文园地六》	我的发现：通过给熟字加减笔画的方法来认识生字
	《26. 小白兔和小灰兔》	课后题"读读说说"：把地翻松　把白菜吃完　把窗户打开，初步学习"把"字的使用方法
	《语文园地七》	我的发现：通过认识食字旁、反犬旁的字，初步学习归类识字的方法
	《30. 棉花姑娘》	课后题"读读说说"：通过"碧绿碧绿的叶子""雪白雪白的棉花"等词组，感受词语重叠的表达作用，并学习积累运用
	《语文园地八》	我的发现：朗读儿歌，初步感受会意字的构字规律

续表

二上	《3. 植物妈妈有办法》	课后题中的"读读抄抄",通过观察,发现"许许多多、高高兴兴"等词语的构词规律,体会词语表达的作用,积累同类型的词语
	《语文园地一》	"我的发现"中,通过观察,巩固"减偏旁"认识生字的方法
	《识字2》	通过朗读,感受动宾结构的构词规律,并学会词语搭配
	《8. 难忘的一天》	课后题"我会读":通过朗读,学会"地"字的正确用法,并学会正确搭配
	《语文园地四》	"我的发现":根据字的偏旁,揣摩字的含义,学会字理识字的简单方法; "日积月累":通过读读记记带有数字的成语,理解意思,积累相关词语
	《18. 称赞》	课后题"读读写写":学习"闻了闻""瞧了瞧""一个比一个好""一棵比一棵壮"等词组的规律,体会表达方法,仿写词组
	《21. 从现在开始》	课后题"读读写写":通过朗读,观察"神气极了""可怕极了""荡来荡去""跑来跑去""立刻喊起来""立刻欢呼起来"等词组的组合规律,体会表达方法,仿写词组
二下	《6. 雷锋叔叔,你在哪里》	课后"读读记记":通过朗读"弯弯的小路、长长的小溪、蒙蒙的细雨"等词组,发现组合规律,学会正确搭配词组
	《语文园地四》	"我的发现":通过比较"牛奶——奶牛""图画——画图"等词语的规律,懂得词序不同,表达的意思也不相同,并在生活中寻找和积累; "我会填":通过比较"发明——发现"、"优美——美丽"等近义词的细微差别,学会在不同的语境中恰当运用词语
	《18. 雷雨》	课后题"读读抄抄":通过朗读、抄写,体会"挂""垂""坐"等动词在语境中的表达作用,学习恰当使用动词
	《27. 寓言两则》	课后题"读读想想":通过朗读,感受"好像""焦急地""整天"等词语在句子中的表情达意的作用
	《28. 丑小鸭》	课后题"读读写写":通过朗读、抄写,体会"雪白的羽毛""漂亮的影子""嘴巴大大的""身子瘦瘦的"等词组的表达作用

二、第二学段(3~4年级)

1. 能联系上下文,理解词句的意思,体会课文中关键词句表达情意的作用。

2. 能对课文中不理解的地方提出疑问。

三上	《7. 奇怪的大石头》	从对周围环境的描写中,说说李四光提出的问题的合理性。说说你从这件事中受到的启发和产生的感想
	《14. 蜜蜂》	围绕课文最后一句,一步步说明"我"是怎样进行试验,又是怎样得出结论的
	《15. 玩出了名堂》	读读最后一段话,理解句子的含义:"大名堂"指的是什么?"玩具""居民"分别指什么?
	《16. 找骆驼》	熟读课文中老人的话,理解商人丢失的骆驼有哪些特点?老人是怎么知道骆驼的这些特点的?
	《25. 矛和盾的集合》	围绕课文最后一个自然段,熟读课文,用思维导图的形式,推想出坦克发明的过程,并能具体说一说
	《26. 科利亚的木匣》	理解最后一个自然段中科利亚的话,说说科利亚找到木匣的过程
三下	《7. 一个小村庄的故事》	围绕最后一个自然段,说说锋利的斧子所带来的一切指什么?为什么洪水又会将这一切全部带走
	《9. 寓言两则》	感受寓言故事通过故事揭示道理的特点,了解这两则寓言故事的寓意
	《10. 惊弓之鸟》	熟读课文最后一个自然段,仔细体会更赢的话的含义,说说更赢做出正确判断的思考过程
	《12. 想别人没想到的》	了解课文中含义深刻的语句,如"虽然明天还会有新的太阳,但永远不会有今天的太阳了",懂得珍惜时间的道理
	《13. 和时间赛跑》	读读课文第七自然段,理解小徒弟这样画的用意
	《30. 西门豹》	读读西门豹的语言,结合故事内容,体会西门豹办法的妙处
四上	《3. 鸟的天堂》	根据课文最后一个自然段,体会加引号的"鸟的天堂"和不加引号的意思的区别,并理解为什么第一次去"鸟的天堂"什么都没有看到,而第二次却看到了许多鸟?

续表

四上	《11.去年的树》	通过对童话故事的朗读,体会重点词句的含义,如文中两次写到鸟儿盯着灯火看了一会儿,感受鸟儿与树之间的情谊
	《13.白鹅》	围绕课文第一自然段中"好一个高傲的动物!"这句话,读懂作者写了白鹅的哪些特点,作者又是怎样具体描写的
	《26.那片绿绿的爬山虎》	细读课文两处对爬山虎的描写,理解含义深刻的语句,交流自己的体会
	《31.飞向蓝天的恐龙》	围绕课文的第一自然段,思考:科学家们是根据什么得出这个结论的
	《32.飞船上的特殊乘客》	围绕课文最后一个自然段,通过对课文的整理与概括,总结出植物的种子经过太空旅行,都会发生哪些变化?
四下	《9.自然之道》	熟读课文,围绕最后一个自然段,思考:导游为什么这么说?根据小海龟和嘲鸫鸟之间的关系链分析,提炼出何谓"自然之道"
	《10.黄河是怎样变化的》	围绕课文第二自然段,从对课文的整理、归纳、提炼中,分析黄河灾难形成的原因,懂得保护环境的重要性
	《11.蝙蝠和雷达》	围绕课文第六自然段,通过列表的形式,分析、比较、理解"蝙蝠夜里飞行,靠的不是眼睛,它是用嘴和耳朵配合起来探路的"结论是怎么得出来的
	《12.大自然的启示》	结合两则故事中的关键句:"这究竟是怎么回事呢?是林务官异想天开的命令给森林带来了灾难。""生物真是人类的好老师啊!"体会两篇看似独立的小文章,却揭示了一个共同的道理
	《17.触摸春天》	围绕课文最后一段,结合盲姑娘安静的故事,理解句子的含义"谁都有生活的权利,谁都可以创造一个属于自己的缤纷世界"
	《25.两个铁球同时着地》	围绕课文最后一句话,思考:从这个故事中明白或收获什么道理?还能举出其他的例子来证明吗?
	《31.普罗米修斯》	抓住重点语句,联系上下文,体会人物的心情,如:"宙斯得知普罗米修斯从天上取走火种的消息以后,气急败坏,决定给普罗米修斯以最严厉的惩罚。"

三、第三学段（5~6年级）

1. 能联系上下文和自己的积累，推想课文中有关词句的意思，辨别词语的感情色彩，体会其表达效果。

2. 在交流和讨论中，敢于提出看法，作出自己的判断。

五上	《1. 窃读记》	找出描写"我"的心理活动的句子，多读几遍，体会这样写的好处； 联系生活实际，说说对"你们是吃饭长大的，也是读书长大的"这句话的理解
	《7. 桂花雨》	体会课文中夸张句的表达作用； 体会"这里的桂花再香，也比不上家乡院子里的桂花"这句话的含义
	《12. 假如没有灰尘》	读课文第一自然段，通过对灰尘的"弊"和"利"的比较，突出灰尘对人类生息的作用； 根据"假如没有灰尘……"得出推论：因为有了灰尘……
	《13. 钓鱼的启示》	理解课文中含义深刻的句子，如"道德只是个简单的是与非的问题，实践起来却很难"，结合上下文和生活实际说说自己的理解
	《19. "精彩极了"和"糟糕透了"》	围绕课文最后一个自然段，理解这句话的含义； 感受爱的两种表现形式，联系实际写写自己的感受
	《21. 圆明园的毁灭》	联系课文和有关资料，体会句子中词语的表达作用，如两个"不可估量"的特殊作用； 课文题目是"圆明园的毁灭"，但作者为什么用那么多的笔墨写圆明园昔日的辉煌？体会这样写的作用
五下	《8. 童年的发现》	仔细阅读"我"的思考和推论部分，感受"我"童年时候爱钻研，爱动脑筋的特点； 思考有没有与作者类似的经历
	《11. 晏子使楚》	围绕课文最后一句话，思考：为什么楚王的前后态度发生了彻底的变化？从晏子和楚王的对话中，感受晏子说话的严密性，感受语言的技巧
	《19. 草船借箭》	围绕课文的最后一个自然段，思考：为什么最后周瑜感叹"诸葛亮神机妙算，我真不如他"？诸葛亮又是根据什么知道天时地利的？

续表

六上	《1. 山中访友》	从课文的拟人句中,感受"我"和山里朋友的深厚感情; 你是否也有过类似的体验?和同学交流
	《5. 詹天佑》	通过默读,画出居庸关和八达岭两处开凿隧道方法的示意图,借助"人"字形线路的插图,说说火车爬坡的方法,感受詹天佑的杰出和爱国之情
	《6. 怀念母亲》	课文写到了"我一生有两个母亲",是哪两个母亲? 从哪些描写中可以看出作者"对这两个母亲怀着同样崇高的敬意和同样真挚的爱慕"?
	《9. 穷人》	根据课文中描写环境和人物对话、心理活动的句子,感受人物形象
	《15. 这片土地是神圣的》	感受课文语言的特点,体会排比式句段的感染力; 根据这篇课文,思考家乡的土地、身边的资源是否得到了保护,还是遭到了破坏,写写自己的发现和感受
	《23. 最后一头战象》	提出不懂的问题,和同学讨论,尝试从课文中寻找答案; 课文中许多地方对嘎羧的行为进行了具体的描写,找出相关句子,说说这样描写的好处
六下	《1. 文言文两则》	初步感受文言文的语言特点,理解重点句的意思; 联系生活实际,你从两则故事中悟出了什么道理?把你的感悟和同学交流一下
	《6. 北京的春节》	了解课文的描写顺序及详略安排,体会这样写的好处。 联系实际,说说你们是怎样过春节的,并写一写 比较梁实秋《过年》、斯妤《除夕》和课文在写法上的不同,说说受到了什么启发
	《12. 为人民服务》	思考:课文围绕"为人民服务"讲了哪几个方面的意思? 初步感受议论文的写作特点
	《14. 卖火柴的小女孩》	默读课文,说说小女孩每次擦燃火柴看到了什么,从中体会到什么; 读读课文最后三个自然段,理解含义深刻的句子
	《16. 鲁滨孙漂流记》	学会读懂故事梗概的方法,尝试用思维导图理清故事脉络; 通过阅读鲁滨孙列出的好处与坏处的比较,感受鲁滨孙乐观积极的生活态度
	《20. 真理诞生于一百个问号之后》	围绕课文最后一个自然段,思考:这三个事例有什么共同点和相似之处?它们都说明了一个什么问题?

儿童文学经典作品

一二年级	《猜猜我有多爱你》	通过阅读,感受妈妈对孩子的爱。思考:还可以用什么来表达爱之多呢?
	《我和小姐姐克拉拉》〔德〕迪米特尔·茵可夫/著,陈俊/译	通过阅读,回忆自己的童年生活和趣事
	《第一次发现》(濒临危机的动物)法国伽利玛少儿出版社/编,〔法〕雨果/绘,王文静/译	通过阅读,体会保护动物的重要性。思考:还有哪些动物需要人们的保护?
	《爱心树》〔美〕谢尔·希尔弗斯坦/著	通过阅读,思考:你觉得爱心树像谁?他与爱心树有哪些相似之处?
	《爷爷一定有办法》〔加〕吉尔曼/著	故事中的爷爷总是能解决所有难题,你的爷爷也这么能干吗?说一说
三四年级	《亲爱的汉修先生》〔美〕贝芙莉·克莱瑞/著,柯倩华/译	朗读作者给汉修先生的书信,想一想,你有没有遇到过类似的事情?模仿着也来写一写自己的心里话
	《父与子》〔德〕卜劳恩/绘,洪佩琪/编	读懂漫画,说说自己和爸爸之间也发生过哪些有趣的事
	《昆虫记》〔法〕法布尔/著	阅读故事,联系实际,想想故事的结局,并尝试自己去观察发现
	《奇妙的数王国》李毓佩/著	通过阅读,从故事中感受数字的奇妙,并迁移运用
五六年级	《鲁滨孙漂流记》〔英〕笛福/著,徐霞村/译	推想鲁滨孙在岛上遇到的困难,感受其勇敢、积极、乐观的形象
	《福尔摩斯探案全集》〔英〕柯南道尔/著,俞步凡/译	阅读推理性小说,初步感受事件的逻辑关系,尝试推理
	《森林报》〔苏联〕维·比安基/著,王汶/译	通过阅读,感受不同季节给森林带来的变化,并尝试自己去观察发现

非连续性文本

年级	单元	板块	内容	目的
四年级上	第一单元	第一课资料袋	钱塘江地形图	了解钱塘江的地理位置及大潮的成因
五年级上	第三单元	交流平台	总结说明文的基本说明方法	通过学习,掌握说明文的基本说明方法

续表

年　级	单　元	板　块	内　容	目　的
五年级上	第五单元	综合性学习	汉字的演变	通过观察,了解汉字的发展阶段及趋势
六年级下	第三单元	资料袋	周总理工作日程安排表	体会周总理工作的劳苦
六年级下	第四单元	《鲁滨孙漂流记》精彩片段	好处和坏处对照表	体会鲁滨孙积极乐观的生活态度

第四节　推论策略的教学实践

在梳理时,我们发现课标、教材在安排上遵循了以下原则:

1. 由浅入深。我们可以清晰地发现,推论阅读策略在实施过程中,是由字到词再至句子,循序渐进的,完全符合各学段的教学目标和内容。

2. 由具体到抽象。推论阅读策略的学习在第一学段都以"理解字词"为主,注重和生活实际相结合,而到第二、三学段则过渡到对句段篇章及内涵的思考,注重个人的感受和理解,思辨色彩愈浓,符合儿童身心发展特点。

3. 由共性到个性。第一学段的推论往往只有一个或者一类答案,随着年段的增高,推论的结果愈来愈多元化,拓宽了思维发展的广度。

4. 由线形到放射形。第一、二学段基本都是线形结构,由字词推论出方法、规律以及意思。随着年龄的增高,阅读中的推论更注重于词句间的联系、内在的深层含义、个人的独特感受,推论的过程和结论呈现出多维度的放射状。

同时,推论主要表现为这三种形式:直接推论、问题推论和回溯推论。因此,在具体教学中,我们可以指导学生通过整理、归纳来发现问题、提出问题,并根据文本中已知的信息进行推测,形成观点,得出结论。小学阶段主要进行渗透、学习,并初步运用。

一、直接推论的教学

【基本模式】

文本或已有的相关信息 ⟹ 得出结论

课例：二年级《称赞》教学流程

1. 关注文本中的相关信息：课后题"读读写写"："闻了闻""瞧了瞧""一个比一个好""一棵比一棵壮"等词组。读一读，小朋友们发现这些词有什么特点？（从词性、词的构成这两个方面去比较）

2. 联系学生已有的相关信息：你用过和他们一样的词语吗？试着再说出一两个。

3. 联系语境：把词语放到句子中，体会"闻"和"闻了闻"，"瞧"与"瞧一瞧"的不同，体会"好、壮"等用词的准确。

4. 联系生活，学会运用：出示句子，用这样形式的词语填一填。

二、问题推论的教学

【基本模式】

提出问题 ⟹ 寻找依据 ⟹ 合并归类 ⟹ 形成观点

课例：四年级《自然之道》教学流程

1. 关注泡泡文，提出问题："向导为什么这么说呢？"

2. 阅读文本，寻找依据：运用思维导图研究幼龟、"我们"和食肉鸟之间的关系。

3. 合理归类，形成观点：从正反两个方面来解决问题，得出结论——要遵守自然之道。违背自然规律，会给自然带来灾难。

4. 拓展延伸，发表意见：提供实例，看图推论，进一步证实"自然之道不能违反"。

三、回溯推论的教学

【基本模式】

呈现结论 ⟹ 推导前提 ⟹ 分析原因

课例：《和时间赛跑》教学流程

1．阅读文本，呈现结果：划出描写"我"心理活动的词语，交流并板书。小小的一件事，让小小的"我"有了这样多的，这样丰富而复杂的心情变化。

2．关注泡泡文，推导前提。"我"为什么"着急""悲伤"，又为什么"高兴""快乐"呢？

让我们再走近文本，去找找相关的语句。

3．品味语句，联系实际，分析原因。

推论策略典型课例——

人教版三年级下册《西门豹》(第一课时)教学设计

(宁波市江东区实验小学　夏成瑶)

【教学目标】

1. 学习本课生字词,能正确书写"灌溉""水渠""眼睁睁"等词语,理解"田地荒芜""人烟稀少""巫婆""官绅"等词语的意思。

2. 围绕核心人物,梳理主要事件,概括课文主要内容。

3. 紧扣四问四答,分角色朗读,抓关键词进行推论,读懂老大爷的说话内容,探究西门豹问之巧妙,说清邺越来越穷的原因,感受故事阅读的乐趣。

【教学过程】

(一)导入

引出故事人物:我们要认识一位历史上非常了不起的人物,他可是两千多年前战国时期的一位大名人。他叫"西门豹"。(板书)

这是一个复姓,他姓"西门"名"豹"。你所知道的复姓还有哪些?我们是一个多民族国家,由于各族语言发音不同,便出现了很多复姓。

《西门豹》这个故事你们的爸爸妈妈小时候也学过,是一个很有意思的故事。

(二)初读

1. 读故事,要求把生字新词读准确,把句子读清楚。

2. 检查字词

巫婆:装神弄鬼,为他人祈祷的女人。

科学技术发达的今天,你还会相信这些话吗? 2000多年前的西门豹也不相信,这是很了不起的。

官绅:当官的和一些很有钱的人。

提心吊胆　　面如土色　　磕头求饶　　淌血(都是描写官绅害怕时的样子,看来对故事内容已经有所了解了。)

3. 概括文章主要内容

这个故事就是围绕主人公西门豹展开的,从他来到邺这一地方开始讲起,请同学们快速默读课文第1—9小节,想想写了西门豹的什么事?

能简短些吗?能干的同学把它缩短成四个字。(调查原因)

那么课文第10到15自然段又讲了西门豹的什么事?

课文最后一个自然段还简单地写了他的什么事?"灌溉"一词联系上下文能说说它的意思吗?板书"灌溉"两字。

西门豹来到邺做了那么多的事,而故事中重点写了"调查原因"和"惩治恶人"这两件事,现在请连起来说说西门豹来到邺后所做的事情。

写人的文章,我们通过抓住故事中的主要人物,读清他做的事,从而概括出主要内容,把故事读短了,真厉害,把掌声送给自己吧!

过渡:故事的结局是美好而大快人心的,当然西门豹能顺利治理好邺,首先离不开最初的——(师指板书,生接答:调查原因)

(三)调查原因,学习推论

1. 快读默读,画出西门豹的每一问,看看老大爷又是怎么回答的?
2. 交流问题

西门豹	老大爷
问他是怎么回事。(这一问和其他三问形式有些不一样,其实就是在问)	
"这话是谁说的?"	
"新娘是哪儿来的?"	
"那么漳河发过大水没有呢?"	

3. 西门豹的四次提问顺序能不能变换?

小结:是呀,西门豹先抛出一个大的问题进行提问,然后慢慢收网,找到凶手和受害者,得知结果,就这样了解了事情的来龙去脉,真是太了不起了。你若细心去看,准能发现他每一问其他的特点。

4. 老大爷又是怎么回答的,你都读懂了吗?请你找到老大爷每一次回答中的关键词,并记在对应表格中,同桌合作,完成一份表格。

来说说你为什么记这几个词,你明白了什么(从中引导启发体会推论的要点)。

5. 反馈:先听完两人的回答,下面同学有补充吗?或是你也记录了这几个词,可以来说说你的不同想法。适时学习、明白几个"闹"的含义。

小结:不是河伯闹,也不是老天爷闹,原来这一切都是巫婆和官绅闹的,他们编谎话欺骗百姓,让好好的女孩子送死,逼得百姓要背井离乡,难怪邺这个地方人口越来越少,地方越来越穷。也就是西门豹所见到的田地荒芜,人烟稀少的原因。

西门豹将调查到的原因记录下来,请你把它写在作业纸中。(从中引导学习刚才的方法,尝试运用推论策略)

6. 于是,便做出了这样的决定,读第9自然段。

过渡:故事的有趣之处,还得把它绘声绘色地讲出来,我们先来体验分角色朗读的乐趣吧,同桌分角色练一练。

7. 分角色朗读

有人说,西门豹在第二问后,就可以捉拿巫婆和官绅,把他们杀了,并告诉老百姓这一切都是他们捏造的,对于这一说法你有什么看法?等你深入读完西门豹惩治恶人的部分,进一步学习推论后,我们会更加了解西门豹的厉害。这节语文课上到这里,下节课我们继续学习。

第九章

找出重点策略研究

第一节　找出重点策略概念阐释

古人云:提领而顿,百毛皆顺。这句话同样适用于阅读教学。对于教师来说,在"模模糊糊一大片"的阅读教学中,如果能抓住重点,提纲挈领,那么必然能让阅读变得"清清楚楚",必然能提高阅读教学效率。对于阅读者来说,在信息纷繁庞杂的今天,能快速筛选提取主要信息,也是获取更多信息提高阅读效率的基础,"初步具有搜集和处理信息的能力"是《课标》制订的总目标之一。

何为"重点"?《现代汉语词典》解释为"同类事物中重要的或主要的部分"。何为"找出重点"? 即"找出同类事物中重要的或主要的部分"。在国际常用的十种阅读策略中,有一项便是"找出主旨及重点（Determining Importance）",即找出文章中作者的观点,或者找出一篇专题文章的要点。台湾学者赵镜中先生提出的阅读策略之一也是"找出重点"——抓住文章的主题,从文章中建构意义。他认为,好的读者不会迷失在文章琐碎的细节描写中,他们会确认阅读目的,理清重要与不重要的内容。[1] 人民教育出版社王林博士提出七种关键性的阅读策略,其中两项与找出重点策略相关:(1)决定文本中什么重要,抓住文章的主要信息;(2)整合信息,略去不重要的、重复的信息、把资料分门别类,试着找出文本中的主旨句、自己归纳文本的主旨。[2] "找出重点"是阅读的一项重要而基本的策略。但小学阶段时间跨度大,学生年段差异性大,以上策略

---

[1] 赵镜中.构建以阅读策略为导向的阅读教学[J].小学语文,2009(1-2):127

[2] 王林.阅读策略:新观念与新策略[R]

只能是小学生学习阅读的最终目标,并不适合每个学段的学生。

在文献研究的基础上,再结合阅读教学实践,我们认为找出重点是这样一种阅读策略:阅读时能抓住文本的题目、重点段落、重点词句,抓住不同文体的表现手法,理清思路,读懂主旨。其定义具体表现为:

1. 抓住文本重点:面对一篇陌生的文章,我们往往要解决三个问题:写了什么?怎样写?为什么写?即该文章的主要内容、表达方式、中心思想。

2. 抓住文本表达重点:文本中哪些语言会凸显"重点"呢?首先是"题目",题目是文章的眼睛,或告知主要人物,或明确主要事件,或提示文章线索,或升华文章主题,有些题目就是文章的主要内容,所以,从"题目"入手,可以第一时间了解文本的主要内容。其次是"开头结尾",文章开头有不同方式,其中也不乏"开门见山"式,尤其是中低段教材中选用的文章,开头会交代时间、地点、人物,乃至主要事件。结尾,往往起着"总结全文、升华主题"的作用,往往蕴含着文章主旨。再次是"中心句、过渡句、重点词语、重点段"等。教材中,编者编写的"单元导语、课后习题、阅读提示语"等,也是"抓住重点"的指路灯,我们可以按图索骥。

3. 抓住能力培养重点:《课标》在学段阅读目标制订中,对阅读中"找出重点"有极其明确的要求,如第二学段阅读目标"能初步把握文章的主要内容,体会文章表达的思想感情";口语交际目标"听人说话能把握主要内容"。又如第三学段阅读目标"在阅读中了解文章的表达顺序,体会作者的思想感情,初步领悟文章的基本表达方法。""阅读叙事性作品,了解事件梗概。阅读诗歌,大体把握诗意,想象诗歌描述的情境,体会作品的情感。阅读说明性文章,能抓住要点,了解文章的基本说明方法。阅读简单的非连续性文本,能从图文等组合材料中找出有价值的信息。"为实现此目标,重点要培养学生的概括能力 —— 即概括一句话、一段话到概括全文乃至整本书的能力,同时,在此基础上培养学生"把握主旨"的能力 —— 根据不同文体、不同题材掌握相应的把握方法。

第二节　找出重点策略的教学目标

结合《课标》，细读教材，我们可梳理出各年级关于找出重点的阅读目标。

年级	阅读目标
一	能理解课文中的词语和句子。能阅读浅显的注音读物，初步了解内容
二	能初步理解每个自然段的内容。初步理解课文内容
三	学习分析自然段，归纳课文的主要内容。诵读优秀诗文，注意诵读中体验情感，领悟内容
四	体会课文中关键词句在表达情意方面的作用； 学习给课文分段，说说段落大意； 学习略读，粗知文章大意
五	能抓住重点词、句、段，深入理解课文内容； 能给课文分段、归纳段落大意和课文的主要内容。学习概括文章的中心思想； 学习浏览，扩大知识面，根据需要搜索信息
六	能归纳段落大意，能概括课文的主要内容和中心思想； 在阅读中揣摩文章的表达顺序，体会作者是怎样表达中心思想的，初步领悟文章基本的表达方法； 阅读说明性文章，能抓住要点，了解文章的基本说明方法； 阅读叙事性作品，了解事件梗概，简单描述自己印象最深的场景、人物、细节，说出自己的喜欢、憎恶、崇敬、向往、同情等感受； 阅读诗歌，大体把握诗意，想象诗歌描述的情境，体会诗人的感情。受到优秀作品的感染和激励，向往和追求美好的理想； 能独立阅读程度适合的课外读物，能理解主要内容，体会思想感情，有理解分析和概括能力

根据《语文课程标准》中"学段目标与内容"的阐述，以及学生的阅读特点，找出重点阅读策略在小学阶段的教学总目标为：

1. 能在阅读中把握文章的主要内容，体会作者的思想感情。阅读叙事性作品,了解事件梗概;阅读诗歌,大体把握诗意,体会作品的情感;阅读说明性文章,能抓住要点;阅读简单的非连续性文本,能从图文等组合材料中找出有价值的信息。

2. 培养概括能力。学会用"六要素"归纳法、串联自然段段意、扩充题目、抓住中心句过渡句等方法概括主要内容。

3. 培育热爱祖国语言文字的情感,增强学习语文的自信心,养成良好的语文阅读习惯,初步掌握"抓住重点"的阅读方法。

小学各学段目标为:

第一学段:学会抓住文本题目、主要人物或事件,初步了解内容,对感兴趣的人物和事件有自己的感受和想法,并乐于与人交流。

第二学段:学会抓住重点段、总起句、总结句确定阅读重点,能初步把握文章的主要内容,体会文章表达的思想感情。

第三学段:学会抓住中心句、过渡句理清思路,能根据不同文体特点抓住不同的表现手法读懂文本,概括主要内容,体会文章中心。

总之,通过小学阶段的学习,学生能带着明确的目的,通过重点词句、文章题目、重点段落、不同文本的表现手法,理清文章思路,把握文章主旨。

第三节　找出重点策略的教学内容

一、第一学段教学内容

	题　目	教学点
教　材	《春雨的色彩》	抓住题目质疑：春雨有哪些色彩
	《邓小平爷爷植树》	抓住题目多元朗读，知道课文讲谁植树，讲邓小平爷爷干什么
	《美丽的小路》	抓住题目边读课文边想：美丽的小路是怎样的，在哪里，发生了什么事
	《太空生活趣事多》	看到这个题目，就知道课文要写什么，有哪些趣事，有趣在什么地方
课外读物	《大大大和小小小历险记》	看到题目，我们就知道这本书讲的是什么，到底是怎样的历险过程呢
	《三毛流浪记》	看到题目，我们知道讲的是谁，干什么

第一学段中，大部分教材的题目概括了文章的内容，像《小壁虎借尾巴》《小蝌蚪找妈妈》等，人物事情交代得清清楚楚，可以从"题目"找出文章的重点；有些题目或以人物为题，或以事情为题，如《王二小》《画家乡》等，我们可以用扩充题目的方法帮助学生找到重点，如"王二小干什么""谁画家乡"等，让学生借助题目快速了解课文大意。

二、第二学段教学内容

	题　目	教学点
教　材	《美丽的小兴安岭》	找出总结句展开："小兴安岭一年四季景色诱人，是一座美丽的大花园，也是一座巨大的宝库。"

续表

	题 目	教学点
教 材	《长城》	找出总结句展开:"这样气魄雄伟的工程,在世界历史上是一个伟大的奇迹。"
	《赵州桥》	找出总起句展开:"赵州桥非常雄伟。""这座桥不但坚固,而且美观。"
	《富饶的西沙群岛》	找出总起句展开:"那里风景优美,物产丰富,是个可爱的地方。"
	《检阅》	找出重点句展开:"这个小伙子真棒!""这些小伙子真棒!"
	《白鹅》	找出中心句展开:"好一个高傲的动物!"
课外读物	《时代广场的蟋蟀》	前四章题目均以人物名字为题,抓住主要人物,感受人物形象
	《林汉达历史故事集》	历史故事基本以"人物+事件"或"事件"为题,抓住题目了解故事大意

第二学段,以段的教学为重点,所以"找出重点句段"为主要策略。

三、第三学段教学内容

		各类文体教学点
教 材	《梅花魂》	借物抒情散文,抓住主要事物——梅花"魂"是什么意思?"梅花魂"是怎样的?围绕"梅花"讲了哪些事?作者借"梅花"要表达什么
	《落花生》	叙事散文,抓住主要事件:围绕花生写了哪些事?重点是什么事?作者借这件事想告诉我们什么
	《地震中的父与子》	写人文章,抓住人物外貌、语言、动作、神态、心理描写——父亲反复的"问"、重复的"挖"、令人心酸的外貌以及时时想起的"承诺",找出这些语言品读,感悟父亲的"了不起"
	《草原》	借景抒情文章,抓住景物:朗读想象感悟草原的美,从而感受草原人民的美,蒙汉情深的美
	《鲸》	说明文,抓住说明事物的几个方面:介绍了鲸的哪些知识

续表

		各类文体教学点
教　材	《真理诞生于一百个问号之后》	说理性文章,抓住文章的观点:真理诞生于一百个问号之后,文中哪些句子解释了这句话?用什么来证明这个观点
课外读物	《城南旧事》《林清玄散文自选集》(少年版)	找出主要人物,概括事件,并感受人物形象

第三学段,注重阅读的整体感知整体把握,以抓住各类文体的重点表现方法为主要策略,从而把握主旨。

三、文体中的具体落实及目的

年级	题　目	具体落实	目　的
二上	《6. 我选我》	"为什么王宁的话刚说完,教室里就响起一片掌声?"	初步理解内容
二下	《4. 小鹿的玫瑰花》	"为什么说小鹿的玫瑰没有白栽呢?"	初步理解内容
二下	《21. 画家和牧童》	"大画家戴嵩多虚心哪!""牧童敢向大画家提出意见,也很了不起。"	感受人物形象
二下	《27. 寓言两则·守株待兔》	"我想对种田的人说……"	理解寓意
三上	《11. 秋天的雨》	课后第2题:"我们来交流交流:课文是从哪几个方面写秋天的雨的?"	抓住总起句概括段意,从而概括全文
三上	《14. 蜜蜂》	课后第1题:"我把课文默读了几遍,知道作者做了一项什么试验。"	初步概括主要事件
三上	《25. 矛和盾的集合》	课后第1题:"我默读了几遍课文,知道课文讲了一件什么事。"	初步概括主要内容
三上	《30. 一次成功的试验》	课后第2题:"我们讨论讨论:为什么实验能取得成功?"	初步体会中心思想
三下	《1. 燕子》	课后第2题:"课文写了燕子的哪些特点?"	抓住主要事物的特点
三下	《14. 检阅》	课后第2题:"观众为什么说'这个小伙子真棒''这些小伙子真棒?'"	初步体会中心思想

续表

年级	题 目	具体落实	目 的
三下	《17. 可贵的沉默》	课后第2题:"为什么说孩子的这种沉默是可贵的?"	初步体会中心思想
	《21. 太阳》	课后第2题:"课文讲了太阳的哪些特点,是怎样写出这些特点的?"	抓住说明事物的要点,体会说明方法
四上	《9. 巨人的花园》	课后第2题:"从这篇童话中懂得了什么?"	体会中心思想
	《13. 白鹅》	课后第2题:"我们来交流一下,课文中的白鹅有哪些特点,作者是怎样具体描写这些特点的。"	抓住主要事物的特点,体会描写方法
四下	第一组	单元导语:"去体会作者对山山水水的热爱之情,并体会作者是怎样用优美词句表达情意的。"	体会中心思想
	第二组	单元导语:"理解重点语句和段落,思考一下课文中讲述的这些故事,对我们做人处事有什么启示……"	抓住重点语句和段落,体会中心思想
	第三组	单元导语:"抓住文章的主要内容,了解大自然给人类的启示……"	抓住主要内容,体会中心思想
五上	第一组	单元导语:"要把握主要内容,体会作者的思想感情。"	明确提出要求
	第三组	单元导语:"学习本组的说明性文章,要抓住课文的要点,了解基本的说明方法,并试着加以运用。"	明确说明性文章的重点
	第四组	单元导语:"要把握课文的主要内容,领会作者从生活中得到了哪些启示;抓住关键词句,体会这些词句的含义及表达效果。"	抓住关键词句体会中心思想
	第六组	单元导语:"把握主要内容,想一想作者是怎样通过外貌、语言和动作的描写表现父母之爱的。"	抓住写人类文章的阅读重点
五下	第四组	单元导语:"抓住那些感动我们的地方,体会作者表达的思想感情,还要认真领悟文章的表达方法。"	抓住重点句段体会中心思想
	第五组	单元导语:"要理解主要内容,感受人物形象,体验阅读名著的乐趣。"	

续表

年级	题 目	具体落实	目 的
五下	第八组	单元导语:"要抓住主要内容,了解不同地域的民族风情特点……"	
六上	第二组	单元导语:"在读懂课文内容的基础上,体会关键词句在表情达意方面的作用。"	
	第五组	单元导语:"理清文章的思路,体会含义深刻的句子,感受鲁迅先生的崇高精神。"	
六下	第一组	单元导语:"抓住重点句段,联系生活实际,领悟文章蕴含的道理;在把握主要内容的基础上,体会作者表达感悟的不同方法。"	抓住关键词句体会中心思想
	第三组	单元导语:"把握主要内容,体会作者表达的真情实感,了解课文的叙述顺序,并在今后的习作中加以动作。"	
	第四组	单元导语:"要把握主要内容,体会作品中人物的思想感情,关心人物的命运。"	
	第五组	单元导语:"要把握主要内容,体会科学精神的含义,还要学习用具体事实说明道理的写法。"	

从以上表格中可以看出,低段的文本中,关于内容理解的提示只是偶尔出现,主要是针对理解上有难度的文本;中段,对说明性文章,要求能在讨论的基础上,抓住总起句等重点词句概括出要点,能初步概括叙事类文章的主要内容,能体会寓言、童话类文本的中心思想;高段,明确提出"把握主要内容,体会中心思想",在写景类散文、说明性文章、一事一议类文章、写人类文章中反复提出此要求,可见从五年级开始,找出重点策略是阅读中最基本的策略,是必须扎实掌握的阅读策略。

第四节　找出重点策略的教学实践

在教学中运用找出重点策略,一般有以下几种方法:找出题眼,整体感知;找出重点句段,理解感悟;找出文体特点,把握主旨。这些方法既可以同时运用,也可以各有侧重。

一、找出题眼,整体感知

文章的标题既是篇章结构不可或缺的部分,也是文章内容重要的指向线索,能够有效地关涉内容与形式,是教学的重要切入点。

(一) 借助题目明确课文大意

低段教材中,有些题目直接以"人物+事件"形式出现,可以通过多元朗读、群文阅读等形式培养学生对此类题目的敏感度,如教学一年级下册《邓小平爷爷植树》一文。

教师:板书课题,指名读课题。正音,"邓"是后鼻音,"植"是翘舌音。
学生:读课题。
教师:我们想知道谁植树,怎么读。
学生:(把"邓小平爷爷"读重音)
教师:我们想知道邓小平爷爷干什么,怎样读。
学生:(把"植树"读重音)
教师:读了题目,我们就知道了这篇课文就是讲——(齐读)邓小平爷爷植树。是呀,题目就告诉了我们课文的内容。像这样的题目还有——教师出示:《小壁虎借尾巴》《乌鸦喝水》《兰兰过桥》。挑一个说说你从题目知道了什么。

这个片段中,教师通过多元朗读,既让学生明确了主要人物、主要事件,对课文有个大概了解,又让学生在读中明确完整句子的概念——"谁干什么"或"什么怎么样",再通过举一反三,培养一年级学生对此类题目的敏感度,从而让学习找出重点策略运用开始起步。

(二) 补充题目,概括文章大意

有些题目,只表明人物,或只提炼事件,可以让学生在初读文本的基础上,补充课题,从而了解文章的大意,如教学二上《称赞》一文。

教师:板书"称赞",指名读,读准平翘舌音。小朋友们,你听到过别人对你的称赞吗?指名说。
学生:妈妈称赞我字写得很端正。爷爷称赞我是个玩陀螺高手。
教师:听到称赞,你的心里感觉怎样?
学生:很开心,得意极了。
教师:今天我们就来学习《称赞》这篇课文。是讲谁称赞谁呢?称赞什么呢?打开书本读一读课文,你就知道了。
学生:小獾称赞小刺猬。小刺猬也称赞了小獾。
学生:小獾称赞小刺猬真能干,小板凳做得一个比一个好。
学生:小獾称赞小刺猬的苹果香极了。
教师:把这两个小朋友说的连起来,我们就知道了这篇课文讲了这样一个故事——(齐说)。

以上片段中,以"题目"为中心,通过补充人物和主要事件,学生能比较容易地把长长的课文"读短",并且通过进一步的读悟,自然感受到称赞的力量。

（三）回味题目，把握课文主旨

标题是文章的"眼睛"，是高度浓缩的关键词，起于开篇，再止于结束，教学前后呼应，会使学生的内在感悟得到进一步的提升，[1]如教学《山中访友》一文。

教师：板书课题，齐读，题目告诉我们什么？

学生：到山中去访问朋友。

教师：访问了哪些朋友呢？默读课文，圈一圈。

（学生反馈）

教师：原来是这些朋友，和你看到题目时想的一样吗？

学生：我以为是人。

教师：是啊！那作者为什么要以这个为题呢？不着急，等你学完课文就明白了。

（总结课文时）

教师：再次齐读课题，你从这个题目中体会到了什么？

学生：作者和山里的一切感情深厚，就像是自己的老朋友，我从题目里感受到了作者对大自然的热爱。

学生：这个题目把课文的主要内容和作者的情感都融合在了一起。作者访的是"自然之友"，表达的是对朋友的深厚情意。

从以上片段中，我们可以发现抓住文眼，学生能较容易地体会文章的中心。同样适用的还有《只有一个地球》《金色的脚印》《跨越百年的美丽》等。

1　韦祖庆,张弘.构建语文标题教学法模式[J].,教育与教学研究,2012（10）：107.

二、找出重点句段,理解感悟

如果说从标题了解大意是走进文本的钥匙,那找出文章的重点句段则是感悟文本的主要抓手。句子是语言文字的主要表现形式,抓住重点句段是理解课文内容把握中心思想的有效策略。

(一) 找出中心句

有些句子会直接点明文章的中心,或是蕴含着揭示文章中心的词语,我们把这样的句子称为中心句。阅读时,找出这样的句子,并顺藤摸瓜,就能较容易地体会文章的写作目的,如五上《地震中的父与子》课例。

在初读交流对父与子的初步印象时,教师谈话:课文中也有对他们的评价,你发现了吗?

学生都能找到句子:这对了不起的父与子,无比幸福地紧紧拥抱在一起。

教师:让我们先走近这位了不起的父亲。请同学们静心默读课文第1—12自然段,在这部分内容中,有许多关于父亲的描写。请仔细读一读,从哪些语句中读出了父亲的了不起,做上记号,然后在旁边写上批注。

全班交流,学生畅所欲言。

重点交流:

▲父亲的语言

1.有很多人劝父亲离开,可父亲就是不离开。师生分角色合作朗读这部分内容。

2.尝试加提示语:父亲的回应是这样的三句话,你有什么发现?(意思差不多)面对不同的劝阻人,父亲一次又一次地这样问,你觉得每一次他的心情一样吗?反复读这部分内容,尝试加上提示语,交流。

3.教师引读:所以,当有人劝你时,你是恳切地问道——(生接读);当消防队长劝你时,你急切地问——(生接读);当警察来劝你时,你虽然快要崩溃了,但还是问——(生接读)。

4. 体会写法:给三句话加上提示语,显得具体多了,可课文为什么不像我们这样写呢?请关注父亲当时在做什么。(当时情况紧急,父亲只关注儿子的性命,没有时间去做别的事,去关注别的事,所以是非常直接的,这跟当时的气氛相符。)

5. 感悟人物形象:透过这三句简单重复的问话,我们真切感受到这是一位(　　　)的父亲。

▲父亲的动作(第12自然段)

1. 体会"挖"的时间之久:36小时,两天一夜!时间确实很长。可我奇怪,刚才写问话的时候作者惜字如金,在这里却要这样罗列时间,这是为什么呢?再读读这段话,想一想。(体现了时间的长,更可以看出父亲的决心、坚持不懈、对儿子的爱。)指导朗读。

2. 体会"挖"的艰辛:是呀,那是怎样漫长的36个小时啊!可是父亲只重复着同一个动作——挖。同学们,让我们再来读一读这句话,读着读着,你仿佛看到父亲怎样的画面?他的手,他的脸,他的脚,他的眼睛……

小练笔:8小时过去了,父亲的脸(　　　),他挖着。

12小时过去了,父亲的手(　　　),他继续挖着。

24小时过去了,父亲的脚(　　　),他仍旧挖着。

36小时过去了,父亲的眼睛(　　　),他还是在挖。

3. 指导朗读:一个"挖"字,包含了如此丰富的内容;一个"挖"字,让我们深深体会到了父亲的劳累和坚持。这就是作者的匠心,这就是文字的魅力。让我们记住这个重复的动作,读好这句话。

4. 走进父亲内心:你觉得是什么在支撑着这位父亲苦苦挖掘呢?(是信念"无论发生什么,我总会跟你在一起。"是对儿子的承诺,是救出儿子的决心,是父亲对儿子深深的爱)。而这一切的一切,让我们不得不再次感叹:这是一位了不起的父亲!

▲父亲的形象

36小时过去,我们看到的是这样一位父亲,引读写父亲外貌的句子。

4.学生小结:说父亲了不起,是因为(　　　　)。

教师小结:这是通过父亲的语言、动作、外貌、心理活动感悟到的。

学生通过"找出中心句——深入文本——回顾总结"三步法,在"中心句"的引领下走了一个来回,充分感悟到了父亲形象的伟大。

(二)找出地位特殊的句子

如总起句、总结句、过渡句等。如老舍写的《猫》一文,两个总起句非常明显:"猫的性格实在有些古怪"、"小猫满月的时候更可爱"。把这两句话串联起来,就是文章的主要内容,从中我们也能体会到作者对猫的喜爱之情。再比如《秦兵马俑》一文中写道:"兵马俑不仅规模宏大,而且类型众多,个性鲜明"这句过渡句概括了兵马俑的特点,表达了作者对"世界第八大奇迹"的赞美之情和自豪感。又如《搭石》文末:"一排排搭石,任人走,任人踏,它们联结着故乡的小路,也联结着乡亲们美好的情感"这句话赞美了搭石,更赞美了乡亲们。我们可以运用边读边想象画面、联系上下文、创设情境、联系生活体验等方法,体会搭石蕴含的美,感受乡亲们善良、勤劳、谦让、尊老、奉献的美好情感,并从中受到感染、熏陶。

(三)关注首尾

文章的开头是全篇的序幕,起提纲挈领的作用,不少文章开宗明义,开头直接提示文章的中心。如《彩色的非洲》开篇即写:"非洲真是一个色彩斑斓的世界啊!"直抒胸臆。文章结尾常起画龙点睛作用,很多作者把主旨放在文章最后表达。如《长城》结尾"这样气魄雄伟的工程,在世界历史上是一个伟大的奇迹"便表达了作者由衷的赞美之情。有些文章首尾呼应,使学生更能够把握文章的主旨。如《颐和园》,开头总起

"北京的颐和园是个美丽的大公园",结尾总结"颐和园到处有美丽的景色,说也说不尽,希望你有机会去细细游赏",前后呼应,凸显了颐和园的"美丽",表达了作者的赞美之情。同样,在季羡林的《怀念母亲》一文里,首尾呼应,表达了作者对生身母亲和祖国母亲崇高的敬意和强烈的思念之情。

三、找出文体特点,把握主旨

找出文体特点,着眼于文章整体。在通读课文之后,让学生明确属于哪一种文体,写的对象是什么,从而去寻找适合该文体的策略。例如:(见下表)

文 体	要找的重点	主旨的表达方式
记事	写了一件什么事?概括事情的起因、经过、结果	记叙了……歌颂了(批评了)……表达了……
写人	找出并读悟描写人物的外貌、语言、动作、神态、心理活动的句子,提炼人物形象	记叙了……赞扬了……表达了……
写景状物	景物的特点	描写了……表达了……
游记	游览了哪些景点,各有什么特点	描写了……表达了……
说明文	介绍了事物的哪些方面或哪些特点	介绍了……体现了(展现了)……
议论文	看标题,一般标题即为中心论点	提出了……
诗歌	理解诗意,结合背景	描写了……表达了……

《蓝色的海豚岛》阅读教学设计

(宁波市江东中心小学 李菁)

【教学目标】

1. 知道从哪些方面入手去读一本书,掌握基本的阅读常识。
2. 习得找出重点策略,培养良好的读书习惯,激发课外阅读的兴趣。

【教学重点】

知道拿到一本新书后应如何阅读。

【教学过程】

(一) 谈话导入,关注与书相关的信息

这节课我们围绕一本书开展读书交流会。这本书对于广大的中国读者来说,可谓鲜为人知,这本书的书名是"蓝色的海豚岛"。(板书题目,注意"豚"的写法)

1. 读封面。

书大家都读了,有的同学可能读了不止一遍,那我问大家一个简单的问题:书一拿到手,你首先做了什么?(学生各抒己见)绝大多数同学都迫不及待地进入了正文,看得出大家比较关注书的内容。但相对内容而言,同学们还是忽略了一些与本书相关的其他信息。拿到一本书,首先映入我们眼帘的是它的封面(板书:封面)。下面就请大家细致地研究一下封面,看我们能从封面中知道些什么。

2. 学生各自观察封面。

3. 交流观察所得。

（1）书名：封面上最醒目的内容。

（2）作者：这是封面上的又一重要信息，他们用汗水和智慧为读者呈现了一部部优秀的文学作品，是我们应该尊敬和感谢的人。

（3）译者：傅定邦，以我们的英语水平没法阅读原文，所以我们还得感谢这位翻译。

（4）出版社：这本书是由河北少年儿童出版社出版的。

（5）这本书是"国际安徒生奖获奖作家书系"中的一本，这本书曾获得国际安徒生奖、纽伯瑞奖等七项儿童文学奖项。你们了解这些奖项吗？

（补充资料：国际安徒生奖是为了纪念著名丹麦童话作家汉斯·安徒生，于1955年设立的奖项。每两年由国际青少年图书委员会颁发。授予获奖者一枚金质奖章和一张奖状。最初只授予在世的作家，从1965年起，也授予优秀的插图画家。获奖者限于长期从事青少年读物创作并作出卓越贡献者。

纽伯瑞大奖是由美国图书馆学会的分支机构——美国图书馆儿童服务学会于1922年为纪念纽伯瑞而创设的奖项。得奖者必须是对美国儿童文学有杰出贡献者，并以美国公民及永久居民为限，自1922年起每年颁发给前一年度最杰出的美国儿童图书作者。它与"国际安徒生奖"齐名。"纽伯瑞奖"每年颁发一次，颁奖对象为上一年出版的英语儿童文学作品；每年颁发金奖一部、银奖一部或数部。凡获纽伯瑞奖的书籍，皆被列入少年必读之书籍。其题材包罗万象。内容除了针对儿童的恐惧、悲伤、幻想、幽默、冒险等心理层面做巧妙的设计之外，也蕴含了对全球人类以及自然万物的关怀。）

（6）插图：图上有海洋生物，很贴近主题。

4. 小结：看似不起眼的封面包含了这么多的知识，以后拿到新书可得好好看一看封面。

（二）了解书的其他组成部分，分享读书心得（欣赏人物美）

1. 打开书快速地翻翻，在这本书中，还有哪些是我们应该关注的内容？

2．学生翻阅本书。

3．交流

（1）主要内容：我们一起来读一读,这样我们在短时间内对这本书就有了一个大致的了解。

（2）前面有"序",后面有作者的话,我们称之为"跋",我们通过一段话来了解这两点文学方面的常识。

（3）卡拉娜是个怎样的女孩？请完成表格填空。

生：卡拉娜是一个热爱动物、热爱生命的女孩。（师引：你从哪里看出来？）

生：卡拉娜是一个善良、勇敢、正直、爱美的女孩。（师建议选择其中一个或两个特点具体介绍）

生：卡拉娜是个乐观向上的孩子。我从三方面进行阐述……（师评：先总说一个特点,再分几点来说,很有条理。）

……

师：五个小组汇报完成了,有没有更加独特的看法？（引导学生更深入地了解卡拉娜的心理变化）

（三）总结交流,更上一层楼

1．总结读书汇报形式。

2．卡拉娜在我们交流中开始比较形象了。我们来看看其他媒体对这本书的评价。（出示《时代周刊》、芝加哥周日论坛的评价）

《时代周刊》："这是一个不同寻常的,在你心中挥之不去的故事。"

芝加哥周日论坛："这个独特的故事有着它永久的、不可磨灭的经典性。"

3．本书要吸引读者,除了生动的故事情节,还有哪些地方会吸引读者去阅读？

（引导学生从不同的角度去品味欣赏）

师：一开始,老师就被目录所吸引,看目录似乎就知道了整个故事。

师:看书的前言就可以获得信息。

谁来小结一下:学习读书方法,要学会从前言、后记中获得信息,重点了解目录的作用。

4. 书中有许多优美、简洁的语言,能用朗读与大家分享吗?

(1)学生朗读喜欢的句子,并按以上填空说说自己的想法。

(2)教师诵读自己喜欢的一段。(离开岛的一段,读出那种依依不舍)学生也随之齐读这一段:

"我站在甲板上,回头朝着蓝色的海豚岛看了很久很久。最后一眼我看见的是岛上的高地。我想着朗图(已故的爱犬)躺在那里的各色石头之上,想着不知在什么地方的'王—阿—勒'(小海獭的名字),想着小红狐狸,它一定会徒劳地去抓我的篱笆。我还想着我藏在山洞里的独木舟,想着所有那些愉快的日子。"

师:前言、后记会帮我们了解一本书。所以有人说:一本书就是一个世界。(出示"芝麻开门":作者与一个孩子的对话)

5. 听对话,猜一猜:祁智在哪里等着孩子?(出示:我就在书中等你!)

在《芝麻开门》里,作家祁智曾和一个小朋友有这样一段对话:

"叔叔,你希望有人敲门吗?"

"希望。"

"那我去敲门,你会开门吗?"

"当然开门。"

"我要是晚上敲门呢?"

"那我就讲故事给你听,你讲故事给我听。"

"那——我怎样才能找到你呢?"

"我就在书中等你!"

"我就在书中等你!"这是作者与读者的心灵约定。作家的心血与智慧化为翩翩文字,一如那蛹羽化为蝶的浪漫与艰辛。作家永远静静地守候在他的书中,等待我们去轻轻叩击。让我们打开书本,走近作家,去赴一个不见不散的约会。

"我就在这里等你们！"书海茫茫，人海茫茫，小子们，三年了，我们有缘，在这里相遇。纯真烂漫的你们和我一样，在这里阅读、思考，我们一起考证"毅力"，一起劳动，一起欢笑……

我就在这里等你们！我们不见不散！在今后的日子里！

最后，老师把叶圣陶爷爷的一段话送给大家，希望大家以此来指导自己的课外阅读：

学生读课外书籍要养成习惯。先看序文或作者、编者的前言，知道全书的概况，是好习惯。把书估计一下，预定若干日读完，而且如果能按期看完，是好习惯。有不了解处，不怕查工具书，不怕请教老师或者朋友，是好习惯。自己有所得，随手写简要的笔记是好习惯。其实说不好的习惯，半途而废，以及眼睛在书上，脑子开小差，都非常不好。

——叶圣陶

板书设计

读　封　面

读内容提要　　　　　序言

制订读书计划

浏览　　　精读　　　诵读

第十章

概括策略研究

第一节　概括策略概念阐释

人们常说："要把书读厚，也要把书读薄。"目前，我们的小学语文阅读教学更多的是引导学生把书"读厚"，即现在的语文阅读教学更重视语言的赏读、体会，关注对重点词句的理解和领悟，但薄弱之处却在于学生不会把书"读薄"，即学生缺乏最基本的阅读概括能力——在进行阅读概括时，学生常常存在语言啰唆、要点遗漏、主次不分等问题。

林崇德先生认为："概括是智力与能力的首要特点。""中小学生的语文能力，应看作以语文概括为基础。"小学生的语文概括能力非常重要，"它既可以使学生获得篇章结构的知识，提高布局谋篇的能力，又可以使学生受到分析、判断、推理、概括、综合等方面的思维训练，直接提高学生的阅读能力。"[1]

"工欲善其事，必先利其器"，要提高学生的概括能力，我们首先要研究概括策略，才能帮助学生更好地进行阅读。

一、概括策略是什么

我们采用文献研究法，对各种文献中有关"概括"的论述进行了梳理。

我国历来注重概括。孔子在《论语·卫灵公》里说"一以贯之"，墨子在《墨子·贵义》中提到"今若过之心者，数逆于精微。同归之物，既已知其要矣，是以不教以书也"，概括地讲就是"逆精微，知其要"。刘勰

---

[1] 黄宏凤．重拾被遗忘的境地——浅谈小学语文第二学段概括能力培养的策略[J]．新课程学习（上），2012（05）．

的《文心雕龙·论说》提到"要约明畅,可为式矣"。韩愈在《昌黎先生文集·进学解》中也提到"记事者必提其要,纂言者必钩其玄"。古人的这些言论,多角度地阐释了"概括"丰富的内涵。

在现今国际常用的十种阅读策略中,涉及"概括"策略的有:

(1)综合(Synthesizing)。将新旧知识综合成一个新的概念。需要将重要资料和旧经验进行知识整合,以提升思考力。

(2)找出主旨及重点(Determining Importance)。找出文章中作者的观点,或者找出一篇专题文章的要点。

(3)推理(Inferring)。运用已有的背景和知识、文中的资料,对文中没有明显表达出来的隐含意思做出一些假设。推理鼓励阅读者走出文字表面,进而领悟字里行间的提示和暗示。

这三个策略都与概括策略有关联、有渗透,值得我们在研究概括策略时借鉴、学习,以帮助我们更好地去思考和理解概括策略。

我们阅读了大量的文献,有关阅读策略的有文章不少,提到概括策略的文章却不是很多,其中曾祥敏、陆文英和魏斯化三位有关"概括"策略的论述较具有代表性。

1. 曾祥敏(2008)在《国外近十年阅读策略训练研究述评》一文中提到Leon&Carretero的"文本结构的知识及其运用策略"。该策略中的大部分观点,如"清楚地理解一些说明文文本的结构""从文本提炼出宏观结构""明确文本结构的基本逻辑关系以及文章的要点"和"按文本结构总结文本内容"都闪烁着概括策略的光芒。

2. 陆文英(2009)在《语文阅读策略教学研究》一文中举了七种阅读策略:读的策略、激活原有知识的策略、选择性注意策略、整合重要信息的策略、质疑释疑策略、推理策略、理解监控策略。在整合重要信息策略中,陆文英较为详细地阐述了概括策略。她认为要培养学生掌握和运用整合重要信息的策略,必须在阅读教学中进行系统的概括策略教学,她提出直接提取、摘录组合和综合归纳这三种策略可最终达成概括策略的实施的观点。

3. 魏斯化（2014）在《概括力的迷失与重建》一文中，结合PISA阅读测试、PIRLS阅读测试和NAEP阅读测试，认为"获取信息的能力、关注并提取信息的能力、整体感知的能力"凸显了概括思维的特点，"解释、整合、联系"等关键词突出了对概括策略的考查要求。他关注元认知的参与，认为概括策略不仅是指学生在概括内容、语文知识等方面所采用的方法，还包括学生多大程度上了解哪些策略对概括文章最有用。

结合实际阅读教学，在文献研究的基础上，我们认为概括是这样一种阅读策略：概括是学生阅读的基础，涉及语文学习的各个层次——句子、段落、篇章、整本书乃至相关的几本书籍；概括策略就是读懂文章，较为准确地理解，用简洁的语言提取、分析、整合文本信息。

二、概括策略的类型

《义务教育语文课程标准（2011版）》在第二学段阅读目标中提出："能初步把握文章的主要内容"，第三学段阅读目标中提出："阅读说明性文章，能抓住要点。""阅读叙事性作品，了解事件梗概，简单描述自己印象最深的场景、人物、细节。""阅读诗歌，大体把握诗意。"

根据课程标准对不同学段阅读概括的要求，结合平日的阅读教学，我们认为常见的概括有概括段落大意、把握文章主要内容、了解事件梗概、概括文章的中心思想，概括人物特点、概括写作特点等。

从概括的层次上来看，上面提到的概括可分为表层概括和深层概括。

概括的类型 { 表层概括：概括段落大意、把握文章主要内容、了解事件梗概等

深层概括：概括文章中心思想、人物特点、写作特点等

概括段落大意、把握文章主要内容、了解事件梗概等为表层概括，主要考查学生提炼信息、整合信息的能力；深层概括包括概括文章中心思

想、人物特点、写作特点等,深层概括不仅是对信息的提炼和整合,更是在此基础上的理解、加工和运用。表层概括是深层概括的基础,深层概括是表层概括的延伸。

　　对于低年级学生来说,他们年龄小、阅读经验不足,所以在阅读教学中,教师应着重培养和发展学生表层概括的能力;到了第三学段,学生已掌握初步的概括方法,对表层概括也已经有了一定的接触和体验,可以在表层概括的基础上继续深入,引导他们更多地关注文章的中心思想、人物特点和写作特点,进入深层概括层面,继续发展阅读概括能力。

第二节　概括策略的教学目标

概括能力是阅读理解文章所必须具备的基本能力。

语文阅读教学中多种能力的培养与发展，都是以概括为前提的。没有概括能力，学生就无法系统掌握知识，就很难进行知识的迁移，也就谈不上语文素养的形成了。

一、小学阶段概括策略教学的总目标

《义务教育语文课程标准（2011版）》（以下简称《课标》）的总体目标与内容中并没有直接出现"概括"这一个概念，但处处无不显示对概括能力培养的重视。《课标》指出"初步掌握学习语文的基本方法""在发展语言能力的同时，发展思维能力"。在第三部分实施建议中有关于评价的具体建议，提到"精读的评价，重点评价学生对阅读材料的综合理解能力。""略读的评价，重在考察学生能否把握阅读材料的大意。"其中"把握材料的大意"就是"概括"，学生的概括能力，既是其语言能力高低的一个具体体现，又是其思维能力发展的重要内容之一；概括也是学生应该掌握的最基本的语文学习方法之一。因此小学阶段概括策略的教学目标是：

1. 厘清篇章内部段落间或层次间的内容关系，用简洁的语言表达一个段落、一篇简单文本的主要意思；

2. 能学会从整体上把握篇章某处、多处及全文的主要内容、核心思想及情感态度倾向。

概括能力的心理活动过程是由三个步骤组成的：

1. 感受，即捕捉文章的第一印象，通过初读课文，把握粗线条的文本大意。

2. 理解,就是通过分解文章整体,分层领会文章意思,阅读品味文本。

3. 综合,在感受、理解的基础上对文章各部分进行有机整合并简要表述。

二、小学阶段各年段目标

我们整理了《课标》的学段目标跟内容中与"概括"相联系的条文。

学 段	具体条文
第一学段	能认真听别人讲话,努力了解讲话的主要内容 听故事、看音像作品,能复述大意和自己感兴趣的情节 能较完整地讲述小故事,能简要讲述自己感兴趣的见闻
第二学段	能初步把握文章的主要内容,体会文章表达的思想感情 能复述叙事性作品的大意,初步感受作品中生动的形象和优美的语言,关心作品中人物的命运和喜怒哀乐,与他人交流自己的阅读感受 听人说话能把握主要内容,并能简要转述
第三学段	阅读叙事性作品,了解事件梗概,能简单描述自己印象最深的场景、人物、细节,说出自己的喜爱、憎恶、崇敬、向往、同情等感受 阅读诗歌,大体把握诗意,想象诗歌描述的情境,体会作品的情感 阅读说明性文章,能抓住要点,了解文章的基本说明方法 听人说话认真、耐心,能抓住要点,并能简要转述

站在整体的角度,结合平时的教学实践和学生的心理发展特点,在《课标》的基础上,我们制订了以下概括策略的学段目标。

(一)第一学段(1—2年级)

1. 将长句子读成一个词语,用词语概括句子、段落的主要内容。

2. 利用给课文插图排序,抓住关键词语排列顺序,再用自己的话完整地讲一讲小故事。

3. 阅读故事、看音像作品,能较完整地讲述小故事,能简要讲述自己感兴趣的见闻。

根据小学儿童思维发展的特点,此学段儿童概括的水平属于直观形象水平。低年级儿童的概括水平和幼儿的差不多。他们虽然能够进行概括,但所能概括的特征或属性,常常是事物直观的、形象的、外部的特征或属性,他们更多注意的是事物的外观和实际意义。

(二)第二学段(3—4年级)

1. 利用关键词、关键段落、文章线索等,初步把握文章的主要内容,体会文章表达的思想感情。

2. 能复述神话故事等叙事性作品的大意,初步感受作品中生动的形象和优美的语言,说清楚自己的阅读感受。

3. 阅读适宜的读物,能把握主要内容。

此学段儿童的概括水平处于从具体形象概括向形象抽象概括的过渡。在他们的概括中,直观的、外部的特征或属性的成分逐渐减少,形象的、本质的特征或属性的成分逐渐增多。

第一、第二学段儿童的概括多属于归纳总结层面的概括,着眼于文本的内容。

(三)第三学段(5—6年级)

1. 阅读叙事性作品,利用小标题、人物间的脉络关系等,了解事件梗概,能简单描述自己印象最深的场景、人物、细节,说出自己的喜爱、憎恶、崇敬、向往、同情等感受。

2. 阅读诗歌,大体把握诗意,想象诗歌描述的情境,体会作品的情感。

3. 阅读说明性文章,能抓住要点,了解文章的基本说明方法。

4. 能抓住要点,进行简要转述。

第三学段儿童的概括处于初步本质抽象水平,因此我们制订的目标多属于概述总结层面,着眼于学生对言语现象的理解和从具体到抽象概念概括能力的培养。高年级儿童的概括开始以本质抽象概括为主。由于过去几年知识经验的积累和智力活动的锻炼,他们已能对事物的本质特征或属性以及事物的内部联系和关系进行抽象概括。但是,即使到了高年级,儿童也只是初步地接近科学的概括。由于知识经验的限制,那些和具体事物相距太远的高度抽象概括活动,对他们来说,还是非常困难的。

第三节 概括策略的教学内容

与《课标》配套的语文教材中有许多学习运用概括阅读策略的内容。以全国选用范围最广的《义务教育课程标准实验教科书》教材为例,我们发现这些实施点主要体现在第一学段的看图说故事、第二学段和第三学段的单元导语和略读课文的提示语及课后练习等助读系统里。我们对教材中的相关内容进行了梳理。

一、第一学段

第一学段的阅读概括策略主要体现在给课文插图排序方面,比较符合学生的心理特征。

年级	类型	篇 目	教学点	儿童文学经典作品推荐
二上	图文结合课	《16.风娃娃》《17.酸的和甜的》《18.称赞》《20.纸船和风筝》《21.从现在开始》	给课文插图排排序,再用自己的话完整地讲一讲小故事	1.《猜猜我有多爱你》 2.《不一样的卡梅拉》《我想去看海》 3.《没头脑和不高兴》 4.《蝴蝶·豌豆花》 5.《稻草人》
二下	写景文	《10.葡萄沟》	为什么说葡萄沟是个好地方?在回答问题时,也总结了课文中所讲的葡萄沟的特点	1.《木偶奇遇记》 2.《寻找快活林》 3.《中国神话故事》 4.《千字文·三字经·弟子规》
		《18.雷雨》	用四字词语概括雷雨前、中、后的景象。抓住关键词语,排列顺序,用自己的话说一说课文的主要内容	

续表

年级	类型	篇　目	教学点	儿童文学经典作品推荐
二下	故事类	《27.寓言两则》	把课文中的故事讲给爸爸妈妈听。能较完整地讲述小故事	5.《第一次发现·濒临危机的动物》
	科普小品文	《31.恐龙的灭绝》	用词语概括有关恐龙灭绝的几种说法。把长句子读成一个词	6.《神奇校车·在人体中游览》

二、第二学段

第二学段阅读概括的能力训练是否到位,直接决定了第三学段阅读能力的发展程度,教师应侧重于概括重点段落内容的训练,逐步培养学生把握文章要点的能力,并学习厘清文章的条理,初步概括文章的主要内容。

不同文体的教学中,对概括能力的训练是有区别的。写人的课文,主要围绕人物所做的事来提炼人物的性格特点、精神品质;写事的课文,要概括清楚事情的起因、经过、结果。说明文阅读中的概括能力训练着力于对说明对象本质特征的把握,即能概括出文章从哪些方面说明了事物的哪些特点等。在概括中把握文体特点进行有针对性的训练,可使学生更好地掌握概括的方法。

年级	类型	篇　目	教学点	儿童文学经典作品推荐
三上	科普小品文	《14.蜜蜂》	课后习题:我把课文默读了几遍,知道作者做了一项什么试验	1.《让孩子着迷的77×2个经典科学游戏》 2.《三毛流浪记》 3.《宝葫芦的秘密》 4.《长袜子皮皮》
	写人类	《32.好汉查理》	略读提示:读读课文,想想课文中的小男孩发生了哪些变化 主要抓住人物前后变化就可以说好主要内容	
	故事类	《25.矛和盾的集合》	课后习题:我默读了几遍课文,知道课文讲了一件什么事	

续表

年级	类型	篇 目	教学点	儿童文学经典作品推荐
三上	故事类	《28.狮子和鹿》	略读提示:认真读读课文,了解课文讲了一个什么故事,再联系实际说说自己的体会	5.《寻找快活林》 6.《亲爱的汉修先生》 7.《武松打虎》 8.《林汉达历史故事集》 9.《书的故事》 10.《生命的故事》
		《18.盘古开天地》	课后习题:我能用自己的话讲这个故事	
		《8.我不能失信》	略读提示:认真读课文,想想课文讲了一件什么事,再联系生活实际,和同学交流读后的感受	
		《20.一幅名扬中外的画》	略读提示:看看课文描写了画面上的哪些内容 教学中引导学生明白:每段都是围绕一点来写的,学生很容易找到关键词,同时也能概括出课文大意	
		《24.香港,璀璨的明珠》	略读提示:读读课文,说说课文是从哪几个方面介绍香港的,还可以和同学交流交流你知道的香港 课文的每段都是围绕香港的一个特点来写的	
三下	故事类	《9.寓言两则》	这两则故事短小有趣,有利于复述课文	1.《安徒生童话》 2.《成语故事》 3.《奇妙的数王国》 4.《孔子的故事》 5.《少年音乐和美术故事》 6.《柳树间的风》 7.《彼得·潘》 8.《时代广场的蟋蟀》
		《19.七颗钻石》	神话是学生很喜欢的故事类型之一,复述故事可以训练口语能力	
		《31.女娲补天》		
		《32.夸父追日》		
	叙事类	《7.一个小村庄的故事》	关注文本前后的不同变化,抓住原因说一说,也就是课文的主要内容了	

267

续表

年级	类型	篇目	教学点	儿童文学经典作品推荐
三下	叙事类	《17.可贵的沉默》	故事简单又贴近学生生活,只要抓住沉默前后的变化就可以概括主要内容	9.《窗边的小豆豆》 10.《讲给孩子的中国地理》
		《20.妈妈的账单》	比较两份不同的账单及其原因,也就说出了课文的主要内容	
	写物类	《1.燕子》	这类文章抓住每段的关键词或中心句,就可以概括出段意	
		《4.珍珠泉》		
		《5.翠鸟》		
四上	略读课文	《12.小木偶的故事》	略读提示:认真默读课文,看看在小木偶身上发生了什么事	1.《孙悟空在我们村子里》 2.《让太阳长上翅膀》 3.《小英雄雨来》 4.《戴小桥全传》 5.《舒克贝塔航空公司》 6.《我是白痴》 7.《雪花人》 8.《父与子》 9.《我的第一本科学漫画书》 10.《图说中国节》
	科普类	《32.飞船上的特殊乘客》	略读提示:认真默读课文,想想主要讲了什么内容	
	动物类	《31.飞向蓝天的恐龙》	课后习题:恐龙飞向蓝天的演化过程是怎样的呢?我们根据课文想象一下,再用自己的话有条理地说一说	
		《13.白鹅》 《14.白公鹅》 《15.猫》 《16.母鸡》	用词语概括课文中动物的特点。发现各种动物的特点,概括主要特点,并在比较不同中,再次巩固课文的主要内容	
	写景	《2.雅鲁藏布大峡谷》	略读提示:认真默读课文,想象描写的景象再用自己的话向别人介绍你所知道的雅鲁藏布大峡谷。能复述写景类作品的大意,与他人交流自己的阅读感受	

续表

年级	类型	篇 目	教学点	儿童文学经典作品推荐
四上	写景	《18.颐和园》	课后习题:作者是按怎样的顺序游览的,从课文的哪些语句中可以看出来 写景的文章是训练概括能力的好材料,因为每段都是围绕一处景点来写,很容易找到关键词,同时也能概括出课文大意	
	写事	《24.给予是快乐的》	略读提示:认真读一读,说说课文的主要内容	
		《27.乌塔》	略读提示:认真默读下面的课文,看看讲的是件什么事	
四下	写景类	《2.桂林山水》	这几篇写景的文章都是训练概括能力的好材料,因为每段都是围绕一处景点来写,很容易找到关键词,同时也能概括出课文大意	1.《希腊神话故事》 2.《儿童哲学智慧书(第一辑)》 3.《绘本聊斋》 4.《寄小读者》 5.《狼王梦》 6.《我要做好孩子》 7.《四弟的绿庄园》 8.《有老鼠牌铅笔吗?》 9.《最美的科普·四季时钟系列》 10.《101个神奇的实验》
		《3.记金华的双龙洞》		
		《4.七月的天山》		
	叙事类	《14.小英雄雨来》	列小标题也是概括方法的一种,而这几篇文章正好有几个并列的小故事,可以训练列小标题的能力	
		《19.生命 生命》		
		《30.文成公主进藏》		
	故事类	《29.寓言两则》	这个单元主要训练如何把故事复述给大家听	
		《31.普罗米修斯》		
		《32.渔夫的故事》		

三、第三学段

在第二学段的基础上,第三学段的阅读概括训练对能力的要求又进一步提高,主要包含对文章内容、主旨和写作方法的概括训练。

年级	类型	篇 目	教学点	儿童文学经典作品推荐
五上	叙事类	《1.窃读记》 《2.小苗与大树的对话》 《3.走遍天下书为侣》 《4.我的"长生果"》	单元导语:学习这组关于读书的课文,要把握主要内容,体会作者的思想感情;还要围绕"我爱读书"这个专题进行综合性学习,体会读书的乐趣,并学习一些读书的方法	1.《西游记》 2.《城南旧事》 3.《草房子》 4.《我的妈妈是精灵》 5.《夏洛的网》 6.《科学家故事100个》 7.《我们的母亲叫中国》 8.《老子说　庄子说》 9.《世纪三国》 10.《中国孩子的梦》
	故事类	《13.钓鱼的启示》 《14.通往广场的路不止一条》 《15.落花生》 《16.珍珠鸟》	单元导语:学习本组课文,要把握课文的主要内容,领会作者从生活中得到了哪些启示;抓住关键词句,体会这些词句的含义及表达效果	
	叙事类	《17.地震中的父与子》 《18.慈母情深》 《19."精彩极了"和"糟糕透了"》 《20.学会看病》	单元导语:认真阅读课文,把握主要内容,想一想作者是怎样通过外貌、语言和动作的描写表现父母之爱的。这个单元训练把握课文主要内容,了解事件梗概,简单描述自己印象最深的场景、人物、细节,说出自己的感受	
五下	写景类	《1.草原》 《2.丝绸之路》	走进西部,感受那里的神奇风光	1.《狼獾河》 2.《铁丝网上的小花》 3.《鲁滨孙漂流记》 4.《汤姆·索亚历险记》 5.《福尔摩斯探案全集》 6.《小王子》 7.《永远讲不完的故事》 8.《哈利·波特与魔法石》 9.《不老泉》 10.《牧羊少年奇幻之旅》
	回忆类	《6.冬阳·童年·骆驼队》 《7.祖父的园子》	感受童年生活的情趣,抓住典型事例进行概括	
	故事类	《11.晏子使楚》 《18.将相和》 《19.草船借箭》 《20.景阳冈》	故事情节性较强,明白事情的前因后果,大意就显而易见了	
	写人类	《23.刷子李》 《22.人物描写一组》 《24.金钱的魔力》	写人的文章要抓住其特征来体会人物的内在精神	

续表

年级	类型	篇目	教学点	儿童文学经典作品推荐
六上	写景类	《1.山中访友》	体会作者是怎样细心观察大自然的,有哪些独特的感受	1.《飞向人马座》 2.《潘家铮院士科幻作品》 3.《安德的游戏》 4.《森林报》 5.《万物简史(少儿版)》 6.《科学家工作大揭秘》 7.《我们的母亲叫中国》 8.《老子说 庄子说》 9.《世纪三国》 10.《中国孩子的梦》
		《3.草虫的村落》		
		《4.索溪峪的"野"》		
	写人类	《5.詹天佑》	通过人物的典型事例,来感受中华儿女的爱国情怀	
		《6.怀念母亲》		
	专题类	《17.少年闰土》	认识、了解鲁迅,感受鲁迅先生的崇高精神	
		《18.我的伯父鲁迅先生》		
		《19.一面》		
	写物类	《21.老人与海鸥》	动物也有自己的爱憎,了解作者是如何把人与动物的感情写真实、写具体的	
		《23.最后一头战象》		

第四节 概括策略的教学实践

一、概括文章主要内容

(一)概括文章主要内容的基本要求

概括文章主要内容是提高概括能力的重要途径。主要内容是一篇文章的浓缩,我们在阅读文章时,抓住主要内容,才能知道文章究竟在讲什么。"准确""简洁"是概括文章主要内容的基本要求。

(二)概括文章主要内容方法举要

如何帮助学生准确、简洁、快速地概括出文章主要内容?在教学实践中,我们进行了以下的尝试,下面结合实例加以说明。

1. 抓住关键句,概括文章主要内容

在每篇课文中,作者为了表达中心意思往往会使用一些关键句,以突出表现文章的内涵。这些关键句,或揭示了文章的中心,或抒发了作者的情感,或概括了文章的内容,或暗示了文章的思路,我们可以抓住这些关键词句来概括文章的主要内容。首先,我们要筛选出语段中的关键句,有的语段中有或总领或总结的概括性中心句,有的语段中会有针对核心话题的核心陈述句,摘录出关键句后,再提取关键词,然后将这些关键词句进行整合并加以完善,就能快速准确地概括出文章的主要内容,这就是"句子摘录法"。下面以六年级的部分课文为例,谈谈具体的操作方法。

文　章	关键句	关键词	主要内容
《索溪峪的"野"》	山是野的。 水是野的。 山上的野物当然更是"野"性十足了。 在这样的山水间行走,我们也渐渐变得"野"了起来。	山野 水野 动物野 游客野	文章描绘了索溪峪山野、水野、动物野,连游客也变"野"的独特景象
《詹天佑》	詹天佑是我国杰出的爱国工程师。 詹天佑不怕困难,也不怕嘲笑,毅然接受了任务,马上开始勘测线路。 铁路要经过很多高山,不得不开凿隧道,其中居庸关和八达岭两条隧道的工程最艰巨。 詹天佑顺着山势,设计了一种"人"字形线路。 京张铁路不满四年就全线竣工了,比计划提早两年。	杰出爱国 嘲笑 接受任务 勘测线路 开凿隧道 设计"人"字形线路 竣工　提早两年	詹天佑是我国杰出的爱国工程师,面对帝国主义的嘲笑,他毅然接受任务,开始勘测线路。他创造性地开凿隧道、设计"人"字形线路,使京张铁路不满四年就全线竣工了,比计划提早了两年
《只有一个地球》	但是,同茫茫宇宙相比,地球是渺小的。 地球所拥有的自然资源也是有限的。 我们要精心地保护地球,保护地球的生态环境。	渺小 有限 精心　保护	地球是渺小的,她拥有的资源是有限的,我们要精心地保护地球,保护地球的生态环境
《怀念母亲》	我一生有两个母亲,一个是生我的母亲,一个是我的祖国母亲。 我对这两个母亲怀着同样崇高的敬意和同样真挚的爱慕。 对这两位母亲的怀念,一直伴随我度过了在欧洲的十一年。		文章讲述了作者对亲生母亲和祖国母亲有着同样崇高的敬意和同样真挚的爱慕,充分表达了作者对两位母亲的怀念

句子摘录法的核心是寻找关键句,其实,我们可以根据文章的结构层次或结构特点快速找到,并列式语段的关键词句常散落在各层次中,递进式语段的关键词句常出现在最后层次中,转折式语段的关键词句常出现在转折句中,总分式语段的关键词句常散布在总说句中,具体请见下表:

学会摘录关键词句

典型段落	结构特点	重点句位置
总分段式	总 — 分	段首
	分 — 总	段尾
	总 — 分 — 总	段首和段尾
并列段式	层与层之间并列	段首和中间
因果段式	因 — 果	段尾
	果 — 因	段首
	果 — 因 — 果	段首和段尾

2. 抓住段意，概括文章主要内容

很多文章没有典型段落，也没有关键语句，这时我们就要引导学生先提取关键词，再归纳出段落大意，最后合并概括出文章的主要内容，这就是我们最为常用的"段意合并法"。

段意合并法

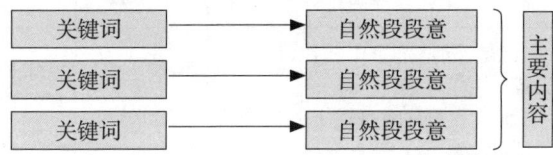

抓住段意概括文章主要内容最关键的就是提取关键词，以《少年闰土》中的看瓜刺猹片段为例，可以这样指导学生提取关键词——

看瓜刺猹

闰土又对我说："现在太冷，你夏天到我们这里来。我们日里到海边捡贝壳去，红的绿的都有，鬼见怕也有，观音手也有。晚上我和爹管西瓜去，你也去。"

"管贼吗？"

"不是。走路的人口渴了摘一个瓜吃，我们这里是不算偷的。要管的是獾猪，刺猬，猹。月亮地下，你听，啦啦地响了，猹在咬瓜了。你便捏了胡叉，轻轻地走去……"

我那时并不知道这所谓猹的是怎么一件东西——便是现在也不知道——只是无端地觉得状如小狗而很凶猛。

"它不咬人吗？"

"有胡叉呢。走到了，看见猹了，你便刺。这畜生很伶俐，倒向你奔来，反从胯下窜了。它的皮毛是油一般的滑……"

直画法　　　跳画法　　　概括法

师:这部分中,闰土对"我"说了什么事?

生1:闰土对"我"说了管西瓜的事。(师用直圈法圈出关键词)

生2:闰土在管西瓜,还经历了一件有趣的事——刺猹。(师用跳圈法圈出关键词)

师:其实管西瓜就是看瓜,刺猹调换顺序,我们就可以用四个字的小标题来概括这几段话的段意。

生:看瓜刺猹。

师:同学们真能干,长长的一段话中通过找出关键词,再对这些关键词稍加修改,就是这段话的段意。现在请同学们再次默读课文第4~15自然段,用四字小标题概括一下,闰土还告诉我哪些事?

生1:雪地捕鸟。

生2:海边拾贝。

生3:看跳鱼儿。

(师随机板书)

师:看来同学们已经掌握这种方法了,我们只要将概括出来的段意合并起来,就是这篇课文的主要内容了。

生:课文主要写了"我"回忆少年闰土对我讲雪地捕鸟、海边拾贝、看瓜刺猹和看跳鱼儿的事。

师:刚才我们用的先通过找关键词概括出段意,再把这些段意合并起来概括主要内容的方法,就是段意合并法。

像这样可以用"直圈法、跳圈法、概括法"提取关键词概括出小标题的文章还有很多很多,如:

文　章	小标题概括段意
《草虫的村落》	游侠归来　村落街巷　甲虫演奏　村民劳作
《我的伯父鲁迅先生》	谈《水浒传》　谈"碰壁"　救助车夫　关心女佣
《最后一头战象》	英雄垂暮　重披战甲　凭吊战场　庄严归去

用"段意合并法"概括时还要注意筛选，我们要选取主要的，舍掉次要的，合并时对各段的大意做适当的修改，加以完善，使之完整简洁，这样就能概括出文章的主要内容。

3. 抓住要素，概括文章主要内容

写人、写事的文章通常都具备时间、地点、人物、事件起因、经过、结果六大基本要素，抓住这些要素就已经提取了一些关键词。因此，概括这类文章的主要内容时，我们只要把这几个要素弄清了，用词语串连起来，就是这篇文章的主要内容，这就是"要素串联法"。

请看四年级下册《普罗米修斯》的教学片段：

（在学生自读课文后，出示文中几个神的名字：普罗米修斯、太阳神阿波罗、众神之王宙斯、大力神赫拉克勒斯，请学生正确朗读）

师：普罗米修斯和众神发生了一件什么事？（投影出示人物关系示意图）

生1：（比较流畅地）普罗米修斯从太阳神阿波罗那里拿取了火种，众神之王宙斯得知后，把他锁在高加索山上，让他遭受风吹雨淋的痛苦，并派鹫鹰啄食他的肝脏，但普罗米修斯并不向宙斯屈服。后来大力神赫拉克勒斯救了普罗米修斯。

师：（赞赏地）把普罗米修斯拿取火种的原因说进去就更完整了。

生2：（自信地）普罗米修斯看到人类没有火的悲惨情景，从太阳神阿波罗那里拿取了火种，众神之王宙斯得知后，把他锁在高加索山上，让他遭受风吹雨淋的痛苦，并派鹫鹰啄食他的肝脏，但普罗米修斯并不屈服。后来大力神赫拉克勒斯救了普罗米修斯。

师：在讲述事情内容时，我们可以把不重要的信息简单地说，那样可以让语言更简洁。你能根据老师的提示更简洁地说吗？（在人物关系示意图的箭头旁补上关键词：惩罚）

生3：普罗米修斯看到人类没有火的悲惨情景，从太阳神阿波罗那里拿取了火种。众神之王宙斯得知后，给了他最严厉的惩罚，但普罗米修斯并不屈服。后来大力神赫拉克勒斯救了普罗米修斯。

4. 抓住课题,概括文章主要内容

题目是文章的眼睛,透过题目我们往往能捕捉到很多课文的信息,而且不少课文的题目就是文章内容的高度概括,学会分析课题,也就悟到了"概括"与"具体"之间的关系。有的课题提示了主要人物,有的提示了主要事件,有的提示了主要对象,归纳这类文章的主要内容时,我们就可以借助课题。概括时,首先要引导学生抓住课题、围绕课题进行提问,第二步选取课题中缺少的那几个元素的关键问题,第三步在课文中找到这些关键问题的答案,最后将课题加以完善补充完整,这就是我们常说的"课题扩充法"。

下面以五年级下册《草船借箭》的教学片段为例作具体说明。

师:读了课题,你有什么疑问吗?
生1:谁向谁借箭?
生2:为什么要借箭?
生3:结果怎么样?
师:谁能解答这些问题?
生:课文讲的是诸葛亮向曹操借箭,原因是周瑜妒忌诸葛亮,要求他十天之内赶造十万支箭,结果诸葛亮借到了箭,周瑜自叹不如。
师:看来你预习得很认真。把刚才这些问题的答案连起来,就是这篇课文的主要内容了,谁愿意来试一试?
生:周瑜妒忌诸葛亮,要求他十天之内赶造十万支箭。诸葛亮利用草船向曹操"借"来了十万支箭。周瑜自叹不如。
师:刚才我们先对课题提问,再将答案扩充到题目中概括课文主要内容,这种方法叫作课题扩充法。

不同的文章,课题扩充法扩充的内容是不一样的,需要注意,记事类

文章需要扩充完整的时间、地点、主要人物,写景类文章需要扩充主要景物及其特点,写人类的课文则需要扩充主要人物和主要事件。

5. 抓住问题,概括文章主要内容

有些文章的课后题与导读提示中的问题很有特点,如果我们抓住这些主要问题,再以简洁的语言逐一做出回答,最后把答案整理概括起来,就是文章的主要内容,这就是"问题整理法"。如:

文　章	课后题
《山中访友》	说说作者在山中都拜访了哪些"朋友"?
《草虫的村落》	想一想随着作者的目光,你在"草虫的村落"看到些什么,印象最深的有哪些。
《只有一个地球》	课文写了关于地球的哪几个方面的内容
《少年闰土》	课文记叙了"我"和闰土的哪几件事
《我的伯父鲁迅先生》	说说第一部分和其他部分的联系,试着给每一部分加个小标题
《月光曲》	想一想贝多芬为什么要弹琴给盲姑娘兄妹听;为什么弹完一曲,又弹一曲
……	……

文　章	导读提示
《青山不老》	默读课文,想一想这位老人创造了怎样的奇迹,这一奇迹是在什么样的情况下创造的
《一面》	下面这篇课文是一位青年工人对鲁迅的回忆,认真阅读课文,说说课文讲了一件什么事
《跑进家来的松鼠》	读读下面的课文,说说松鼠在"我"家做了哪些事
《金色的脚印》	用比较快的速度阅读下面的课文,说说老狐狸为了救小狐狸都做了些什么。它们和正太郎之间的关系发生了怎样的变化
《蒙娜丽莎之约》	下面这篇文章讲的是有关达·芬奇的名画《蒙娜丽莎》的事。阅读课文,说说你从哪些描写中看出了这幅世界名画的魅力
……	……

当然,概括文章主要内容的方法还有很多,不论运用哪种方法,我们都必须认真阅读文章、分析理解。按先提取关键词句,再概括段落大意,

最后准确简洁地概括文章的主要内容这样三个步骤进行。同一篇文章所用的方法也是多样的,有时一种,有时几种交织在一起,各种方法并不是孤立的,而要互相结合,举一反三,灵活运用,这样才能使文章主要内容的概括更容易、更准确。

二、概括段意方法举要

(一)摘句法(抓住段的中心句归纳段意)

把能概括全段内容的句子摘下来,作为段落大意。这种方法,适用于有中心句的段落。

中心句在文章的开头叫总起句,在结尾叫总结句。有的中心句则在段落的中间,通过人物的对话或作者的议论、抒情等方式表达出来。具有承上启下作用的是过渡句,承上句是上段的段意,启下句为下一段的段意。例如,《赵州桥》中的过渡句"这座桥不但坚固,而且美观"这句话承上启下,概括了上下两段的大意。

课例:四年级上册《猫》教学片段

师:课文主要写了哪两种猫?

(随机板书:大、小)

师:给课文分段,大家认为可以怎么分?

生交流,作"‖"记号。

【设计意图:为后面学习概括段意做准备。】

师:第一段讲了什么?

生:大猫古怪。

师:你能在课文中找出相同意思的一句话来概括吗?这一句在第一段中是什么句?(总起句)

【设计意图:学会用总起句来概括段落大意。】

师:第二段又讲了什么?

生:小猫淘气。

师:你能在课文中找出相同意思的一句话来概括吗?

—— 也画出总起句,说一遍段意。

师:请用画出来的两句话,说说课文主要写了什么。

……

(二)串连法(串连层意、节意、关键词,抓住自然段的意思进行综合概括)

该种方法适用于逻辑段中无重点段,各叙述层次地位相当时概括段意使用,可抓住一段中的几个要点,把它们串连起来。

1. 一个段落只由一个自然段组成,先看看有几句话并了解每句话的意思,接着找出每句话中的重点词或中心词语,然后把这些词语连起来,组成一句通顺的话。

2. 一个段落由几个自然段组成,首先概括出各个自然段的意思,然后把这些自然段的意思综合起来,最后用一句简洁的话归纳出段落大意。

如三年级下册《太阳》(说明文)第一段中分别写了太阳远、大、热三个特点,所以段意可串连为:太阳离我们很远,它很大、很热。

师:请3位同学分节读第1~3节,其他同学想想太阳有哪些特点。

生交流后板书:

特点(远、大、热)

师:请连起来概括说一说这一部分讲了什么。

【设计意图:学会把段落中各部分内容串联起来概括的方法。】

师:请大家自由朗读,找出有关描写的语句,体会文章是如何把太阳的这些特点写具体、写生动的,同桌讨论。

……

(三）根据文章中心取主舍次法

无论是一篇文章还是一段话,都有主要内容和次要内容。在一个由几个自然段组成的段落里,与段的中心联系密切的详写的自然段,就是重点自然段。归纳段意时,就可以以重点自然段的意思为段意。要注意选准角度,语言要明确、完整、简洁。为了做到这点,可用"去旁枝、抓主干"的方法进行归纳。如人教版四下《小英雄雨来》第一大段有两层意思:雨来生活的环境和雨来的游泳本领高。第二层是主要的,可以作为全段的大意。

课例:四年级下册《普罗米修斯》教学片段

师:请默读课文,想想课文中讲述了普罗米修斯干了一件什么事。

（生回答）

师:可以怎样说得更好?

生:还可以再简洁些。

师:哪些地方可以再简洁些?

生:跟课文内容紧密相关的。

师:真能干,请大家注意概括课文内容,"抓主去次",这样可以使语言更为简洁。

生:普罗米修斯为人类盗取了火种。

【设计意图:适时引导学生了解"抓主去次"的概括策略,意在授之以渔,指导学生提升概括能力。】

师:哪些内容可以不必说?

生:普罗米修斯所受到的惩罚不用具体说出来,只概括为:宙斯知道后,用残忍的手段严厉地惩罚了普罗米修斯。

【设计意图:用具体的事例诠释如何"抓主去次",有助于学生进一步理解这一概括策略。】

师:故事最后的结果呢?（大力神赫拉克勒斯救了普罗米修斯。）

师:把这三部分连起来就是这篇课文的主要内容了。就请大家简洁概括这篇课文讲述了一个怎样的故事。

(生自己先练习一下,再指名生说。)

【设计意图:先一步一步分解,再要求学生串联各部分内容,这样学生对各种概括策略就有了更直观的理解。】

人教版五年级下册
"关于雾霾天气危害性"的研究教学设计

（宁波市江东实验小学　吴晓丹）

【教学目标】

1. 初步学会通过分析、归纳、筛选等步骤整理、概括非连续性文本信息。

2. 初步了解撰写研究报告的方法。

【教学过程】

（一）雾霾漫画导入，明确目标

1. （出示漫画）上课之前，先请同学们看幅画。了解雾霾吗？（PPT解释雾霾：所谓雾霾，是雾和霾的组合。由于空气质量的恶化，霾与雾结合在一起，让天空瞬间变得灰蒙蒙的。其中，霾中含有细颗粒物，即PM2.5，富含大量有毒物质。）

2. 你看懂图画了吗？谁愿意来说说？（指二生）

（漫画也是一种非连续性文本，通过初步浏览，激发学生的兴趣，并为下面的提问采取什么措施做好铺垫。）

3. 雾霾真有这么可怕吗？对我们人类到底有什么危害呢？（PPT：危害？）为了研究这个问题，老师上网进行了搜索。当我打进"雾霾"两个字时，一下子傻眼了。各种各样的资料都涌现在我的眼前，这么多的资料怎么才能找到跟它（手指板书"雾霾危害"）有关的信息呢？同学们，一起来帮忙整理一下相关的信息，好吗？（板书：整理信息）

4. 你们都是乐于助人的好孩子！先看第一份资料（出示PPT），我进入了一个论坛，发现里面有人发了个关于"雾霾"的帖子，请同学们认真阅读这个帖子，找找雾霾的危害，用横线画出来。开始！

（二）阅读第一份信息资料，指导方法

1. 阅读资料1（论坛里有关"雾霾"的帖子）。（PPT）

2. 反馈。在这个帖子里，你都画出了雾霾的哪些危害？（根据学生的反馈在帖子上标红：(1) 傍晚开始，雾霾越来越严重了，现在外面能见度不到50米了，高速公路封道！(2) 我看不到对面的楼。(3) 能见度太低，飞机航班延误。(4) 能见度低，导致学生看不清路，明天停课一天！

3. 现在，我把大家找到的信息放在一起，你发现了什么？（指一生，发现都有"能见度很低"）

4. 师点评：如果资料中出现相同意思的部分，我们要学会分析、归类。（板书：归类）

5. "能见度低"和我们今天要研究的雾霾的危害有关系吗？

预设一：学生直接回答高速公路封道、飞机延误、学校停课等。

6. 说到学校停课，大家再看看，你还有什么发现？（再次出示论坛的PPT，论坛资料里雾霾天气小学生放假的信息）找来的资料，特别是网络上的信息有真有假，有的时候需要我们通过查阅更多的资料或者联系自己的生活实际去辨别筛选。（板书：筛选）

预设二：学生直接在回答雾霾危害的时候就说学校停课是假的。

7. 师：3楼的帖子大家漏了吧，这也是雾霾的危害啊！

生说理由。

8. 根据帖子里的内容，我们进行了归纳、筛选。现在能不能连起来概括地说说雾霾带来的危害？（板书：概括）

9. 整理我们需要的信息，相信现在大家有了一定的心得。让我们分头行动，每人从四人小组长处领取一张与自己编号相对应的资料，认真阅读，试着填填信息整理表吧！

(三) 小组合作阅读其他资料,学习和使用相关方法

1. 自主学习,时间5分钟。

2. 小组反馈。

按照编号顺序汇报。编号相同的同学起立,请一生汇报,其他同学认真听,如果答案相同就坐下。其他同学对照相应资料,注意认真倾听,也可以提出你的意见。

编号1的同学的资料(图表):

编号1的同学请起立。指一生说答案。诱发多种疾病,如哮喘、气管炎、脑溢血、高血压、结膜炎、咽炎等。师点评:语言概括简练!请你上台把你的答案写下来。

编号2的资料(文字):

编号2的同学请起立。指一生说答案。

预设一:所有同学答案统一,都是"在吸入人的呼吸道后对人体有害,严重会致死"。

师:我找来这么长一段资料,你们就只选择了第三点的这句话,其他的资料都没用吗?

(二生答)点评:活学活用,真不错。请把你的答案写在黑板上。

预设二:答案不一致。

师:答案不一样,你们更赞同哪个同学的答案?

点评:活学活用,真不错!请把你的答案写在黑板上。

编号3的资料(图表):(略)

编号3的同学请起立。指一生说答案。说理由。

编号4的资料(新闻,图配文):(略)

编号4的同学请起立。这份资料好像有点儿难。我请一个同学来读读这份资料。哦,跟我们小学生有关,不会也是条跟停课一样的假消息吧!指二生说理由。师点评:能搜集更多的信息来筛选、判断真假信息,真了不起。

从这份资料里,我没读出对我们有什么影响啊!编号4的同学,你们读出了吗?(影响小学生正常的室外文体活动)师:你是怎么想的?生答。有自己的想法,能够从文字的表面看到其中隐含的意思,很有分析头脑哦!(板书:分析)请你把答案写在黑板上。

(四)回顾小结

1. 回顾整理信息的方法。非常感谢大家,在这么短的时间里就帮我整理出了这么多有用的信息。我们来回顾一下,在整理信息时,我们有什么要注意的吗?(指三生)

2. 今天我们学习的本领,其实是为我们语文书里即将要学到的新的文体服务的。请大家翻到书本的125面,看看我们要学的是什么。(板书:研究报告)大家看看我们今天完成的整理信息是研究报告的哪个部分?研究报告还需要哪些部分?(板书:提出问题　研究结论)

3. 这些还需要我们在今后继续学习。好了,今天的课就上到这儿,下课!

板书设计

研究报告　　　　　　　　　　　　　　　　提出问题

信息来源	雾霾危害
网络	诱发多种疾病,如哮喘、气管炎、脑溢血、高血压、结膜炎、咽炎等。
	在吸入人的呼吸道后对人体有害,严重会致死。
	心脏病患者、肺病患者、儿童、老年人更容易受影响。
	影响学生正常的室外活动。

整理信息　　　　分析、归类、筛选、概括　　　　研究结论

第十一章
批注策略研究

第一节　批注策略概念阐释

课程改革以来,"自主""对话""感受、理解、欣赏、评价"在阅读教学中得到了教师普遍的重视,然而怎样让学生"自主",怎样使学生与文本产生真正意义上的"对话",怎样培养"感受、理解、欣赏、评价"的阅读能力,还没有得到应有的操作层面的重视。阅读教学过程中依然存在教师逐句逐段讲解分析,学生被动地听和记,没有时间进行自主读书思考、交流探究的现象。

《课标》指出,要使学生"具有独立阅读的能力""学会运用多种阅读方法"。阅读教学建议中提出,"阅读是学生个性化的行为,不应以教师的分析代替学生的阅读实践""阅读教学的重点是培养学生感受、理解、欣赏、评价的能力。"可见阅读的本质是个性化的,只有充分发挥学生的主体性,让学生直接面对文本,调动已有的知识经验,与文本展开对话,去感悟、理解,才能学会欣赏与评价。学生只有在积极的自主阅读和探究中,才能真正养成良好的阅读习惯,提高阅读能力。

阅读原理告诉我们,阅读是由阅读客体(文本)、阅读主体(阅读者)和阅读本体(读者阅读书本的实践活动)三者组成的。[1]当阅读主体与阅读客体之间不是通过阅读本体而是通过第三者的阅读实践(教师的阅读)来构成这个系统时,这种阅读的效果自然要大打折扣。如何构建学生与文本、与教材编者之间的直接对话从而搭建起基于"自己的阅读鉴赏心得"的交流平台并完成学生与教师、学生与学生之间的对话?学习

1　曾祥芹,韩雪屏. 阅读学原理[M]. 大象出版社,1992:第1版.

运用批注策略无疑是阅读教学中需要重视的一条途径。

一、批注策略的基本概念

批注策略是一种既传统又新鲜的阅读方法,是传统读书方法"不动笔墨不读书"的直接体现,与古之所谓"评点"一脉相承。

说它传统,是因为古已有之。"评点最初始于诗文,唐宋以后,出现小说评点,到了明代万历年间的李贽和叶昼,把评点变成了文学批评的独特形式,明末金圣叹进一步发扬光大。"[1] 张竹坡、金圣叹、李卓吾(即李贽)、毛纶和毛宗岗父子以及脂砚斋在明清时代大规模地评点小说,留下千古妙语,珠玑灿烂,魅力四射,以至于文坛上出现了无书不评的蔚然奇观。

在现当代,不少人也依旧喜欢使用这种阅读方法。毛泽东就是批注式阅读的典型代表,他特别强调"不动笔墨不读书",特别重视阅读过程中的批注。1988年中央文献出版社出版了《毛泽东哲学批注集》,收集了毛泽东在延安时期和新中国成立以后阅读哲学著作时写下的大量批注;2005年当代中国出版社出版了张贻玖著的《毛泽东读史》一书。介绍毛泽东读史时写下的大量批注,在讲解批注的过程中,介绍了毛泽东的读书生活、读史爱好及史学藏书等内容。

说它新鲜,是因为这种写于书眉页册、在只言片语中立论的传统阅读方法在20世纪的新文学借鉴西方的创作和评论之后,渐渐地被西方那种独立发表在报刊上的鸿篇大论式的评论方式所取代。近年来,已经有不少教师开始将批注式阅读引入阅读教学之中,如东北师范大学附中孙立权老师开展的"批注式阅读"课题研究就已取得了不错的成果。同时,一些教材编写者也开始有意识地为批注式阅读提供舞台。

在通读文献的基础上,根据各个年段课标中学生的阅读要求,借鉴国际学生评价项目PISA阅读测评——重点测试学生认知文本、解释文本、

---

[1] 高中语文读本·必修一[M].浙江文艺出版社,2007:89.

概括文本与评鉴文本的目标,我们将批注阅读策略概念定义为:运用简洁、精练的书面语言或以圈点、勾画的方式把自己的所感、所想、所思、所疑记录在书页的空白处,以帮助理解、深入思考的一种阅读策略。它重在让学生自己与文本充分对话,通过自主、合作、探究的阅读方式,完成课内外的阅读任务,具有极强的实践性。

二、批注的内涵及分类

批注是读者结合自身具体情况,对阅读材料加以综合分析,运用图文等形式表达自己阅读的感受、疑问、评价或收获的一种阅读策略。阅读教学中,我们要鼓励学生根据自己的知识背景和生活经验去理解、把握、鉴赏,通过表面文字,去深入探究文章内部蕴含的意义,并用文字表述出来。在具体的阅读过程中,批注的形式应该是灵活多样的,内容应该是丰富多彩的。可以从位置、形式、内容、时间安排四方面进行分类。

(一)批注有不同的位置

批注的位置不同,名称也不同。批注的位置灵活,可随意在文本的空白处批注,也可以在相应的有感触的语段位置批注,无论在哪个位置作批注,都体现了批注的自由性。在空白处批注,主要是感触较多,较笼统的具体而全局性的感触,在相应语段词句处批注则更具针对性,对语言的简洁程度要求较高。我们可以通过一个思维导图来看不同位置的批注及要求。

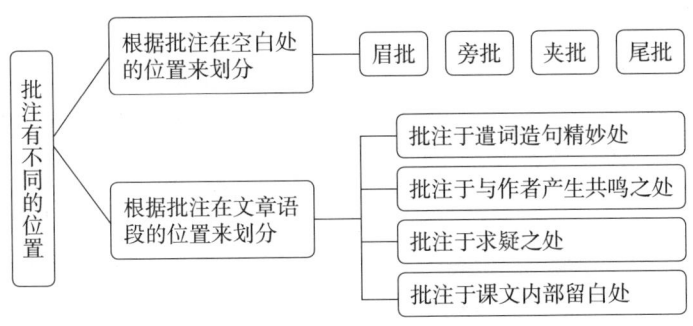

（二）批注有不同的形式

批注的形式多样且丰富，依据批注形式的不同，可分为符号批注、文字批注、纲要批注三类。这三种类型的批注由易到难、由基本到复杂、由相对随意到相对固定，层层深入，层层推进。它反映着读者的文化层次，也反映着读者阅读时的态度与习惯，更反映着读者对文本的理解与把握程度。

其一：符号批注

对文中用得准确而又精彩的字词句及重点、难点之处，随手做一些符号，如圈、杠、点等，这种符号在批注的初始阶段使用较多。第一学段学生用得较多，通过圈画留下分析思考、情感领悟、质疑迷惑的痕迹，让阅读思考信息得以保留。不过，符号批注，虽然简单明了，但应形成相对稳定的格式与符号，这更利于阅读。

其二：文字批注

文字批注是最普遍的阅读批注的方式。这种批注方式具有内容具体、表达明确的特点。具体来说，是在阅读文本时，把自己对文本内容的感受、理解、领悟、启发等用文字的形式表现出来。文字批注能帮助学生培养语文阅读习惯，提高语文能力。学生在与文本对话的过程中，随着阅读的不断深入，会对文本产生共鸣，学生或欣赏点睛之笔，或感慨文采之美，或惊叹构思之妙，或沉思美文佳作。由此，于共鸣之处，或质疑之时，记下自己的感悟体会，这样，学生不但加深了对文本的理解，更养成了读思写的好习惯。

其三：思维导图批注

思维导图批注是一种训练逻辑思维的方式。把学习内容，经过分析、归纳、整合，提纲挈领地用图解的形式和网状的结构，加上关键词和关键图像，储存、组织和优化信息（通常在纸上），揭示其内在联系，使复杂凌乱的内容简单化、明了化，这也是对学生抽象思维的锻炼，有助于学生提高对文本的概括、整理、创新的能力。

（三）批注有不同的内容

批注的内容丰富，按照批注的内容不同，批注可分为四类，即识记批注、质疑批注、感悟批注、评价批注。识记批注是最简单、最基础的批注，它对学生的要求最低。质疑批注比识记批注层次高，是伴随着思考而产生的。感悟批注是在对文本深入了解的同时，有感而发，有情而宣而成。评价批注是在感悟的基础上，对文本内容、人物形象、作者观点等方面，结合自身感受，作出的评价，可以是客观的，可以是主观的。批注的这四个类型对应了国际学生评价项目PISA阅读测评四个层级的阅读能力。

1. 识记批注

识记批注是最基本的，也是最简单的批注。它是对文本批注的一个最常规的要求。主要在识记字词方面，如，注音、释义等等。这个主要是对低年级的学生而言的，同样，这一批注方式也贯穿着整个学段。学生面对不认识的字词，总会有意识地去查找资料，注音、注释，以帮助理解文本，从而扫清阅读障碍。

2. 质疑批注

在阅读文本时，遇到阅读障碍而产生了困惑与疑点，生发点既可以是文本的晦涩处，也可以是阅读中联想到的其他相关的问题。学生带着这些困惑与疑点去阅读、去思考，能更容易走进文本，与文本、作者进行深入的对话。采用质疑式批注可以培养学生的探究意识，使他们养成边读边思的好习惯。学生针对这些问题，有目的、有意识地去听课，也可提高学习效率，避免分散注意力。

3. 感悟批注

感悟批注是阅读过程中受到启发、得到启迪而抒发的感悟。学生一边读书一边思考，并随手写下感悟，这个好习惯长期坚持下去的话，在所感所悟的同时，能更加深入地理解文本，体会作者在字里行间融入的感情，还能提高对文本的敏感性，从而养成阅读敏感，在理解作者情感的同时，树立正确的价值观、人生观。而且，这种批注，已经超越了文字表面的意义，可以获得更为深层的感悟内容,这样,对文本的理解会更加透彻清晰。

4. 评价批注

评价是一种主观体验,本质上是一个判断的处理过程。"在阅读教学中,提高学生的欣赏能力,需要学生驱遣想象力,调动情感,对文章不仅分析研究,而且需要综合感受,不仅要理解地了解,还要亲切地体会,做到真正领略文章的细微曲折之处,窥见作者的思想感情,进入阅读境界,使读者与作者产生共鸣"。[1]

评价批注可以极大地调动学生的阅读积极性,因为有了评价别人的"权利"。评价书本与作者,这不但是对学生的知识与思考的信任,也是对学生人格的一种尊重。为了能够评价别人,他们会积极参与到文本之中,自觉深入理解文本,使他们不但由批注回归文本,还能在思与评的撞击中产生自己的真知灼见,感受阅读与批注的乐趣。

(四)批注有不同的阶段

批注按照课堂阶段不同,也分为不同的批注,如课前的预习批注、课中的启发批注,以及课后的拓展延伸批注。这三个不同课堂阶段的批注对进行批注式阅读教学的作用是不同的。课前的预习批注是为进行课中批注而做的基本准备,课后的拓展延伸批注是为了巩固并提高课中的批注教学效果而延伸的。所以,在这三个阶段中,课中的启发批注最为重要与关键。

阶段一:课前预习批注

每位教师在授新课前,都会要求学生预习新课,甚至使其形成一种习惯。因为学生初次接触新课,疏通字词、发现疑问、提出问题,这个阶段,他们的想法、疑问较多,无论是文章内容,还是遣词造句,还是思想感情,人物形象等,都有可能成为学生感兴趣的方面。此时,让学生自由批注,

---

1 傅旭英.腹有诗书气自华——谈随文练笔的有机整合[J].作文教学研究,2007(04):61.

就是给了学生自由阅读、自由表达感受的机会。教师通过批注这种个性化的学习方式,可以获得预习的反馈信息,抓住学生预习中对文本解读的共性之处,及时调整原有的教学方案,以学定教,提高教学效率。

阶段二:课中启发批注

"教学中要引导学生围绕教师设计的专题或学生感兴趣的热点、疑点、难点,进行深入的研究和探索"[1],通过思考,学生对文章主旨了然于心,真实而丰满的人物形象跃然纸上,阅读效果就比较理想了。随后,在课堂上师生交流讨论这些批注,这既是检验学习成果、分享思想的过程,也是思维碰撞、产生新想法的过程。教师要为学生提供听说读写实践的机会,让学生不仅仅有文字批注,还能把这些思想的结晶——批注与大家分享,这也是锻炼学生口语表达能力的一种有效方式。

阶段三:课后延伸批注

课后的拓展延伸批注是一种既可横向,亦可纵向的拓展深化批注,既可以对原有的批注进行补充、巩固和提高,也可以检查阅读效果。另外,顺着作者的思路,采用作者的写法,为文本的空白处作联想式补充,也可针对文本中某些精彩片段、写作技巧等做仿写,这样能活跃学生的思维,打开学生的思路,同时,还可以使学生掌握写作手法,提高写作能力。

"阅读是学生的个性化行为,不应以教师的分析来代替学生的阅读实践。应让学生在主动积极的思维和情感活动中,加深理解和体验,有所感悟和思考,受到情感熏陶,获得思想启迪,享受审美乐趣。要珍视学生独特的感受、体验和理解"。《课标》通过这样的文字提醒每一个教育工作者关心学生自主学习的需要。作为一种传统的语文学习方式,批注策略顺应了这一要求,体现了"还话语权给学生"的重要原则。如果我们能时时关注批注策略的实效,更扎实有效地指导学生静心阅读,用心批注,开心分享,潜心修改,批注阅读必然会绽放出更加绚丽的花朵。

---

1 司正权,黄玲.中学语文批注式阅读教学探析[J].文理导航,2011(07):35.

第二节　批注策略的教学目标

一、小学阶段批注策略教学总目标

批注策略的目标要服从阅读教学的总目标。

《义务教育语文课程标准（2011版）》中阅读教学的总目标是：具有独立阅读的能力，学会运用多种阅读方法。有较为丰富的积累和良好的语感，注重情感体验，发展感受和理解的能力。能阅读日常的书报杂志，能初步鉴赏文学作品，丰富自己的精神世界。能借助工具书阅读浅易文言文。背诵优秀诗文240篇（段）。九年课外阅读总量应在400万字以上。

在语文教学实践研究中，我们发现在阅读中进行批注不仅是学生在自主状态下合作探究的学习过程，更是潜心与作者进行创造性对话的过程，批注应成为一种人人必备的阅读习惯和阅读能力。基于此，我们将批注策略的教学总目标定为：依据各学段特点，掌握多种批注方法主动阅读，培养"不动笔墨不读书"的习惯，增强阅读的深度，扩展阅读的广度，促进独立思考、合作交流、自我发展学习能力的提升，为终身学习与发展奠定良好基础。

二、小学各学段批注策略教学目标

《课标》中明确指出：阅读教学是学生、教师、文本之间的对话过程。学生在主动积极的思维和情感活动中，加深理解和体验，有所感悟和思考，是任何教师的分析都代替不了的阅读实践。

如美国教育部正在推动统一的国家课程标准，其中语文K-12标准的"关键设计注意事项"中提出了"年级段现实发展"的理念。美国同行通过大量研究,发现对于低年级以上的学生,其读写技能通常呈现出跨年级式发展的特点。所以,他们对学生读写技能的要求是每年必须达到一定目标,这也正是我们《义务教育语文课程标准(2011版)》设计的思路之一。《义务教育语文课程标准(2011版)》小学阶段按1—2年级、3—4年级、5—6年级三个学段,分别提出"学段目标与内容"。各个学段相互联系、螺旋上升,最终全面达成总目标。

基于此,批注式阅读教学策略的教学目标设置应该以学生为中心,根据各学段学生的特点,来制订教学目标,从而促进学生的全程发展、全面发展。

(一)第一学段批注策略的教学目标

第一学段(1~2年级)是小学生学习阅读的起始阶段,也是学习阅读的基础阶段。这个阶段的阅读教学,对学生兴趣的提高、朗读技能的获得、理解字词句能力的形成和良好阅读习惯的培养有着举足轻重的作用。根据低年级学生的认知特点,教师要进行一些具体的、简单的、最基本的批注方法的指导。因此,这一学段批注策略的教学目标可以确定为:

1. 认识并规范基本的批注符号,了解其基本用法并尝试运用到文本阅读当中。如:在对生字词进行批注时,用圆圈圈出课后要求会写的,用直线画出要求会认的生字词,遇到不理解的生字词可以在旁边注明问号等;在对句子进行批注时,用波浪线画出描写生动的句子等;在对段落进行批注时,用带圆圈的阿拉伯数字标出自然段序号,用缩小的阿拉伯数字标出段落中句子的数量。

2. 借助教材中的学习伙伴提示语,初步认识"联想法""对话法"等批注方法,能尝试用比较完整、流畅的语句来表达自己的感受和想法。

(二)第二学段批注策略的教学目标

第二学段(3~4年级)是第一学段阅读教学的巩固与发展,同时又是第三学段阅读教学的基础,它起着承上启下的作用。这一学段的学生有了一定的阅读体验,在进行这一学段的阅读教学时,他们已经能够结合自己的理解和体验,对文本进行个性化的解读。根据中年级学生的认知特点,第二学段批注策略的教学目标可以确定为:

1. 学会运用基本的批注符号,针对文本内容做简单的文字批注,能写一两个词语或短句来表达自己的阅读感受,即简单的感受批注。

2. 养成随文阅读作批注的习惯,能在不理解的词语旁打问号,能对课文中不理解的地方提出疑问,即质疑批注。

3. 关心作品中人物的命运和喜怒哀乐,学会用"对话法"与文本中的人物进行交流,用"补白法"想象人物心理活动或续编故事内容。

(三)第三学段批注策略的教学目标

第三学段是学生阅读知识和方法的巩固期,也是进一步提升阅读水平的时期。这一学段的学生已经具备一定的阅读能力和审美标准,已经能够阅读一些具有深刻意义的名著类文本,他们在关注文本内容的同时,还会学习其中的一些写作方法。根据课程标准的要求和高年级学生的认知特点,第三学段批注策略的教学目标可以确定为:

1. 通过批注式阅读教学的实践,拓展学生的课外阅读量,把自主批注的能力运用到课外阅读中去,引导学生阅读经典名著。

2. 熟练运用批注符号,能联系生活实际或已有的经验,通过写长句或语段的方式来表达自己的阅读感受。

3. 能针对文章的主要内容、思想感情及重点词句等进行文字批注,逐步由内容理解过渡到对表达方法的理解、质疑、批判和赏析。

批注式阅读是一个动态的思维过程。在这一过程中,学生结合了自身的兴趣、爱好、特长等,主动应用已有的生活经验和生活储备,设身处地地与文本进行广泛的、深入的、全方位的直接对话,从各个层面对文本进行理解、感悟、阐释、发现和点评。当然,批注仅仅是有效的阅读、学习方式,而不是我们的目的,也不是唯一的方法。在教学中要避免为了批注而批注的现象,批注要因文而异、因学段而异。如果我们的学生都能"自能读书,不待老师讲;自能作文,不待老师改",那么,就达到了批注策略教学的理想境界。

第三节 批注策略的教学内容

批注阅读策略的教学,是将传统的批注引入语文的阅读教学中,学生在教师的指导下,运用简洁的书面语言和一些符号在文本上做注释、写感悟,为学生阅读文本留下认知与思考的痕迹,是学生主动学习的一种教学模式。这与《义务教育语文课程标准(2011版)》的理念不谋而合:"阅读是学生的个性化行为,不应以教师的分析来代替学生的阅读实践。阅读教学的重点是培养学生具有感受、理解、欣赏、评价的能力。"近年来,很多教师已注重批注策略在阅读教学中的具体应用。

与《课标》配套的语文教材中有许多学习运用批注阅读策略的内容,现结合这五种主要形式:质疑式批注、感悟式批注、归纳式批注、联想式批注、评价式批注,以人教版小学语文教材为主,介绍批注策略的教学内容。

一、质疑式批注

第一学段:借助以问题形式出现的"泡泡",让学生带着思考学习课文,同时在此基础上引导学生主动提出问题来学习,进而养成勤做质疑批注的意识和习惯。

年级	课 题	以问题形式出现的"泡泡"文
一下	《2.春雨的色彩》	春雨到底是什么颜色的呢?
	《5.看电视》	到底是什么秘密呢?
	《6.胖乎乎的小手》	兰兰长大以后,会帮家人做哪些事情呢?
	《11.美丽的小路》	这些垃圾到哪里去了呢?
	《29.手捧空花盆的孩子》	国王为什么要选雄日做继承人呢?
二上	《6.我选我》	为什么王宁的话刚说完,教室里就响起一片掌声?

续表

年级	课 题	以问题形式出现的"泡泡"文
二上	《26."红领巾"真好》	除了爱护小鸟,我们还应该爱护哪些小动物呢?
	《28.浅水洼里的小鱼》	看到小动物受伤了,你在乎吗?你会怎么做呢?
二下	《4.小鹿的玫瑰花》	为什么说小鹿的玫瑰花没有白栽呢?
	《5.泉水》	"天然水塔"指的是什么?
	《6.雷锋叔叔,你在哪里》	最后一句话是什么意思呢?
	《15.画风》	风,是怎么画出来的呢?
	《19.最大的"书"》	书,为什么要加引号呢?
	《20.要是你在野外迷了路》	雪化得快的那边是南面还是北面?这是为什么呢?
	《22.我为你骄傲》	老奶奶为什么要写"我为你骄傲"呢?
	《23.三个儿子》	老爷爷为什么说他只看见一个儿子?

第二学段:由原先的感知疑问、应答问题逐步转为鼓励、激发学生进行尝试性的质疑问难,学做简单批注。

年级	课 题	以问题形式出现的"泡泡文"或导语、课后练习
三上	《3.爬天都峰》	老爷爷和"我"爬上天都峰后,为什么要互相道谢呢?(课后练习)
	《5.灰雀》	列宁为什么不问男孩却问灰雀呢?
	《7.奇怪的大石头》	体会李四光是怎么提问的。(课后练习)
	《13.花钟》	为什么不同的植物开花的时间不同?(课后练习)
	《14.蜜蜂》	为什么"我"会这样推测呢?
	《19.赵州桥》	这句话这样写,好在哪儿呢?
	《22.富饶的西沙群岛》	为什么这样说呢?
	《27.陶罐和铁罐》	"奚落"是什么意思呢?
	《29.掌声》	英子为什么犹豫呢?
	《31.给予树》	为什么金吉娅沉默不语?
三下	《1.燕子》	为什么要用"五线谱"打比方呢?
	《3.荷花》	为什么说这一池荷花是"一大幅活的画"呢?(课后练习)
	《7.一个小村庄的故事》	小村庄发生了什么变化,为什么会发生这么大的变化?(课后练习)

续表

年级	课题	以问题形式出现的"泡泡文"或导语、课后练习
三下	《10. 惊弓之鸟》	真有这样奇怪的事情吗?
	《11. 画杨桃》	老师的神情为什么变得严肃了呢?
	《12. 想别人没想到的》	说说课文讲了一件什么事,小徒弟的画为什么能得到画师的称赞。(课文导语)
	《13. 和时间赛跑》	"我"为什么"着急""悲伤",又为什么"高兴""快乐"呢?
	《14. 检阅》	怎么谁都不愿意第一个开口呢? 观众为什么说"这个小伙子真棒""这些小伙子真棒"?(课后练习)
	《15. 争吵》	他们都说在外边等着对方,俩人想的一样吗?
	《17. 可贵的沉默》	为什么说孩子的这种沉默是可贵的?(课后练习)
	《23. 我家跨上了"信息高速路"》	为什么说地球变成了小村庄呢?
四上	《3. 鸟的天堂》	课文里五次提到鸟的天堂,为什么有的加了引号,有的没有加呢?(课后练习)
	《6. 爬山虎的脚》	爬山虎叶子的叶尖为什么一顺儿朝下?为什么"在墙上铺得那么均匀,没有重叠起来的"?(课后练习)
	《7. 蟋蟀的住宅》	"随遇而安"是什么意思呢? 它的住宅为什么可以算是"伟大的工程"?(课后练习)
	《15. 猫》	为什么说猫的性格古怪呢,我要好好体会体会。
	《17. 长城》	为什么说长城是世界历史上一个伟大的奇迹?(课后练习)
	《22. 跨越海峡的生命桥》	"生命桥"指的是什么呢? "同一时刻"是指什么时候?
	《25. 为中华之崛起而读书》	我也要好好想想"为什么而读书"这个问题。
	《29. 呼风唤雨的世纪》	"发现"与"发明"有什么区别呢?
	《31. 飞向蓝天的恐龙》	为什么说这是"点睛"之笔呢?
	《32. 飞船上的特殊乘客》	认真默读课文,想想主要讲了什么内容,把自己最感兴趣的和读不懂的地方画下来,和大家讨论、交流。(课文导语)
四下	《3. 记金华的双龙洞》	我知道为什么叫"双龙洞"了。
	《5. 中彩那天》	为什么说这个时候是我家最富有的时刻呢?
	《6. 万年牢》	课文中三处提到了"万年牢",这中间有什么联系呢?

续表

年级	课　题	以问题形式出现的"泡泡文"或导语、课后练习
四下	《7. 尊严》	我知道杰克逊大叔为什么要留下这个年轻人。课文的题目为什么叫做"尊严"？（课后练习）
	《9. 自然之道》	向导为什么这样说呢？
	《11. 蝙蝠和雷达》	是怎么配合的呢？
	《20. 花的勇气》	他为什么会从"失望""遗憾"到"惊奇""心头怦然一震"？（课文导语）
	《22. 牧场之国》	体会一下作者为什么四次讲到"这就是真正的荷兰"。（课文导语）
	《27. 鱼游到了纸上》	鱼"游到了纸上"与"游到了心里"之间有什么关系？（课后练习）
	《29. 寓言两则》	飞卫为什么先要纪昌练习眼力呢？（课后练习）
	《31. 普罗米修斯》	我知道火神为什么敬佩普罗米修斯。

第三学段：在学习过程中，要求学生进一步提出自己的看法与问题，会做质疑式批注。

年级	课　题	以问题形式出现的课后习题
五上	《6. 梅花魂》	课后练习2：默读课文，提出不懂的问题和同学讨论。如"梅花魂"的"魂"是什么意思？
	《17. 地震中的父与子》	课后练习2：课文结尾为什么说这是一对"了不起的父与子"呢？ 课后练习3：默读课文，提出不懂的问题和同学讨论。
	《21. 圆明园的毁灭》	课后练习3：课文的题目是"圆明园的毁灭"，但作者为什么用那么多笔墨写圆明园昔日的辉煌？
	《22. 狼牙山五壮士》	课后练习4：课文中两次讲到完成掩护任务，哪一次是作为重点来写的，为什么要这样写？
五下	《18. 将相和》	课后练习3：提出自己感兴趣的或者不懂的问题，跟大家讨论。如，渑池会上，蔺相如为什么逼秦王击缶？秦王击缶后，为什么"不敢拿赵王怎么样"？
六上	《11. 唯一的听众》	课后练习2：默读课文，提出不懂的问题和同学讨论。
	《17. 少年闰土》	课后练习3：提出不懂的问题和同学讨论，如"他们都和我一样，只看见院子里高墙上的四角的天空"这句话该怎么理解？

续表

年级	课 题	以问题形式出现的课后习题
六上	《23.最后一头战象》	课后练习2：默读课文，提出不懂的问题和同学讨论。如，嘎羧要离开寨子时，为什么要披挂象鞍？

二、感悟式批注

第一学段：借助教材中的泡泡文，能尝试用比较完整、通顺的语句来表达自己的感受和想法。

年级	课 题	泡泡文中表示感想的句子
二上	《16.风娃娃》	风娃娃，我知道人们为什么责怪你。
	《32.太空生活趣事多》	太空生活太有趣了！我还想多了解一些。
	《33.活化石》	我想建议老师带咱们去参观自然博物馆。
二下	《1.找春天》	咱们建议老师组织一次春游活动吧！
	《2.古诗两首》	读了《宿新市徐公店》，看了插图，我能编个故事。
	《6.雷锋叔叔,你在哪里》	我们也去找一找身边的雷锋吧！
	《7.我不是最弱小的》	我也能保护比自己弱小的。
	《8.卡罗尔和她的小猫》	广告的作用真大！
	《16.充气雨衣》	小林真了不起！
	《21.画家和牧童》	大画家戴嵩多虚心哪！ 牧童敢向大画家提出意见，也很了不起。
	《31.恐龙的灭绝》	长大了，我想研究恐龙灭绝的原因。

第二学段：能写一两个词语或短句来表达自己的阅读感受，即简单的感想式批注。

年级	课 题	泡泡文、课文导语、课后练习中表示感想的句子
三上	《1.我们的民族小学》	我很喜欢这所民族小学，让我们交流一下读后的感受。（课后练习）
	《3.爬天都峰》	从"终于"这个词，我体会到……（泡泡文）
	《4.槐乡的孩子》	和同学交流一下读后的感受。（课文导语）
	《6.小摄影师》	这名少先队员真会想办法！（泡泡文）

续表

年级	课　题	泡泡文、课文导语、课后练习中表示感想的句子
三上	《7.奇怪的大石头》	读了课文后,我有一些感想,想和大家交流交流。(课后练习)
	《8.我不能失信》	联系生活实际,和同学交流读后的感受。(课文导语)
	《13.花钟》	他的做法真妙!(泡泡文)
	《15.玩出了名堂》	这个故事使我很受启发,我想和大家交流交流。(课后练习)
	《17.孔子拜师》	从这句话我感受到……(泡泡文) 孔子和老子给我留下了很深的印象,我想说说读后的感受。(课后练习)
	《22.富饶的西沙群岛》	我发现课文是围绕一句话来写的。(泡泡文)
	《28.狮子和鹿》	联系实际说说自己的体会。(课文导语)
	《29.掌声》	从这两次掌声里,我体会到……(泡泡文) 从英子的变化中,我想到了很多,让我们交流交流各自的想法。(课后练习)
	《31.给予树》	从金吉娅的做法里,我体会到……(泡泡文)
	《32.好汉查理》	说说自己读后的感想。(课文导语)
三下	《3.荷花》	"冒"用得真好。(泡泡文)
	《4.珍珠泉》	读读下面的课文,让我们一起交流读后的感受。(课文导语)
	《5.翠鸟》	翠鸟的动作真快啊!(泡泡文)
	《6.燕子专列》	能够作出这个决定真了不起!(泡泡文)
	《9.寓言两则》	我们交流一下,从这两则寓言中懂得了什么。(课后练习)
	《10.惊弓之鸟》	更羸的判断真准确呀!(泡泡文)
	《15.争吵》	这里的"挨"字用得真好!(泡泡文)
	《17.可贵的沉默》	我也要回报父母对自己的爱。(泡泡文)
	《25.太阳是大家的》	我们来交流交流读了课文后的感想。(课后练习)
	《32.夸父追日》	我想写一写读了这组课文的感受。(泡泡文)
四上	《1.观潮》	让我们一起来想象"潮来前""潮来时""潮头过后"的景象,再交流读后的感受。(课后练习)
	《5.古诗两首》	我懂得了下面诗句的意思,还想和大家交流一下读后的感受。(课后练习)

续表

年级	课题	泡泡文、课文导语、课后练习中表示感想的句子
四上	《8.世界地图引出的发现》	把你阅读课文的感受讲给同学听。(课文导语)
	《18.颐和园》	"慢慢地滑过"中的"滑"字用得真好。(泡泡文)
	《22.跨越海峡的生命桥》	课文讲述的事情很感人,我想和大家说说自己的感受。(课后练习)
	《23.卡罗纳》	说说你从大家的言行中受到什么启发。(课文导语) 课文写得真感人。我要把《爱的教育》这本书找来读一读。(泡泡文)
	《26.那片绿绿的爬山虎》	读了课文我很受启发,我想和大家交流交流写作文和改作文方面的体会。(课后练习)
	《27.乌塔》	把自己的看法与大家交流一下。(课文导语)
	《29.呼风唤雨的世纪》	作者仅用短短的几百字就清楚地介绍了一百年的科学技术发展,我们来联系生活实际,谈谈自己的感受。(课后练习)
四下	《2.桂林山水》	我们来认真读读课文最后一段,再联系上文,说说自己对桂林山水的感受。(课后练习)
	《5.中彩那天》	让我们来联系实际,交流一下对"一个人只要活得诚实,有信用,就等于有了一大笔财富"这句话的体会。(课后练习)
	《6.万年牢》	联系生活实际,和同学交流读后的体会。(课文导语)
	《8.将心比心》	结合生活实际,与同学交流对最后一个自然段的理解。(课文导语)
	《9.自然之道》	我想把自己读了这篇课文的体会和大家交流交流。(课后练习)
	《15.一个中国孩子的呼声》	我们来结合课文和具体事例,谈谈对下面句子的理解。(课后练习)
	《17.触摸春天》	"谁都有生活的权利,谁都可以创造一个属于自己的缤纷世界。"让我们结合课文和生活实际,说说对这句话的理解。(课后练习)
	《19.生命 生命》	让我们联系生活实际,交流对课文最后一段话的理解。(课后练习)
	《20.花的勇气》	把自己喜欢的部分多读几遍,体会体会作者内心的感受。(课文导语)

续表

年级	课题	泡泡文、课文导语、课后练习中表示感想的句子
四下	《25.两个铁球同时着地》	我把课文最后一句话抄了下来,还能联系生活实际谈谈体会。(课后练习)
	《28.父亲的菜园》	读读下面这个发生在父亲身上的故事,想想父亲是怎样开垦菜地的,交流一下读后的感受。(课文导语)
	《32.渔夫的故事》	大家一起来交流交流阅读的体会。(课文导语)

第三学段:熟练运用批注符号,能联系生活实际或已有的经验,通过写长句或语段的形式来表达自己的阅读感受。

年级	课题	课文导语、课后练习中表示感想的句子
五上	《1.窃读记》	课文中很多地方写了"我"如饥似渴地读书,抄写这样的句子,并说说自己的体会。(课后练习) 联系课文和生活实际,说说对"你们是吃饭长大的,也是读书长大的"这句话的理解。(课后练习)
	《2.小苗与大树的对话》	和同学交流读后的感受。(课文导语)
	《3.走遍天下书为侣》	读下面的句子,再根据自己读书的感受填空。(课后练习)
	《4.我的长生果》	把你感受较深的部分多读几遍,并和同学交流自己的体会。(课文导语)
	《7.桂花雨》	和同学交流读了"这里的桂花再香,也比不上家乡院子里的桂花"这句话的体会。(课文导语)
	《13.钓鱼的启示》	课文中有一些含义深刻的句子,如,"道德只是个简单的是与非的问题,实践起来却很难。"请把这样的句子找出来,并结合上下文和生活实际说说自己的理解。(课后练习)
	《14.通往广场的路不止一条》	联系生活实际,体会"通往广场的路不止一条"这句话的含义。(课文导语)
	《15.落花生》	下面这两句话有什么含义,你是怎样体会到的?和同学交流交流。(课后练习)
	《16.珍珠鸟》	结合生活实际,和同学交流对"信赖,往往创造出美好的境界"这句话的体会。(课文导语)
	《19."精彩极了"和"糟糕透了"》	你如何看待巴迪父母对他的爱?(课后练习)

续表

年级	课 题	课文导语、课后练习中表示感想的句子
五上	《23. 难忘的一课》	1945年台湾"光复"后,从小学校里传出的朗朗读书声,又让我们感受到了什么呢?(课文导语)
	《26. 开国大典》	默读课文,画出文中描写毛主席的动作和群众的反应的语句,并说说你从中感受到了什么。(课后练习)
	《27. 青山处处埋忠骨》	把自己深受感动或特别喜欢的部分多读几遍,然后和同学交流读后的感受。(课文导语)
五下	《1. 草原》	联系课文,说说对"蒙汉情深何忍别,天涯碧草话斜阳"这句话的理解和体会。(课后练习)
	《2. 丝绸之路》	你从中体会到了什么。(课文导语)
	《3. 白杨》	文中有一些含义深刻的句子,如,"在一棵高大的白杨树身边,几棵小树正迎着风沙成长起来。"把它们找出来,仔细体会体会。(课后练习)
	《5. 古诗词三首》	读了这三首古诗词,你眼前浮现出怎样的情景?体会到怎样的乐趣?(课后练习)
	《6. 冬阳·童年·骆驼队》	课文描写的一些场景和画面,一定使你印象很深,找出来,读一读,和同学交流自己的感受。(课后练习)
	《8. 童年的发现》	课文最后说:"我明白了——世界上重大的发明与发现,有时还面临着受到驱逐和迫害的风险。"先说说这句话的意思,再举例说说你对这句话的理解。(课后练习)
	《9. 儿童诗两首》	让我们有感情地朗读下面的儿童诗,交流读后的感受。(课文导语)
	《10. 杨氏之子》	和同学交流阅读心得。(课后练习)
	《14. 再见了,亲人》	课文中有不少句子表达了强烈的思想感情,找出来仔细体会体会。(课后练习)
	《15. 金色的鱼钩》	说说你对"在这个长满了红锈的鱼钩上,闪烁着灿烂的金色的光芒"这句话的理解。(课文导语)
	《16. 桥》	课文在表达上很有特色。课文最后才交代老汉和小伙子的关系;文中有多处关于大雨和洪水的描写。找出来,和同学交流这样写的好处。(课后练习)
	《17. 梦想的力量》	联系实际说说读后的体会。(课文导语)

续表

年级	课题	课文导语、课后练习中表示感想的句子
五下	《22.人物描写一组》	课文中的一些语句,突出表现了人物的性格特点。如,"严监生喉咙里痰响得一进一出,一声不倒一声的,总不得断气,还把手从被单里拿出来,伸着两个指头。"从三篇短文里找一找最能表现人物性格的语句,读一读,体会这样写的好处。(课后练习)
	《26.威尼斯的小艇》	假如你坐在小艇上游览威尼斯,会有怎样的感受?(课后练习)
六上	《1.山中访友》	从哪些描写中可以看出"我"和山里的"朋友"有着深厚的感情?你是否也有过类似的体验?和同学交流交流。(课后练习)
	《3.草虫的村落》	作者想象丰富,感受独特,说一说你是从哪些描写中体会到的;再联系生活实际,谈谈你的体会。(课后练习)
	《7.彩色的翅膀》	和同学交流读了课文后的体会。(课文导语)
	《8.中华少年》	我们可以分角色朗诵,也可以表演朗诵,然后跟同学交流朗诵这首诗的体会。(课文导语)
	《14.鹿和狼的故事》	联系实际和同学交流读了课文后的感想。
	《15.这片土地是神圣的》	读读下面的句子,结合上下文和生活实际说说这些句子的含义。(课后练习)
	《17.少年闰土》	"他们都和我一样,只看见院子里高墙上的四角的天空"这句话该怎么理解?(课后练习)
	《18.我的伯父鲁迅先生》	课文中有一些含义深刻的句子,比如,"你想,四周黑洞洞的,还不容易碰壁吗?"画出这样的句子,联系上下文或时代背景,交流对这些句子的理解。(课后练习)
	《20.有的人》	有感情地朗诵这首诗,结合自己对鲁迅的了解,谈谈对这首诗的理解和从中得到的启示。(课文导语)
	《21.老人与海鸥》	体会老人和海鸥之间的深厚感情。(课后练习)
	《24.金色的脚印》	和同学交流读后的感受。(课文导语)
	《26.月光曲》	默读课文第九自然段,谈谈读后的体会和感受。(课后练习)

续表

年级	课 题	课文导语、课后练习中表示感想的句子
六下	《1.文言文两则》	联系生活实际,你能从这两个故事中悟出什么道理?把你的感悟和同学交流一下。(课后练习)
	《2.匆匆》	找出含义深刻的或自己特别喜欢的句子,联系生活实际,和同学说说自己的理解和感受。(课后练习)
	《4.顶碗少年》	默读课文,说说你从文末的省略号中读出了什么。(课文导语)
	《5.手指》	认真读一读课文,把自己觉得有意思的部分多读几遍,再和同学交流这平平常常的手指带给我们什么启示。(课文导语)
	《9.和田的维吾尔》	就自己感兴趣的内容和同学交流读后的感受。(课文导语)
	《10.十六年前的回忆》	在清明前后祭扫烈士墓,再把自己的感受写下来。(课后选做题)
	《14.卖火柴的小女孩》	读了下面这首诗,你有什么感想?(课后练习)
	《16.鲁滨孙漂流记》	可以摘录精彩语段,写写心得体会。(课文导语)
	《18.跨越百年的美丽》	阅读下面的"阅读链接",结合课文想一想,你体会到了什么,再简单写下来。(课后练习)
	《19.千年梦圆在今朝》	默读下面这篇课文,说说自己从中感悟到了什么。(课文导语)

三、归纳式批注

第一类 说明性文章

年级	课 题	课后练习及导语中的归纳性问题
三上	《13.花钟》	课文用不同的说法来表达鲜花的开放,我们来填一填。
	《14.蜜蜂》	作者从试验中得出了什么结论,是怎么得出的?
	《16.找骆驼》	商人丢失的骆驼有哪些特点?老人是怎么知道骆驼的这些特点的?(课文导语)
三下	《21.太阳》	课文讲了太阳的哪些特点,是怎样写出这些特点的?
	《22.月球之谜》	课文写了月球的哪些没有解开的谜?
	《23.我家跨上了"信息高速路"》	让我们交流一下网络给人们生活带来的方便。
	《24.果园机器人》	课文写的机器人是怎样的,哪些地方有趣?(课文导语)

续表

年级	课题	课后练习及导语中的归纳性问题
四上	《30.电脑住宅》	默读课文,一边读一边想象电脑的神奇和它给人们生活带来的方便。(课文导语)
	《32.飞船上的特殊乘客》	认真默读课文,想想主要讲了什么内容。(课文导语)
四下	《10.黄河是怎样变化的》	默读课文,说说黄河发生了哪些变化,引起这些变化的原因是什么。(课文导语)
	《11.蝙蝠和雷达》	科学家是怎样从蝙蝠身上得到启示,发明雷达的?让我们根据课文内容完成下面的填空,再读一读。 雷达的天线就像是蝙蝠的(　　　)。 雷达发出的无线电波就像蝙蝠(　　　)。 雷达的荧光屏就像是蝙蝠的(　　　)。
	《12.大自然的启示》	默读下面这篇课文,说一说其中的每篇短文主要讲了什么。(课文导语)
五上	《9.鲸》	默读课文,说说课文是从哪几方面介绍鲸的,你最感兴趣的是什么。
	《10.松鼠》	作者是从哪几方面介绍松鼠的呢? 课文在表达上与《鲸》有哪些相同的地方,有哪些不同的地方,再说说从哪里可以看出作者对松鼠的喜爱。(课文导语)
	《11.新型玻璃》	默读课文,想一想课文介绍了几种新型玻璃,它们有什么特点和作用。 作者在介绍各种玻璃时运用了哪些说明方法。
	《12.假如没有灰尘》	默读下面的文章,说说灰尘有哪些特点和作用,再和同学讨论一下,作者是怎样说明这些特点和作用的。(课文导语)
六上	《13.只有一个地球》	跟同学讨论:课文写了关于地球的哪几个方面的内容?

第二类　写景状物介绍类文章

年级	课题	课后练习及导语中的归纳性问题
三上	《11.秋天的雨》	课文是从哪几方面写秋天的雨的?
	《22.富饶的西沙群岛》	从哪些地方可以看出西沙群岛的美丽和富饶。
	《24.香港,璀璨的明珠》	读读课文,说说课文是从哪几个方面介绍香港的。(课文导语)

续表

年级	课题	课后练习及导语中的归纳性问题
三下	《1.燕子》	课文写了燕子的哪些特点？
	《5.翠鸟》	从哪些地方可以看出作者特别喜欢翠鸟？
四上	《13.白鹅》	我们来交流一下，课文中的白鹅有哪些特点，作者是怎样具体描写这些特点的。
	《14.白公鹅》	默读下面的课文，想想这只白公鹅有哪些特点。（课文导语）
	《15.猫》	从文中可以看出作者非常喜欢他描写的那只猫，我们来举些例子说一说。
四下	《3.记金华的双龙洞》	我们来说说作者的游览过程，再重点讲讲内洞的景象。
	《4.七月的天山》	阅读课文，想想文中主要描写了哪些景物，它们有什么特点。（课文导语）
五上	《8.小桥流水人家》	这篇文章的作者，对故乡的哪些景致又久久不能忘怀呢？（课文导语）
	《16.珍珠鸟》	从人和珍珠鸟的交往中，我们又能获得哪些启示呢？（课文导语）
五下	《25.自己的花是让别人看的》	默读课文，想一想：作者在德国看到了一种怎样的奇丽的景色？
	《26.威尼斯的小艇》	说说威尼斯的小艇有哪些特点。
	《27.与象共舞》	默读课文，想一想：在泰国，人与大象的关系是怎样的？（课文导语）
	《28.彩色的非洲》	阅读课文，想一想："非洲真是一个色彩斑斓的世界"都表现在哪些方面？（课文导语）

第三类 记叙文

年级	课题	课后练习及导语中的归纳性问题
三上	《20.一幅名扬中外的画》	对照图画读读课文，看看课文描写了画面上的哪些内容。（课文导语）
四下	《6.万年牢》	默读课文，想想课文围绕父亲做糖葫芦讲了哪几件事。（课文导语）
	《14.小英雄雨来》	默读课文，说说课文讲了雨来的哪几件事。如果有兴趣还可以给每个部分加个小标题。（课文导语）

续表

年级	课　题	课后练习及导语中的归纳性问题
四下	《19.生命　生命》	作者写了哪三个事例？
	《21.乡下人家》	课文写了乡下人家的哪些生活场景？
五上	《4.我的"长生果"》	阅读下面这篇课文，想想作者写了童年读书、作文的哪几件事。（课文导语）
	《6.梅花魂》	想一想，课文通过哪几件事表达了外祖父对祖国的思念之情。
	《15.落花生》	说一说课文围绕落花生讲了哪些内容。
	《22.狼牙山五壮士》	默读课文，想想课文的叙述顺序，并填空。 接受任务→（　　　　　）→（　　　　　）→（　　　　　）→跳下悬崖
五下	《6.冬阳·童年·骆驼队》	课文写了哪些画面？
	《14.再见了，亲人》	从哪些事情中可以感受到他们是"亲人"？
	《18.将相和》	默读课文，给三个故事加上小标题。
	《19.草船借箭》	默读课文，想一想故事的起因、经过和结果。
六上	《1.山中访友》	说说作者在山中都拜访了哪些"朋友"。
	《6.怀念母亲》	作者说"我一生有两个母亲"，是哪两个母亲？
	《17.少年闰土》	和同学交流：课文记叙了"我"和闰土的哪几件事？
	《18.我的伯父鲁迅先生》	说说第一部分和其他部分的联系，试着给每一部分加个小标题。
	《22.跑进家来的松鼠》	读读下面的课文，说说松鼠在"我"家做了哪些事，你从中体会到了什么。（课文导语）
六下	《3.桃花心木》	说说种树人的哪些做法令作者感到奇怪。
	《6.北京的春节》	课文哪些部分写得详细，哪些部分写得简略，这样写有什么好处。
	《9.和田的维吾尔》	想一想课文写了和田维吾尔人的哪些特点。（课文导语）
	《10.十六年前的回忆》	说说课文按时间顺序写了哪些事。
	《12.为人民服务》	读下面这段话，说说共有几句，每句说的是什么意思。
	《13.一夜的工作》	阅读下面这篇课文，想一想，课文是从哪些方面叙述周总理一夜的工作的？（课文导语）
	《15.凡卡》	用比较快的速度默读课文，想一想课文写了哪几方面的内容。

四、联想式批注

第一学段:"泡泡文"中的联想话题,这种联想多见于与学生生活距离较近、真实可想的内容。

年级	课　题	"泡泡文"中的联想话题
一下	《1. 柳树醒了》	在春天里,还有什么醒了呢?
	《10. 松鼠和松果》	以后会是什么样子呢?我们把它画出来吧!
	《19. 乌鸦喝水》	瓶子旁边要是没有小石子,乌鸦该怎么办呢?
	《32. 兰兰过桥》	未来的桥会是什么样呢?我们分头想一想,然后把它画下来吧!
二上	《13. 坐井观天》	青蛙如果跳出井口会看到什么,会说些什么?
	《14. 我要的是葫芦》	种葫芦的人看到小葫芦都落了,会想些什么呢?
	《16. 风娃娃》	风娃娃,我知道人们为什么责怪你。
	《19. 蓝色的树叶》	我想对林园园说……
二下	《9. 日月潭》	我知道台湾还有……
	《13. 动手做做看》	伊琳娜听了朗志万的话,可能会说…… 我要把想到的话写下来。
	《19. 最大的"书"》	你能猜出川川长大以后想干什么吗?
	《27. 寓言两则·守株待兔》	我想对种田的人说……
	《28. 丑小鸭》	丑小鸭这时候会想些什么呢?

第二学段:由文联想,这种联想主要是让学生在深入学文的基础上,拓宽思维的空间,插上想象的翅膀,遨游精神的乐园。

年级	课　题	"泡泡文"课文导语及课后练习中的联想话题
三上	《1. 我们的民族小学》	我好像看到了这样的情景。
	《3. 爬天都峰》	从"终于"这个词,我体会到……
	《5. 灰雀》	这时候,小男孩在想什么呢?
	《17. 孔子拜师》	从这句话我感受到……
	《18. 盘古开天地》	我仿佛看到了这样的画面。
	《23. 美丽的小兴安岭》	我仿佛看到了各个季节不同的景色。
	《26. 科利亚的木匣》	我们周围有什么在起变化呢?

续表

年级	课 题	"泡泡文"课文导语及课后练习中的联想话题
三上	《27.陶罐和铁罐》	读了这个故事,我想到了……
	《29.掌声》	从这两次掌声里,我体会到……
	《31.给予树》	从金吉娅的做法里,我体会到……
三下	《1.燕子》	我能想象出"赶集似的聚拢来"的景象。
	《3.荷花》	让我们想象一下,如果自己也是池中的一朵荷花,会看到、听到、想到些什么?(课后练习)
	《4.珍珠泉》	我的家乡也有这样美好的景物……
	《7.一个小村庄的故事》	我想对小村庄的人们说……
	《9.寓言两则》	我想对那个去楚国的人说……
	《11.画杨桃》	默读课文,我们来交流一下,读后会想到什么。(课后练习)
	《16.绝招》	想象一下,小柱子是怎样练绝招的。(课文导语)
	《18.她是我的朋友》	让我们联系上下文想一想,医生会说些什么?(课后练习)
	《20.妈妈的账单》	小彼得看到妈妈的账单是怎么想的。(课文导语)
	《22.月球之谜》	人们都会有哪些遐想呢?
	《25.太阳是大家的》	我想对别的国家里的小朋友说几句话……
	《26.一面五星红旗》	这时"我"可能会想什么呢? 我想对那个面包店老板说……
	《27.卖木雕的少年》	找出描写卖木雕少年言行的句子,并想象他当时是怎么想的。(课后练习)
四上	《1.观潮》	我仿佛感觉到了那种壮观的景象。
	《4.火烧云》	认真读课文,随着课文的描绘,想象火烧云那绚丽的色彩和多变的形态。(课文导语)
	《7.蟋蟀的住宅》	我好像看到了作者认真观察的情景。
	《8.世界地图引出的发现》	把你阅读课文的感受讲给同学听。(课文导语)
	《12.小木偶的故事》	在小木偶的身上,后来又会发生什么事呢?我来接着编下去……
	《19.秦兵马俑》	认真默读课文,想象兵马俑的神态和气势。(课文导语)
	《22.跨越海峡的生命桥》	我们来想象一下,如果有一天小钱和那位捐骨髓的台湾青年相遇了,他会对台湾青年说些什么。(课后练习)

续表

年级	课　题	"泡泡文"课文导语及课后练习中的联想话题
四下	《2.桂林山水》	认真读读课文最后一段,再联系上文,说说自己对桂林山水的感受。(课后练习)
	《9.自然之道》	我想把自己读了这篇课文的体会和大家交流交流。(课后练习)
	《15.一个中国孩子的呼声》	联系现实,我读懂了这句话。
	《19.生命　生命》	让我们联系生活实际,交流交流对课文最后一段话的理解。(课后练习)
	《21.乡下人家》	我仿佛看见了"雨后春笋"的画面。
	《25.两个铁球同时着地》	我把课文最后一句话抄了下来,还能联系生活实际谈谈体会。(课后练习)
	《27.鱼游到了纸上》	我好像看到了围观的人议论的情景,我想把它写下来。(课后练习)
	《28.父亲的菜园》	读读下面这个发生在父亲身上的故事,想想父亲是怎样开垦菜地的,交流一下读后的感受。(课文导语)
	《29.寓言两则·扁鹊治病》	我想对蔡桓公说……

第三学段:得法提升,这个阶段主要要掌握联想与想象的方法,有针对性地练习,将此方法牢牢掌握,为己所用。

年级	课　题	课文导语及课后练习中引发的联想话题
五上	《1.窃读记》	联系课文和生活实际,说说对"你们是吃饭长大的,也是读书长大的"这句话的理解。
	《2.小苗与大树的对话》	读读课文,想想他们对读书有哪些见解,再和同学交流读后的感受。(课文导语)
	《5.古诗三首》	想象《秋思》中描绘的画面,把《秋思》改写成一个小故事。
	《8.小桥流水人家》	阅读课文,想象文章描写的情景,体会作者是怎样表达思乡之情的。(课文导语)
	《13.钓鱼的启示》	你由此想到了什么?写下来和大家交流。
	《15.落花生》	抄写第十自然段,再说说花生最可贵的是什么,和同学交流自己的体会。
	《17.地震中的父与子》	想象一下,阿曼达在废墟下会想些什么,说些什么呢?把你想到的写下来。

续表

年级	课 题	课文导语及课后练习中引发的联想话题
五上	《19."精彩极了"和"糟糕透了"》	课文中有一些含义深刻的句子,找出来联系生活实际体会体会。
五下	《5.古诗词三首》	读了这三首古诗词,你眼前浮现出怎样的情景?体会到怎样的乐趣?
五下	《6.冬阳·童年·骆驼队》	课文描写的一些场景和画面,一定使你印象很深。找出来,读一读,和同学交流自己的感受。
五下	《14.再见了,亲人》	从课文中挑选一件志愿军战士为朝鲜人民所做的事,展开想象,再写下来。
五下	《17.梦想的力量》	联系实际说说读后的体会,还可以把自己想到的写下来。(课文导语)
六上	《9.穷人》	结合课文内容,展开想象续写《穷人》。
六上	《16.青山不老》	联系课文内容,想一想作者为什么说"青山是不会老的"。(课文导语)
六上	《23.最后一头战象》	选择其中的一个场景,想象嘎羧内心的感受,并写下来。
六上	《26.月光曲》	默读课文第九自然段,说一说听着琴声,皮鞋匠兄妹好像看到了什么?
六下	《1.文言文两则》	联系生活实际,你能从这两个故事中悟出什么道理?把你的感悟和同学交流一下。
六下	《6.北京的春节》	找出课文中描写小孩子过春节的部分读一读,再联系实际,说说你是怎样过春节的。
六下	《7.藏戏》	默读课文,想一想藏戏是怎么形成的,它有什么特色,再用自己的话说一说。(课文导语)
六下	《11.灯光》	他们在说这句话的时候,看到了什么,会想到些什么?(课文导语)
六下	《14.卖火柴的小女孩》	读了下面这首诗,你有什么感想?
六下	《18.跨越百年的美丽》	阅读下面的"阅读链接",结合课文想一想,你体会到了什么,再简单写下来。

五、评价式批注

第一类　对作品中人物的评价

《义务教育语文课程标准(2011版)》第三学段:阅读叙事性作品,了解事件梗概,能简单描述自己印象最深的场景、人物、细节,说出自己的喜爱、憎恶、崇敬、向往、同情等感受。

续表

第一类 对作品中人物的评价		
《8. 童年的发现》	课后习题	你觉得费奥多罗夫是个怎样的孩子？先概括地说说你对他的印象，再具体地说说理由。
《11. 晏子使楚》	课后习题	你觉得晏子是个怎样的人？结合课文内容说一说。
《16. 桥》	课后习题	课文中老汉是个怎样的人？你是从哪些地方感受到的？
《18. 将相和》	课后习题	结合课文内容，说说你喜欢哪个人物，为什么。
《19. 草船借箭》	课后习题	分角色朗读课文，读出说话人的不同语气。
《20. 景阳冈》	课文导语	谈谈武松给你留下了怎样的印象。
《22. 人物描写一组》	课后习题	读了课文，小嘎子、严监生、王熙凤分别给你留下了怎样的印象？你是从课文的哪些地方体会出来的？
《24. 金钱的魔力》	课文导语	认真读读课文，想想可以用哪些词语概括老板和托德的特点，课文的哪些描写突出了这样的特点。
第二类 对语言文字的评价		
《义务教育语文课程标准（2011版）》第三学段：在阅读教学中，要从语言文字入手，把握文本内容，体会情感而得意。更要关注语言形式、表达方法而得言。要增强语言文字运用的意识，丰富语言文字运用的内容和形式。		
《26. 蜜蜂引路》	课后练习 读读想想	两个带点的词语意思一样吗？ 列宁常常请养蜂的人来谈天。 往常派去找他的人不在，列宁只好亲自去找。
《27. 寓言两则》	课后练习 读读想想	去掉带点的词，句子的意思和原来一样吗？ 禾苗好像一点儿也没有长高。 他在田边焦急地转来转去。 种田人丢下锄头，整天坐在树桩旁边等着。
《3. 荷花》	泡泡文	"冒"字用得真好。
《18. 颐和园》	泡泡文	"慢慢地滑过"中的"滑"字用得真好。
《14. 再见了，亲人》	课后练习	朗读课文前三个自然段，想想在表达上有什么共同点，再和同学交流。
《5. 古诗词三首》	资料袋	"春风又绿江南岸"的"绿"字到底好在哪里？

批注式阅读不仅仅是一种有效的阅读方法，更应该成为学生一种良好的阅读习惯，一种主动阅读主动思考的习惯。我们不但在语文课堂教学中广泛使用批注策略，在课外儿童文学经典作品、非连续性文本阅读中

也要求使用批注。我们可以运用多种批注方式阅读以下文章,比如:

1. 儿童文学经典作品

作品题目	批注方法	相关问题
《一百条裙子》	质疑式批注	明明佩琦看不惯旺达,为什么又要去找旺达? 马蒂埃不是和佩琦一起戏弄旺达吗,为什么也要去找旺达,而且对自己以前的做法感到抱歉呢?
《夏洛的网》	感想式批注	读完这本书,对于我们怎样看待友谊、看待生命、看待人与人之间的爱,都有着一些启示。你能说一说自己的感受吗?
《长袜子皮皮》	归纳式批注	其实每一个章节中都有很有趣的小故事,只是写书的作家没有用小标题的形式概括出来。现在,咱们来替作家完成这个任务,让故事的题目更吸引人。
《城南旧事》	联想式批注	一看到书名"城南旧事",谁来大胆预测一下本书将会讲述什么故事?
《水浒传》	评价式批注	选择其中令你印象深刻的片段故事交流,并评价人物性格。 这本书究竟好在哪里呢?

2. 非连续性文本

作品题目	批注方法	相关问题
网购童鞋	质疑式批注	如何正确网购童鞋?
《我们的空气怎么了》	感想式批注	默读文章,读后你想到了什么?
药品说明书	归纳式批注	说明书中有很多需要关注的要点,不能随心所欲。阅读药品说明书要重点关注哪些栏目?
看门票游景区	联想式批注	看了门票,你想到了什么?
《给地球新生儿的一封信》	评价式批注	出示非连续性文本《人类对待地球的方式正确吗》下方的大型插图,选出地球的头号杀手,小组合作充分说明理由。

小学生课外阅读越来越受到重视,应鼓励学生在课外阅读中做批注,使之成为一种习惯,将自己原有的知识运用到文本的理解中去,学会迁移运用,这样能提升思维能力,真正实现了让学生"得法于课内,得益于课外"的目标。

综上所述，批注策略是学生个性阅读的实践表现。阅读教学若能帮助、促进学生掌握有效的批注策略，学生不仅收获了知识，提高了能力，更为可贵的是，在批注式阅读过程中体会到了阅读的乐趣，培养了自主学习、独立思考的精神。

第四节　批注策略的教学实践

一、批注策略的基本教学流程

批注是阅读的一种策略,掌握这种方法需要经历一个长期实践的过程。根据小学生认知规律,我们认为学习批注策略一般要经历以下流程:

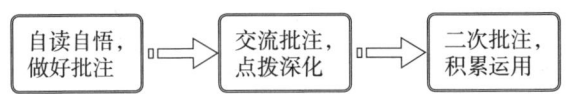

(一) 自读自悟,做好批注

自读自悟,做好批注是学生运用自己的知识积累及理解能力,尝试去了解文本的活动,是学生进行阅读批注最主要的阶段。在这个阶段中学生依靠个体的全部心智和情感去面对文本。即在这一阶段通过自主批注,学生对课文"萌发"出自己的理解、感受与体验,为下一步的深入学习奠定了基础。

(二) 交流批注,点拨深化

这个阶段是学习目标达成的重要环节。通过观察我们发现,当学生完成阅读批注后,他们跃跃欲试,迫切希望有一个交流的机会,课堂集体交流就提供了这样的一个平台。教师可以根据文章的内容、题材、表达方法、学生的关注点等多个角度,设计多种形式的交流方式让学生自由地发表批注阅读的收获。

(三) 二次批注,积累运用

根据自身的需要学生在各种方式交流、讨论中与同伴交换意见,表达自己的观点,倾听别人的见解,选择他人观点中对自己有用的部分,然后给自己的批注作适当的修改补充,使批注的内容更加完善、具体。在二次批注时,学生会得到感悟:哪些同学批注的内容好,哪些同学批注的方法好,如何向别人学习等,在此过程中学生的学习态度、批注水平等都会悄然发生变化。此环节是学生能力发展过程中的一环,不可忽视。

以上三个阶段中,交流、吸纳、修改、提炼就如同破土的小芽寻找着水、空气、阳光及各种养分的过程,因此批注是学生的阅读实践过程,要经历一个由不会、不熟练到逐步形成能力的过程。

二、批注策略教学建议

(一)引发深入思考,学做质疑式批注

"学贵有疑",不疑不能激思,不疑不能增趣,学生带着问题去读书,才会真正地走入文本,与文本进行深层对话。翻阅人教版小学语文教材,从一年级下学期开始,教材就以学习伙伴、泡泡文的形式出现质疑式批注,目的不仅在于触发学生直入文本,深入思考,更重要的是培养学生质疑、探究的精神,鼓励学生在学习中提出自己的问题与看法。到了第二学段,由原先的感知疑问、应答问题逐步转为鼓励、激发学生进行尝试性的质疑问难,学做简单批注。而到了第三学段,在学习的过程中,要求学生进一步提出自己的看法与问题,会做质疑式批注。由此可见,质疑式批注不仅有利于培养学生的质疑能力与探究精神,而且对于形成学生的阅读能力、提升学生的阅读品质,都起着重要的作用。

学生质疑式批注能力的提高需要教师的点拨和引导。教师应教给学生质疑式批注的方法,让学生尝试着从课题质疑,从课文难理解的内容质疑,从文本的遣词造句处质疑,从蕴含在文本背后的情感质疑……既教提问的方法,也教批注的方法。久而久之,学生质疑的内容会越来越有深度,价值也会越来越高。

例如三年级下册《月球之谜》的教学片段:

第一步,感知"令人费解"的谜。

1.为什么这些实验结果这样令人费解呢?它们又会令人们产生哪些疑问呢?

2.让我们看看第一个实验结果,其中蕴含哪些谜团?

研究对象	实验结果	蕴含哪些谜团
尘土	把细菌撒在从月球带回来的尘土上,细菌一下子都死了。	难道这些尘土有杀菌的本领吗?

3.作者用了"难道"这个疑问词,把这个谜说清楚了。你知道的疑问词还有哪些呢?(怎么、为何、为什么)

第二步,提出"可能蕴含"的谜团。

出示表格,小组合作提出"谜",批注在表格里,注意用上恰当的疑问词。

研究对象	实验结果	蕴含哪些谜团
尘土	把细菌撒在从月球带回来的尘土上,细菌一下子都死了。	难道这些尘土有杀菌的本领吗?
	把玉米种子在月球的尘土里,和在地球土壤里生长没有明显不同。	?
	水藻一旦放进月球尘土,就长得特别鲜嫩青绿。	?

第三步,拓展"已经解开"的谜。

1. 面对这些令人费解的月球之谜,科学家们又展开了一次次实验,最终解开了一些谜团。你们想不想知道?如:因为月球没有大气,土壤经过长时间的太阳风、宇宙射线等的加工不光杀菌,还对人体有害。

2. 同学们,你们所提出的那些问题,也是多么的有价值啊!说不定今天的疑问,会在你的心中埋下一颗好奇的种子,成为你明天茁壮成长的基础。难怪哲人说:真理诞生于一百个问号之后!

在上述教学过程中,老师带着学生通过阅读比较,先感知了"令人费解"的谜,积累了不同的疑问词,提高了学生的提问质量,为学生自主提问做好了铺垫。接着引导学生自主阅读,让学生对已有的实验结果进行质疑,尝试运用质疑式批注的阅读策略,以"谜"激起学生探索科学奥秘的热情,以"谜"加深阅读理解。第三步,拓展"已经解开"的谜,满足学生的好奇心,激起他们的探究意识,为之后的探究、质疑式学习积蓄新的力量。

(二)重视读后感悟,学做感想式批注

《义务教育语文课程标准(2011版)》指出:"要珍视学生独特的感受、体验和理解。"教材选用的大多是文质兼美的文章,在阅读过程中,学生很自然地会对阅读的文字材料产生情感的变化,这些"独特的感受、体验和理解"正是他们阅读时迸发出的智慧火花与创造才能。如果在教学中,教师能抓住重点词句引导学生推敲揣摩,品味语言文字运用的精确巧妙,体会关键词句在表情达意方面的作用,并适时引导学生批注,这样既能帮助学生深入理解内容,又能促使学生体悟写作方法,还能帮助他们锤炼语言文字,快速提升他们的阅读素养。

例如四上《父亲的菜园》教学片段:
(一)抓关键词语,联系上下文,学做简单的批注

1. 请看导语中的第二个要求:再读课文,交流一下自己的感受。

2.我们先来交流描写父亲言行的第一个句子:望着我们疑惑的神情,父亲坚毅地说:"我们去开一块新的菜地!"请大家自由地朗读,读后谈谈自己的感受。

3.老师根据学生回答,投影示范批注,学生从中感知简单的感想式批注策略:第一步,圈出关键词;第二步,画上泡泡;第三步,将感受中最深的一点写进去。

4.学生尝试写批注。

5.小结:不知不觉中,我们已经学会了一种读书的方法——那就是抓住关键词,联系上下文,做简单批注。

6.学生用这种方法学做批注,试着读懂另外四句描写父亲言行的语句。

7.小组合作交流展示。

(二)抓课文其他语句,迁移运用,自主学做批注

1.同学们,课文中除了这些描写父亲言行的语句,还有很多句子中也蕴含着作者丰富的情感。我们也可以用上新学到的本领,边读课文边思考,大家画出自己感受特别深的句子,圈圈关键词,联系上下文,用简单批注写出自己独特的感受。

2.教师巡视,学生自主批注。

3.交流反馈。

在这个教学片段中,教师一方面关注主体学习,抓住描写父亲言行的语句,请学生说感受,学做简单批注,体现略读课文教学特色;另一方

面关注素养提升,凭借批注策略,引导学生发现语言特色,提高欣赏评鉴能力,感受父亲的优秀品质,落实阅读教学本体目标,促使学生阅读能力的快速提升。

(三)梳理文章脉络,学做归纳式批注

《课标》明确指出,"在教学中尤其要重视培养良好的语感和整体把握的能力"。在各年段中也有具体要求:第二学段"能初步把握文章的主要内容,体会文章表达的思想感情"。第三学段"了解事件梗概""大体把握诗意""抓住要点"。可见,整体把握能力是学生阅读能力中必不可少的一项。然而,学生受身心发展特点的限制,其思维正处于从以具体形象思维为主要形式向以抽象逻辑思维为主要形式的转型期,大多能提取一些直观的、零星的信息,尚不能独立自主、准确熟练地"把握整体"和"概括提炼"。因此,我们可以尝试将归纳式批注阶梯形地引入学生的阅读中。指导学生阅读一篇文章,首先要有大局意识,要会总览全文,再次了解段与段之间、段与篇之间的关系,掌握归纳的方法,学做简单的批注,逐步提高把握整体、提纲挈领的能力。

人教版小学语文教材在安排具体内容时,根据不同的文体,提出了不同的要求。

比如说明性文章:三年级下册《太阳》课后练习:我们来讨论讨论:课文讲了太阳的哪些特点,是怎样写出这些特点的?五年级上册第三组说明性文章,在单元导语中就有这样的要求:学习本组的说明性文章,要抓住课文的要点,了解基本的说明方法,并试着加以运用。对这一类文章做批注,我们就可以采用提取要点法,将每个段落说明的要点简明扼要地注在旁边,如教学五年级上册《鲸》,快速浏览后,学生找到课文是从"形体特征、进化进程、种类、生活习性、生长特点"等方面来介绍鲸的,批注在相关段落旁,归纳时把这些要点连缀起来,就能快速说清文章的主要内容。

写景介绍类的文章:以五年级下册第八组"异国风情"为例。

单元导语:阅读本组课文,要抓住主要内容,了解不同地域的民族风情特点,还要揣摩作者是怎样写出景物、风景的特点的,并注意积累课文中的优美语言。		
25. 自己的花是让别人看的	课后练习	默读课文,想一想:作者在德国看到了一种怎样的奇丽的景色?
26. 威尼斯的小艇	课后练习	说说威尼斯的小艇有哪些特点。
27. 与象共舞	课文导语	默读课文,想一想:在泰国,人与大象的关系是怎样的?
28. 彩色的非洲	课文导语	阅读课文,想一想,"非洲真是一个色彩斑斓的世界"都表现在哪些方面?

这一类文章做批注时,我们可以采用抓关键词句法,将文章的总起句、总结句、过渡句画下来,撷取关键的词语批注出来,就能理清文章的脉络了。比如《28. 彩色的非洲》,我们撷取的关键词语分别为"色彩斑斓、植物、动物、生活、艺术、多姿多彩",连起来归纳为:课文向我们介绍了非洲植物、动物、生活、艺术都是彩色的,那是一个色彩斑斓、多姿多彩的世界。

还有一类是板块比较清晰的记叙文:《万年牢》课文导语是默读课文,想想课文围绕父亲做糖葫芦讲了哪几件事。《小英雄雨来》课文导语是默读课文,说说课文讲了雨来的哪几件事情,自己感受最深的是什么,再把小英雄雨来的故事讲给别人听。五年级上册《梅花魂》课后练习为想一想课文通过哪几件事表达了外祖父对祖国的思念之情。六年级上册《跑进家来的松鼠》课文导语是读读下面的课文,说说松鼠在"我"家做了哪些事,你从中体会到了什么。对此类文章做批注,采用的方法则是概括小标题法,想一想每一部分讲了什么内容,然后用精练的语言概括成相同字数、相似结构的小标题进行批注,如《我的伯父鲁迅先生》。

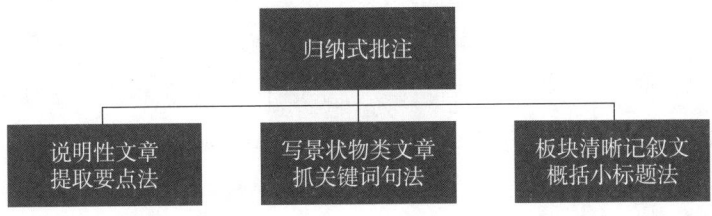

如五下《景阳冈》教学片段:

(一)浏览全文,想想内容

1.快速浏览全文,想一想:这篇课文主要讲了什么内容?

2.进行简单的提示:谁?——武松 干什么?——打死猛虎 打死猛虎之前做了什么?打死猛虎之后又做了什么?

(二)简单概括,做做批注

1.把内容简单地概括出来,批注在小节后。

2.提示:把概括出来的一个词语或短语批注一下。

(三)勾画情节,说说大意

1.整理一下自己的批注,用你喜欢的方式把情节表现出来,画在练习纸上。

2.交流修正图式

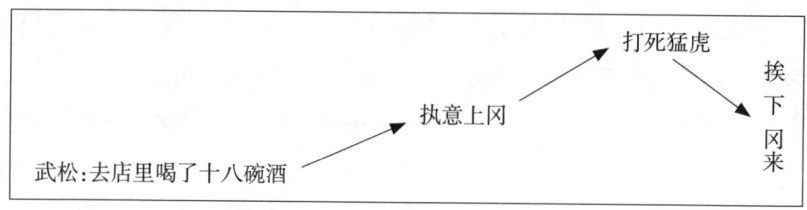

3.用上一些连接词将几个情节连起来,说说文章的大意。

上述片段中,教师放手让学生通读全文,让他们想想主要内容,形成一个初步的印象。知道这是一个有难度的挑战,教师并不是一下子让学生去摘树上的桃子,而是为学生创设了几个小台阶。台阶1:进行问题分解提示。让学生一下子就切准了概括的要点,即"谁?干什么事?哪几件事?"台阶2:有针对性地批注。有了把手,学生在默读的过程中就能快速提炼出人物所做的主要事件,批注一下,则利于留下学生思考、概括的痕迹。台阶3:画画情节图。较之抽象的说明,直观的感受总是更能深入人心。情节图生动形象地展示了整个故事的全过程,不仅表达了学生的想法,而且能使他们更深入地理解内容。在这些小台阶的辅助下,概括主要内容也就变得轻而易举了。

(四)联结新旧知识,学做联想式批注

到了小学第二、三学段,学生在阅读时,不仅要读懂文章的内容,还应从文章的内容想开去,想到与课文有关的人和事、景和物、情和理,这样阅读才会有更大的收获。因此,在阅读时,可以采用联想式批注的方法。

教材中安排的联想策略是有梯度的:第一层阶,由此及彼,如四年级上册,泡泡文批注:我也要好好想想"为什么而读书"这个问题。这种联想多见于与学生生活距离较近、真实可想的内容。第二层阶,由文随想,如五年级上册,课后小练笔:想象一下,阿曼达在废墟下会想些什么,说些什么呢?把你想到的写下来。这种联想主要是让他们在深入学文的基础上,拓宽思维的空间,插上想象的翅膀,遨游精神的乐园。第三层阶,得法提升,如六年级上册第一组感受大自然的单元导语:学习本组课文,要注意体会是怎样细心观察大自然的,有哪些独特的感受;还要体会作者是怎样展开联想和想象,表达这些独特感受的。这个层阶主要是让学生掌握联想与想象的方法,并有针对性地练习,将此方法牢牢掌握,为我所用。

阅读一些课外读物时,我们也可以采用联想式批注的方法,往往能收到意想不到的效果。如一老师教学《灰姑娘》的片段(见下页)。

我们可以真切地感受到联想式批注拉近了学生与文本之间的距离,

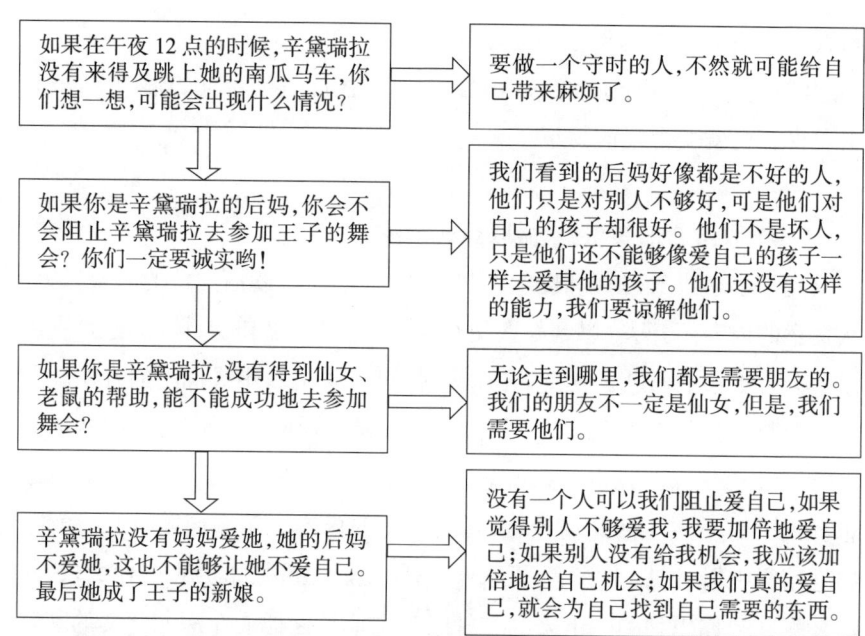

挖掘了文本内在的意蕴与价值。在批注的过程中,学生由此及彼,既锤炼了思维品质,拓宽了想象空间,又陶冶了个性情操,潜移默化地改变着自己的人生观、世界观和价值观。对于身心处在发展期的学生,这种阅读策略发挥的作用是巨大的。

(五)感悟表达方法,学做评价式批注

学生阅读能力的提高要经历一个由浅入深的过程。到了第三学段,我们要特别注重锻炼学生的品评鉴赏能力,引导学生对阅读材料的内容与形式进行评定并品评其中的韵味。教师要将评价欣赏能力的培养作为一个明确的教学目标,组织学生进行鉴赏,努力达到目标,为第四学段的"欣赏文学作品"作铺垫。

这里的评价包括两种,一种是对作品中人物的评价;一种是对语言文字的评价,指出作者遣词造句的精妙。

对作品中人物的评价:可抓住文中情感变化的线索进行对比、分析人

物形象特点,采用词语替换或变化句式对比分析原作遣词造句的效果,可琢磨上下段表达技巧的异同对比分析作者谋篇布局的方法,也可用在题材上、体裁上、观点上相同或不相同的课内外文本进行对比分析,以清晰呈现文章特质、规律及观点,进而加深理解,提高认识。

对语言文字的评价:每一篇文章都有自身的语言风格,在教学中,教师引导学生赏析关键词句的,可通过对语言进行的评价式批注,逐步增强学生驾驭文章的能力。

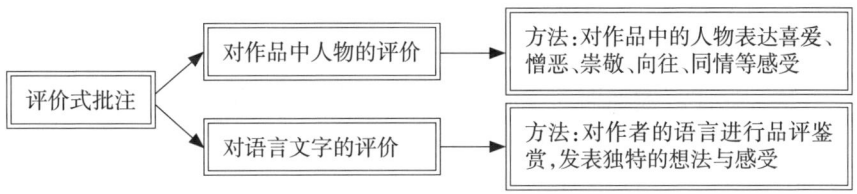

在对文字品读、赏析的过程中,学生的鉴赏能力也随之有所提高。学生在交流个人评价的过程中,不仅仅对文章内容理解得更为深刻,人物的品质也认识得准确到位,对于文章本身,特别是作者的文学造诣往往佩服得五体投地。与此同时,学生对文学作品的鉴赏能力,也得以大大提高。更为可贵的在于,通过对文章人物、语言等方面的评价批注,极大地调动了学生阅读的积极性,让他们在品评书本过程中收获知识,重拾自信,成为课堂的主人。

品鉴语言对于学生来说,有一定的难度,需要老师进行有效的指导,导其思路,教给方法,在实践中学会这种批注。

如六年级上册《最后一头战象》的教学:

1. 聚焦"披挂象鞍",抓住关键词语谈感受

教师引导学生抓住描写战象嘎羧动作、神情的关键词语来交流体会,"摩挲""泪光闪闪""久久地""呼呼吹去""久别重逢",学生从这些关键词语中真切地感受到嘎羧见到象鞍时内心涌动的对辉煌过去的深深留

恋与回味。

2. 提炼主要感受，教师示范做批注

在学生充分交流的基础上，教师示范做批注：运用了拟人的手法，对战象嘎羧的动作、神情进行了细致而生动的刻画，表达了嘎羧见到象鞍时内心涌动的对辉煌过去的深深留恋与回味。

3. 剖析批注要点，学生尝试做批注

引导学生仔细阅读这份批注，发现批注的要点——关注写法，体会情感。学生自学凭吊战场的片段，然后运用这种方法，学做批注。

这种批注极大地调动了学生的阅读积极性，因为他们成了课堂的主人，成了学习的主体，真正发挥了阅读的功能。

批注策略典型课例——

人教版六年级上册《鹿和狼的故事》教学设计

（宁波市江东区教育局教研室　周步新　宁波市江东第二实验小学　施翼玲）

【设计理念】

1. 改变传统的课堂教学模式,凸显学生这一学习主体,以学定教,顺学而导;

2. 关注学习过程,实现教课文到教语文、教阅读、教学习的转变,落实语文学习本体目标。

【教学目标】

1. 能够自主阅读,按照一定顺序填写表格,概括说清课文主要内容。

2. 学习运用简单图式、联系实际写批注等方法,根据现象探究本质原因,说出生物之间存在相互制约、相互联系的关系,初步明白保护生态平衡、多方面思考问题、全面认识事物等道理。

【重难点分析】

目标 2 既是教学的重点,也是教学的难点。

【课前准备】

1. 教师制作简单的 PPT 课件;

2. 学生预习课文,自行完成表格填空,自主搜集与课文类似的故事、资料。

【教学环节】

（一）揭示课题,检查前置学习情况

1. 读准、读顺难读的词语

昨天,我们已经进行了课文的预习,先看这些难读的词语,请同桌之

间互相检查:

投影出示词语:西奥多·罗斯福　亚利桑那州　凯巴伯森林

2. 核对预习时填写的表格

时间	现　象	原　因	说明方法
20世纪初	美国亚利桑那州北部凯巴伯森林郁郁葱葱,四千只左右的鹿在林间出没。	凶恶残忍的狼是鹿的大敌。	列数字作比较
25年后	鹿成了森林的"宠儿",自由生活,没有危险。	罗斯福总统宣布凯巴伯森林为全国狩猎保护区,由政府雇请猎人猎杀了很多狼等鹿的天敌。	
很快	森林中鹿的总数超过了十万只。	鹿没有了天敌。	
两年之后	鹿群的总量锐减到四万只。	饥饿造成,疾病流行。	
到1942年	整个凯巴伯森林只剩下不到八千病鹿只苟延残喘。	失去恶狼,破坏了森林生态系统稳定。	

(1)先请一个同学呈现自己的预习单,向大家介绍自己的预习情况,其余同学聆听,或肯定,或提出不同的意见,大家一起讨论、核对自己的预习作业。

(2)然后交流自己的发现,允许学生有多元的理解,比如:我发现凶恶残忍的狼虽然是鹿的天敌,但也可以是森林的保护者、维护森林生态系统的平衡,使得鹿群健康、适宜地存在;又如,过多的鹿失去了天敌,导致自身的灭亡;事物之间是互相联系的……

3. 看来鹿和狼之间确实有不同寻常的故事,今天我们要学习的课文题目就是——……(生齐读课题)。

(二)借助表格,说清鹿和狼的故事

1. 快速默读课文,借助表格,概括说清课题鹿和狼的故事究竟是怎样的。

2. 在各自练习简述的基础上,指名学生交流,其余同学听后评价他们是否说清了鹿和狼之间的故事,语句是否概括、通顺、连贯。然后同桌检查,争取做到人人说得清。

(三)根据提示,明确本课学习要求

1. 鼓励学生回顾、反思预习过程,引导运用各自已有的方法自主学习。

作为六年级的同学,大家昨天预习得不错,能自己阅读课文,基本填对表格。祝贺大家!其实这也是一篇略读课文,学习略读课文,就是要求大家自己运用已有的学习方法自主学习。谁来交流一下昨天自己是怎么预习填好表格的。

2. 根据回答自然引入课前学习提示,明确两个要求:

(1)用比较快的速度阅读课文,想想凯巴伯森林大批的狼被猎杀后造成的后果;

(2)再认真读最后一个自然段,写写自己的体会。

3. 我们先完成第一个要求,请大家快速阅读课文,可以怎么做——默读课文,边读边想,也可以浏览扫读,抓住关键词语提取信息。

(四)运用批注,与文本进行对话

1. 指名说清杀狼事件造成的后果,其他同学听评或补充交流。

同学们自学得非常投入,通过阅读课文,了解了这件事的来龙去脉及造成的后果。

2. 关注说明方法。

(1)紧扣森林的前后变化,体会作比较的巧妙

引导横向和纵向发现作者多次采用作比较的方法:

20世纪初,美国亚利桑那州北部的凯巴伯森林还是松杉葱郁,生机勃勃。

森林中的绿色植被在一天天减少,大地露出的枯黄在一天天扩大。

……

指名读 —— 看图片 —— 对比读出这截然不同的感觉。

（2）发现列数字表达妙处

文中有许多句子运用了列数字的说明方法，画出感触最深的一两处，交流自己的体会、感受。

这也引发我们新的思考——

出示倒数第二段，齐读：这与人们对狼和鹿的认识似乎是相悖的。童话中，狼几乎永远担着欺负弱小的恶名。如，中国"大灰狼"的故事和西方"小红帽"的故事。而鹿则几乎总是美丽、善良的化身。狼是凶残的，所以要消灭；鹿是善良的，所以要保护。罗斯福保护鹿群的政策，就是根据这种习惯看法和童话原则制定的。

同学们，这一个个血淋淋的数字都仿佛在告诉人们——

出示最后一段，齐读：凯巴伯森林中发生的这一系列故事说明，生态的"舞台"上，每一种生物都有自己的角色。森林中既需要鹿，也需要狼。仅仅根据人类自身的片面认识，去判断动物的善恶益害，有时会犯严重的错误。

3. 我们在六年的语文课文中，有三篇课文的课题带有"故事"二字（二下，《14. 邮票齿孔的故事》。三下，《7. 一个小村庄的故事》)，这样的课题中带有"故事"二字的文章，写法上往往有什么共同的特点？

4. 是的，这类文章往往在讲故事时将道理蕴含其中。只是有的是写出来的，有的没有写出来。

5. 学习运用质疑式、评价式批注的方法，与课文进行深度对话。

现在，请大家运用已经学过的质疑式、评价式批注，把文章蕴含的道理、自己的想法 —— 也可以是问题，在课文中写下一两处简单的批注。

6. 指名读批注，交流、分享、评价。

(五)设计图式,探究"鹿死林毁"的原因

1. 凭借关键词语或简单的图形符号,鼓励个体自主设计"鹿""狼""森林"之间现象、原因、后果间关系的图式。

读着、写着、想着,同学们深切地感受到了这件事所造成的严重后果,大家一定很想做做调查分析员,探寻为什么会造成这样惨不忍睹的后果吧。请大家再读课文,用喜欢的图式呈现自己对造成这一后果的原因的分析,可以是关键的词语,也可以结合运用简单的图形、符号。

2. 四人小组交流分享自主学习成果,引导互相评价。

自学得差不多了,就请大家在四人小组(或不超过六人的小组)中进行交流,互相评价,然后推荐小组内设计得比较好的代表贴在黑板上展示自己的创意分析图式。

3. 全班交流、分享、评价,鼓励学生设计有创意的、多元的图式。

(六)联系实际,写写阅读体会

1. 类似凯巴伯森林中发生的这样一系列的故事还有很多呢,请和大家交流一下自己曾经看到的、课前搜集的资料。

(1) 预设学生找到的其他例子,比如:

①澳洲大陆在长期的演变过程中,形成了自己的生态系统,英国人在19世纪60年代引入欧洲野兔,结果繁殖成灾,使草原破坏非常严重,当时的澳洲人常常谈兔色变。

澳大利亚原本没有兔子。1859年,一个叫托马斯·奥斯汀的英国人来澳洲定居,随身带来了24只野兔,放养在庄园里,供他打猎取乐。后来,宠物兔子陆续逃亡到了野外,100年后,奥斯汀绝对没有想到,这24只野兔的上亿"子孙"给整个澳大利亚带来了无尽的烦恼。野兔发现,这里简直是它们的天堂:有茂盛的牧草,却没有鹰等天敌。它们与牛羊争牧草、啃树干,常常把数万平方公里的植物啃吃精光,严重破坏植被,导致水土流失,导致其他种类野生动物面临饥饿,甚至有灭绝的

危险。

专家计算,这些野兔每年至少造成1亿美元的经济损失。澳大利亚人开始想尽办法控制兔子的扩散和繁殖——筑围墙、打猎、捕捉、放毒、引进天敌狐狸等。但是,兔子的繁殖力极为惊人,一对兔子一年可生下成百上千只兔子。因此,至今兔子仍是澳大利亚的祸害。

②20世纪30年代,一些商人把非洲的大蜗牛运到夏威夷群岛,供人养殖食用。有的蜗牛老了,不能食用,就被扔在野外,不到几年,蜗牛大量繁殖,遍地都是,把蔬菜、水果啃得乱七八糟。人们喷化学药剂,连续15年翻耕土地也不能除净。

(2) 适时补充,快速阅读《蛇与庄稼》(略)以及《蝴蝶效应》:

1961年冬季的一天,洛伦茨(E·Lorenz)在皇家麦克比型电脑上进行关于天气预报的计算。为了考察一个很长的序列,他走了一条捷径,没有命令电脑从头运行,而是从中途开始。他把上次的输出直接打入电脑作为计算的初值,但由于一时不慎,无意间省略了小数点后六位的零头。然后他穿过大厅下楼,去喝咖啡。一小时后回来时发生了出乎意料的事,他发现天气变化同上一次的模式迅速偏离,在短时间内,相似性完全消失了。进一步的计算表明,输入的细微差异可能很快成为输出的巨大差别。在气象预报中,这被称为"蝴蝶效应"。

1979年12月29日,洛伦茨在华盛顿的美国科学促进会发表题为"可预言性:一只蝴蝶在巴西扇动翅膀会在德克萨斯引起龙卷风吗"的著名演讲:引发科学探究的热点。

2. 读最后一个自然段,运用多种方法写好一段两三百字的体会。

温馨提示——

方法1:抓住关键词句展开;方法2:联系上文;方法3:联系生活实际;方法4:联系补充资料……

3. 交流、分享和评价。

(七) 拓展延伸,完成选择作业

1. 小结回顾本课学习收获。
2. 完成其中一项作业:
(1) 再次搜集感兴趣的资料,运用课堂学到的方法阅读;
(2) 给罗斯福总统写一封信,表达自己的看法与建议。

第十二章
监控策略研究

第一节　监控策略概念阐释

元认知监控应用在阅读教学中,可以理解为是对阅读全过程的一种监督、调整和评价,其功能不仅是为了阅读理解的完成,更重要的是为了监测其完成的过程和效果。近年来教育工作者对阅读策略的研究逐渐深入,针对阅读过程中碰到的困难,不同层次的个体采用的阅读策略也各不相同。正如本书阐述的预测策略、提问策略、联想策略、联系策略、推论策略等等,它们各有各的特点,各有各的运用范围和效果。如何在阅读过程中有效使用这些策略,怎样进行调节和评价等,这些都需要元认知的监控。只有正确运用阅读监控策略,学生才能自主地对自己的已有知识经验进行体验、预测、验证和确认,从而提高阅读的兴趣和能力。

《义务教育语文课程标准(2011版)》指出:"注重个性化的阅读,充分调动自己的生活经验和知识积累,在主动积极的思维和情感活动中,获得独特的感受和体验。"这表明学生主体要积极参与到阅读教学中来,使阅读成为一种内在的需求,使学习的任务成为学生内在的自学要求。在这一过程中,阅读监控策略的运用显得尤为重要。一方面,通过教师的指导、培训,促使学生熟知、理解监控策略,能有运用各种阅读策略阅读的意识,获得阅读的体验。另一方面,在不断地实践、练习中,学生逐渐学会自我监控,掌握各种阅读策略,能根据阅读的要求自主自如阅读、调节和反馈,汲取更多的精神养分,养成终身阅读的好习惯。

一、阐述概念

阅读监控策略始终伴随于整个阅读过程中,它始终对阅读活动的进行状态进行监视、评估,并在需要的时候做出合理调整、采取适当的补救措施解决阅读过程中出现的各种问题。[1]在阅读过程中进行监控,就可以对阅读理解这一智力活动过程进行有效调控,从而提高理解效率和成功程度。

阅读监控策略有着多方面的应用内容以及多样化的表现形式。应用体现于阅读理解目标的确立与修正,明确阅读理解要求;阅读材料各方面的性质、特性分析的认定与修改;阅读理解方法、策略的选定与调整;具体阅读步骤的实施;理解过程的感知、调控;理解结果的检测、评价以及反馈后的策略调整上。对整个阅读理解过程不断监控、调节、循环上升,从而提高阅读理解的质量、效果。[2]

以上的阅读策略概念涉及的对象是具有一定阅读能力的初高中学生或是成人,而小学阅读,面对的是6—12周岁的学生,其阅读策略应具有独特性和针对性。根据各个年段《课标》中对学生阅读的要求,以及国际学生评价项目PISA(Program for International Student Assessment)阅读测评重点测试学生认知文本、解释文本、概括文本与评鉴文本的目标,我们将阅读监控策略概念定义为:

学生在阅读过程中,能就认知文本、解释文本、概括文本与评鉴文本四个层级能力目标,按年段要求分层级进行自我评价,并且能选择适合自己的阅读策略进行调控,从而有效完成阅读过程,提高元认知能力。

二、明晰内涵

阅读监控策略内涵极为丰富,主要包括设定阅读目标、监视阅读进程、选择阅读策略、检验阅读效果和调整阅读策略等子过程。在日常的阅读教学过程中,这些子过程并非单一、直线地进行,往往以复杂、多元、交

---

1 燕志伟.小学四—六年级学生阅读理解监控能力研究[D].辽宁师范大学,2001:4.
2 谢强.语文阅读理解中的自我监控[J].洛阳师范学院学报,2000(04):82—83.

互、往复的形式存在着。[1]

学生的阅读监控,事先要有计划,使学生明白阅读的目的和要求,有时还能进行预测;具体阅读过程中,能选用理解策略、自我提问策略等不同的阅读策略,明白文章主要观点是什么,能根据文章中所提取的信息进行分析和猜测,并预测下一步会发生什么,该做如何评价等;阅读后,针对阅读信息的反馈,以及教师在阅读过程中的示范、练习、讲解等,检验自己的阅读成效,掌握进行文章理解监控的程序性知识和策略性知识。

(一)计划监控——确定阅读目的,选择阅读策略

凡事预则立,不预则废。计划监控是成功阅读的前提。阅读前,教师通过分析作品的特点、阅读要求、学习环境、确定恰当的阅读目的,选择合适的阅读策略,使阅读活动能够顺利进行。[2]

小学语文教材每一单元同一主题的课文,表达上有共同点,阅读要求也大多相似。这就需要教师引领学生习得相应的阅读方法和策略,使学生能根据要求选择适合自己的阅读方法同时变换策略。现以小学语文六上第一单元为例,用表格形式陈述单元课文与阅读目标、阅读策略之间的关系:

单元主题	课文	单元阅读目标	选择相应阅读策略
走进大自然	《1. 山中访友》	体会作者如何进行观察、如何展开联想和想象,表达自己独特的感受	运用阅读批注策略,感受联想和想象将事物表达生动形象的特点
	《2. 山雨》		
	《3. 草虫的村落》	品味优美的语言,通过背诵、练笔等形式不断丰富语言的积累	分角色朗读、体验,激活原有知识经验策略;运用迁移策略,仿写,语用训练
	《4. 索溪峪的"野"》		

当然,教师对这一单元的教学计划监控是清清楚楚、了然于胸的。但

---

1 左淑静. 关于阅读理解监控策略的几点认识 [M]. 吉林省教育学院学报,2013(6): 96.
2 燕志伟. 小学四—六年级学生阅读理解监控能力研究 [D]. 辽宁师范大学,2001: 4.

也要让学生真正明确阅读目标,选择阅读策略,安排阅读步骤,这需要一个循序渐进、由浅入深的过程。

教师有目标的指导是基于课堂内文本材料而进行练习与评价的语言活动,目的是让学生意识到使用阅读策略的好处。但如何让学生把已学会使用的策略迁移到其他材料的阅读中呢?这就需要教师给学生一些新的文本材料,让他们自己去联系、练习、巩固阅读策略。比如上表中有关语用的迁移策略,教师可出示新的文本,让学生找出联想与想象的内容,体会文中有了联想与想象的妙处,自己尝试着写写这样的语段。教师要及时评价学生的成功之处,促进其以后更加自觉地使用该策略,同时学生也从中明白,在阅读此类写景文章时,使用该策略对提高阅读速度与准确度都有帮助。

(二)理解监控 —— 领会阅读内容,调整阅读策略

阅读中,学生随时检查是否理解所读文章内容。当理解出现困难时,及时调整阅读策略,改变注意水平和阅读速度,这是成功阅读的关键。[1]

领会理解阅读内容,一般包括认读文本、解释文本、概括文本和评鉴文本四方面的层级。每一层级能力的培养,都需要教师指导学生选用最有效、最恰当的阅读策略来完成。例如,当前阅读教学过程大都有"初读课文,整体感知"这一环节,说说课文主要讲了什么。那相应的认读文本的方法就有很多:

1	找出记叙文六要素
2	找关键词语
3	找中心句、过渡句、首尾呼应的句子
4	串联各段意思
	……

---

[1] 燕志伟.小学四 —— 六年级学生阅读理解监控能力研究[D].辽宁师范大学,2001:4

根据文本的特点以及学生阅读水平的不同,学生会选定适合自己的阅读策略。但最后的呈现,阅读速度和阅读的效果会不一样。这就需要教师指导,帮助学生在有限的时间内自觉寻找有效策略,快速提取所需信息,作出正确整合或是概括。

阅读目标决定着阅读策略,但当学生个体出现较大差异时,阅读策略也要因人而异。例如上文所述,教学六上第一课《山中访友》,在"引导学生体会作者如何进行观察、如何展开联想和想象,表达自己独特的感受"采用的阅读策略是批注策略。在教学实际过程中,有些学生的批注非常简单,很不规范。没有对联想和想象的句子进行充分的、合理的阐释,更没有联系自身的经验、体悟。针对如此状况,教师应及时调整阅读策略。允许学生:(1)找出联想想象的句子,深情地朗读;(2)写出这些联想想象的句子所用的修辞手法;(3)仿照教师出示的优秀批注范例,动手实践。通过多种形式的选择、调整,让后进的学生都得到锻炼的机会,获得愉悦的体验,这种体验将成为学生自我监控的动力。

总的来说,当发现学生阅读理解出现了问题,理解不够正确与深刻时,应及时调整阅读策略,顺接下面的教学环节,这样可促使学生在有限的时间内获取更多的阅读成果。

(三)评价监控 —— 反馈阅读成效,检验阅读策略

阅读后,评价阅读的理解程度,检验阅读的收获和成效,了解认知活动是否达到目的,这就是阅读的信息反馈。通过反馈评价,能使学生更积极地思考阅读过程中存在的问题以及解决的方法,且联系自身内在的自我监控活动的方方面面,更深刻、更透彻地去体验、认识,从而逐渐掌握自我监控的方法。

例如教学六上《老人与海鸥》,学生自读第15—17自然段,带着问题思考:从字里行间,你感受到了海鸥对老人有种怎样的情感,并说说你的理由。教师处理这一教学环节时,阅读目标很明确,希望学生能抓住这几

个自然段中的重点词句,体会句子意思,并揣摩作者是如何把海鸥与老人之间的感情写具体的。学生经过自主学习后,回答的深度参差不齐:有仅仅读几个句子的;有读句子却说不出清楚理由的;有读句子却说不全海鸥与老人的亲人般的情感的;当然也有个别学生不仅有根有据地说出海鸥与老人深厚情感并能联系自身实际来谈的。

检验此刻的阅读成效,教师可以借鉴"解释文本"的评价标准(见下表),让学生懂得答题的方法、技巧,如"阅读水平Ⅲ":在充分使用文本中的关键词句后,能联系自身的经验,准确、充分、合理地阐述。教师依据这个解释策略层级来评价学生的阅读成效,虽然部分学生达不到这个目标,但教师有意识地引导和不断地刺激后,学生能加深对"解释策略"的理解和巩固,并能举一反三,达到融会贯通的效果。

水平Ⅲ	能联系自身经验,充分使用文本中的信息,对文本的相关问题作准确、充分、合理、有序的阐释
水平Ⅱ	要考虑到文本的多个要素,整合文本的一些部分,以作出推断、确认观点、理解关系或分析意义
水平Ⅰ	有关问题在文本中观点明显,能正确使用这些观点阐释问题

评价监控最大的功能是培养学生对各种阅读策略进行评价、调控和整合,使学生成为真正的学习的主人。目标是使学生主动参与,积极建构,灵活、广泛地运用各种策略,做到熟能生巧,感受到深度阅读的快乐。

理论和实践证明,教师在阅读教学中引入监控策略,进行阅读监控策略训练,并传授适当的阅读技巧,能提高学生的阅读主动性、有效性和科学性,最终促进学生阅读水平的提高。阅读监控策略培训与指导是一项长期的工作,有利于学生养成受益终生的自主阅读习惯和模式。承担着这样的任务,我们小学语文教师任重而道远。

第二节　监控策略的教学目标

阅读中的监控是指在阅读过程中为了达到预定的目标,对阅读实践活动不断地进行积极、自觉的计划、监察、检查、评价、反馈、调节、控制,努力达成目标,以提升学生阅读能力和自我监控能力的一种行为。可见,阅读中的监控及自我监控活动是紧扣着目标展开的。

一、小学阶段监控策略教学总目标

根据《义务教育语文课程标准(2011年版)》课程总体目标第七条:"具有独立阅读的能力,学会运用多种阅读方法。有较为丰富的积累和良好的语感,注重情感体验,发展感受和理解的能力。能阅读日常的书报杂志,能初步鉴赏文学作品,丰富自己的精神世界。能借助工具书阅读浅易文言文。背诵优秀诗文240篇(段)。九年课外阅读总量应在400万字以上。"我们提出小学阶段监控策略教学总目标为:具有初步的阅读监控能力,学习并尝试运用计划、监控、调节、评价等多种阅读监控的方法。在阅读实践活动中能在教师监控基础上实施自我监控,有计划地开展阅读,有意识地调节阅读活动,能尝试客观地评价阅读效果。

(一)目标设计的三个维度

我们可以从阅读能力的提升、训练方法的选择、精神情感的体验三个维度来思考阅读教学中阅读策略的应用与策略目标的设计。

1. 聚焦阅读能力提升

阅读能力是一个人在阅读活动中形成的基本能力,也是个体终身从事学习的最基本的能力,是完成阅读任务的复杂结构的心理特征的总和。小学语文阅读教学的首要任务就是培养学生独立阅读的能力。我们可以将阅读能力分解为:认读、解释、概括和评鉴欣赏。

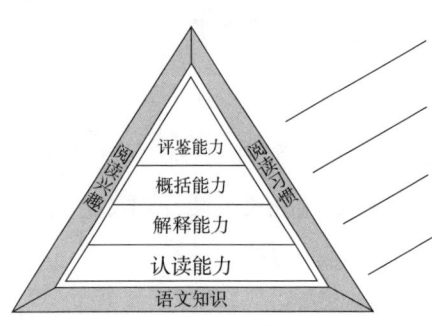

不同学生阅读同一文本材料,存在着一定差异。有的学生能快速地提取重要信息,相对准确地概括出文本大意;有的学生只能提取零星信息,说出一点两点,理解片面;有的学生根本无从下手,不知所云。为什么会出现这样的差异?深究原因,这就是学生阅读能力的差异,这也是语文阅读教学中实施监控策略的意义所在。

2. 关注方法习得实效

阅读能力的培养并非一朝一夕的事。这需要教师在日常的阅读教学中对学生的阅读实践活动进行有计划的监控,并授以多元的、行之有效的方法,不断实践,不断提升。

阅读能力	能力阐述	实践途径
认读能力	提取有用信息,快速感知内容	找出关键句子(中心句、过渡句、首尾照应的句子)、关键词、抓题眼等
解释能力	利用文本中提取的信息进一步阐释有关文本的问题	联系自身生活经验阐述;充分使用文本信息,联系上下文阐述;抓关键词、关键细节、人物行为和事件进行阐述;抓文本写作手法及作者的情感和观点进行阐述等
概括能力	概括段意、主要内容;概括小标题	概括主要内容常用串联段意、找中心句、利用课题、六要素等方法;概括小标题常用找关键词句的方法

续表

阅读能力	能力阐述	实践途径
评鉴能力	评价鉴赏富有表现力的语言及表达技巧,作者的情感、态度与价值观,布局谋篇的特点,个人独特的体验、感悟	一般围绕关键词进行表达,更多地着眼于思维的广度和深度,联系运用日常阅读积累,自主发挥和表达

3. 注重精神情感体验

阅读监控过程中教师不仅要授之以法,更要激之以情。语文阅读教学不同于基础性知识教学,特别是评鉴能力,很多时候需要学生有较为丰富的阅读积累和良好的语感,注重阅读实践中的情感体验,以激活原有知识体系,来发展感受和理解的能力。除了关注学生的各级阅读能力的发展,还要注重培养学生自我监控的主动性与能力。

(二)目标制订的三个原则

监控策略的目标制订与实施有其自身的特点与规律,所以要遵循一定的原则才能取得理想的效果,达到预期目标。

1. 适切性

根据不同学情、不同学段、不同文本材料要制订不同的监控目标,唯有如此,监控策略的实施才有针对性,才可操作,才有实效。如不同学段学生在各层级阅读能力的培养上各有侧重,目标制订各有重点,学习的监控方法也各不相同。

以监控阅读目标的确定为例:同一文本材料,是要提取重要信息、概括课文主要内容;还是要掌握文中的关键语言知识;或是学习文章的表达方法、写法布局?根据不同学段的要求,第一学段侧重学习运用激活元认知、生活经验的方法理解课文中重点字词的意思;第二学段侧重通过提取重要信息、串联等方法概括课文主要内容;第三学段则通过类比、联系,关注文章的表达、写法与布局,并尝试评价鉴赏。可见,目标确立应因人、因文、因时而异。

2. 互惠性

阅读教学中监控策略的实施主体是教师,但随着学生年段的升高,实施主体变得更为多元。除了教师之外,学生的自我监控和学生间的相互监控将全体学生也纳入了实施主体的范畴。师生间、生生间的相互监控体现了监控策略的互惠性原则。

在阅读实践活动中学生不再是被动的学习者,监控策略中的计划策略让教师授之以法,示范为先;而监控调节策略中的预设能在一定程度上帮助他们解决阅读中碰到的难题。这样的策略渗透在师生、生生间的交流互动背景中,确保学生能积极参与阅读活动,体验到策略运用中的成功感,最终在真实的阅读情境中快乐地体验阅读的成功。这使得学生在提升阅读能力的同时培养了自我监控能力,遵循了监控能力发展从他控到自控的规律,为学生最终能够完全独立地阅读铺路。

3. 渐进性

阅读能力、自我监控能力的培养有一个循序渐进、螺旋上升的过程,这是目标制订渐进性的集中体现。除了学段能力的承接、可持续性外,能力的内化外显也是层层递进、拾级而上的。阅读能力与阅读量一样有一个积累的过程,阅读策略的学习、运用也有一个内化的过程,内化得到的能力正是训练目标所指,而后才能在学生的阅读实践活动中得以显现。这是由量到质的飞跃。

二、小学各学段监控策略教学目标

以《课标》总体目标为纲,基于以上的三维度和三原则,制订学段目标。

第一学段(1~2年级)

略。

根据一二年级学生身心发展规律,他们好奇心强,注意力集中时间较短,自控自律能力相对较弱,不适宜进行监控策略的学习。

第二学段（3~4年级）

1．能在教师指导下尝试运用阅读监控策略开展阅读实践活动，初步形成一定的自我监控意识。

2．能试着根据阅读目标，在教师指导下选择合适的阅读方式开展阅读活动。

3．阅读理解过程中能尝试运用图像化、提问、联想推论、批注等阅读策略开展阅读活动，以达到预期的阅读目标。

4．初步学习预测、质疑、总结、澄清（互惠教学法）[1]等监控策略完成阅读实践活动。

5．能试着根据提供的指标、等级评价自己的阅读成果。

第三学段（5~6年级）

1．有较强的自我阅读监控意识，在阅读实践活动中能尝试运用多种方法开展自我监控。

2．能根据阅读目标，试着选用朗读、默读、略读、浏览等一种或几种阅读方式开展阅读实践活动。

3．阅读理解过程中能尝试通过联系、比较、概括、找出重点、批注等策略调控阅读活动，以达到预期目标。

4．能初步把握预测、质疑、总结、澄清（互惠教学法）等监控策略完成阅读实践活动。

5．能相对客观地评价自己阅读活动的达成情况，并加以反思。

阅读监控过程中应注重培养学生计划、监控、调节、评价的能力。这种综合能力的培养，各学段各有侧重，不能把它们机械地割裂开来。

在理解阅读监控策略的学习、运用过程中，提倡多角度、有创意的阅读，运用多种阅读策略等方法不断提升学生自我调节监控的能力，提高阅读质量。

---

[1] 马明胜．互惠教学简论[J]．天津市教科院学报，2006（6）：44．

学段目标由低到高,螺旋上升,最终是为了达成学生由"他控"到"自控"、由"外控"到"内控"的过渡。

三、达成要素

目标的制订不但要科学、恰当、有针对性,最重要的还要可操作、可检测,否则就是空中楼阁,可望而不可即了。监控目标达成的三要素可简化为下图所示:

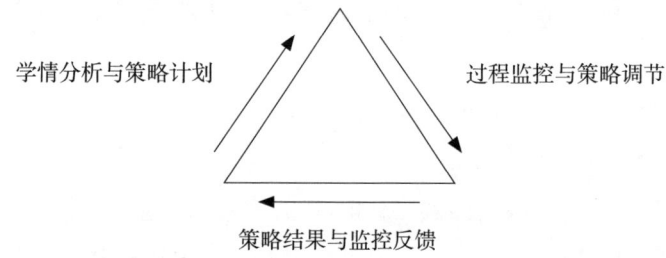

(一)针对学情计划

学情分析与策略计划主要着眼于学生的实际学情。如学生原有的知识建构、生活经验、阅读能力都是教师在计划监控时应该考量、分析的。根据学情制订有针对性的阅读目标来激活学生原有的知识,通过比较、归类、扩展等形式,将所读文本与先前的知识体系相联结,不断丰富、完善其构成。

(二)过程化监控调节

过程监控与策略调节是监控目标达成的一大途径。小学阶段的学生,特别是第一学段的学生,阅读能力相对较弱,阅读习惯还未形成,需要教师对学生阅读实践活动全程监控。当发现学生活动偏离计划目标时,要及时调节,或放慢速度,或进行回读讨论,或联系旧知以达到预期阅读效果。而对于中高段的学生,教师在监控过程中可以适度引导学生进行自我监控,通过学生的小组合作、互动交流、自我质询等形式不断提升其自我监控的能力,帮助学生养成独立阅读能力。

(三)阶段性检测反馈

策略结果与监控反馈是教师重新获得学生学情的有效手段。通过一个阶段的阅读监控,学生的阅读能力在原有基础上有提升,不同学生间有差异。通过阶段性检测反馈,教师可以收集到第一手的资料。采用建立学生阅读档案袋,制定阅读能力提升量表、分析个体差异原因、开展全员阅读反馈等多种形式、多元主体的检测反馈,既为教师制订下一阶段监控目标提供数据资料,也为学生阅读指明方向。

学情分析与策略计划、过程监控与策略调节、策略结果与监控反馈三者相互联系,循环往复,逐级提升学生的阅读能力。

第三节 监控策略的教学内容

《义务教育语文课程标准（2011年版）》指出，"阅读是收集处理信息、认识世界、发展思维、获得审美体验的重要途径"。可见，阅读理解是人类特有的心理活动，是高级的智力活动，阅读中所伴随的监控策略已经深入意识和思维的最深层次。

监控策略，是指在学习活动中能够自动排除干扰，执行学习计划，反思是否遵照计划或运用预定的策略、方法达到学习目标。学生通过监控策略发现问题，思考是否还有别的方法、是否正在接近目标、是否还需要新的方法策略，因此，监控策略既是作为特定领域的知识而存在，又作为工具而发挥作用。

首先，我们将课程标准中三个学段有关阅读方面的目标做了如下厘清：

		第一学段	第二学段	第三学段
阅读	态度	1. 喜欢阅读，感受阅读的乐趣	同第一学段	同第一学段
	朗读	2. 学习用普通话正确、流利、有感情地朗读课文	1. 能用普通话正确、流利、有感情地朗读课文	1. 能用普通话正确、流利、有感情地朗读课文
	默读	3. 学习默读，做到不出声，不指读	2. 初步学会默读。能对课文中不理解的地方提出疑问	2. 默读有一定的速度，默读一般读物每分钟不少于300字
	理解词句	5. 结合上下文和生活实际了解课文中词句的意思	3. 能联系上下文，理解词句的意思，体会课文中关键词句在表情达意方面的作用。能借助字典、词典和生活积累，理解生词的意义	3. 能借助词典阅读，理解词语在语言环境中的恰当意义，辨别词语的感情色彩 4. 联系上下文和自己的积累，推想课文中有关词句的内涵，体会其表达效果

续表

		第一学段	第二学段	第三学段
阅读	理解篇章	6．阅读浅近的童话、寓言、故事，向往美好的情境，关心自然和生命，对感兴趣的人物和事件有自己的感受和想法，并乐于与人交流	4．能初步把握文章的主要内容，体会文章表达的思想感情	5．在阅读中揣摩文章的表达顺序，体会作者的思想感情，初步领悟文章基本的表达方法。在交流和讨论中，敢于提出自己的看法，作出自己的判断
	体悟体裁	7．诵读儿歌、童谣和浅近的古诗，展开想象，获得初步的情感体验，感受语言的优美	5．能复述叙事性作品的大意，初步感受作品中生动的形象和优美的语言，与他人交流自己的阅读感受	6．阅读说明性文章，能抓住要点，了解文章的基本说明方法 7．阅读叙事性作品，了解事件梗概，简单描述自己印象最深的场景、人物、细节，说出自己的喜欢、憎恶、崇敬、向往、同情等感受。阅读诗歌，大体把握诗意，想象诗歌描述的情境，体会诗人的情感。受到优秀作品的感染和激励，向往和追求美好的理想
	积累词句	5-2．在阅读中积累词语	8．积累课文中的优美词语、精彩句段，以及在课外阅读和生活中获得的语言材料	
	背诵	9-1．积累自己喜欢的成语和格言警句。背诵优秀诗文50篇（段）	9．诵读优秀诗文，注意在诵读过程中体验情感，背诵优秀诗文50篇（段）	10．诵读优秀诗文，注意通过诗文的声调、节奏等体味作品的内容和情感。背诵优秀诗文60篇（段）
	课外阅读量	9-2．课外阅读总量不少于5万字	10-2．课外阅读总量不少于40万字	11-2．课外阅读总量不少于100万字
	标点	8．认识课文中出现的常用标点符号。在阅读中，体会句号、问号、感叹号所表达的不同语气	6．在理解语句的过程中，体会句号与逗号的不同用法，了解冒号、引号的一般用法	9．在理解课文的过程中，体会顿号与逗号、分号与句号的不同用法

续表

		第一学段	第二学段	第三学段
阅读	习惯	10．喜爱图书，爱护图书	10-1．养成读书看报的习惯，收藏并与同学交流图书资料	11-1．利用图书馆、网络等信息渠道尝试进行探究性阅读，扩展自己的阅读面
	其他	4．借助读物中的图画阅读	7．学习略读，粗知文章大意	8．学习浏览，扩大知识面，根据需要搜集信息

通过表格，我们可以清晰地看到各个学段的阅读能力各有侧重。在具体的教学过程中，监控策略有哪些侧重呢？我们以第二学段、第三学段中的部分单元为例，简单地举例说明。

		单元目标	教师监控	学生自我监控
第二学段	三年级上册第四单元	1．认识21个生字，会写16个生字，理解生词的意思，积累好词好句 2．以文本为范本，感受人物严谨、科学的工作作风和细致的观察态度 3．通过《花钟》《玩出了名堂》《蜜蜂》《找骆驼》等文本的学习，激发观察周围事物的兴趣，初步学会观察的方法，养成观察的习惯 4．能够在日常生活中留心观察、仔细思考、搜集资料，学会写观察日记	《花钟》《蜜蜂》《玩出了名堂》（三篇精读课文） 【本组教学初步培养学生科学的思考方法和学会正确的观察方法。教师可以通过预测、提问、概括等监控策略，激发学生观察的兴趣，引导学生初步学会观察身边事物的方法，学会写观察日记以实现教学目标】	《找骆驼》（略读课文） 【课文情节简单，对话较多，在教师引导下，运用分角色朗读的方法能加深对课文的理解。同时，逐步自我监控运用本单元已学到的观察方法，感受老人细致敏锐的观察力，说清老人观察思考的过程】
	三年级下册第六单元	1．会认19个生字，会写42个生字。掌握要求掌握的词语 2．有感情地朗读课文，背诵课文，初步学习阅读说明文，体会说明事物的一些方法 3．理解课文内容，了解有关太阳、月球、机器人等相关知识，初步认识它	《太阳》《月球之谜》《我家跨上了"信息高速路"》（三篇精读课文） 【在本组课文的学习中，资料的搜集非常重要，拥有一定的相关资料不但对课文内容的理解至关重要，也有助于激发学生对科学的	《果园机器人》（略读课文） 【通过"合作探究"和"朗读感悟"的方法，说清果园机器人的特点及作用。借助概括策略，联系策略，学习自我监控，提高学习效率，激发对机器人世界和科技的兴趣，

续表

		单元目标	教师监控	学生自我监控
第 二 学 段	三年级下册第六单元	们与人类的密切关系,激发对自然科学、对网络和科技的探索,培养独立阅读的能力 4. 选择一件感兴趣的东西,充分发挥想象,并写下来	兴趣。另外,要发挥学生的想象力,从课文的学习到完成口语交际和习作,无不需要丰富的想象,没有想象就没有科学创造的说法在这里得到了充分的体现】	继续培养独立阅读的能力】
	四年级上册第四单元	1. 学认生字35个,学写35个;在阅读中理解和积累词语45个;学习摘录笔记,结合单元主题理解和积累词语、句子 2. 有感情地朗读课文,分角色朗读课文,在阅读中进行感悟,提高阅读的能力;通过读书感受到动物的可爱、可敬,知道同样是写动物,观察角度不同,心理体验不同,运用的表达方法就不同,语言也就各具特色 3. 从中体会不同风格的语言表达,进而丰富自己的语言积累	《白鹅》《猫》(两篇精读课文) 【本单元最典型的两篇课文。教师除了引导学生读书,体会作者的思想感情外,还要让学生在具体的语言环境中品味词句,将读、说、悟、写融为一体,将学生的语文实践落到实处。这就需要教师灵活运用联想策略、比较策略、概括策略等,监控学生的学习过程,授之以渔】	《白公鹅》《母鸡》(两篇略读课文) 【发现《白公鹅》和《白鹅》这两篇课文中内容相似的部分,在阅读理解监控和自我监控下,说出同一个意思用不同方式表达的奇妙之处】
	四年级下册第五单元	1. 会认本单元的22个生字,会写17个生字。掌握多音字"悄"的读音和用法 2. 默读有一定的速度,体会本组课文在写作上的共同特点——由某一件事或某一现象引发思考,表达自己对生命的理解和感悟 3. 根据文章中心,用"取主舍次"的方法概括文中的事例 4. 抓住重点词语,联系上下文理解文中含义深刻的句子	《触摸春天》《生命 生命》(两篇精读课文) 【鉴于本组课文的共同点——由某一件事或某一现象引发思考,表达自己对生命的理解和感悟。这一事理类的文章在教学中要引导学生关注文章中的动人细节,并明白作者为什么这么写,为什么把这些内容作细致表达的处理,即理解文章中含义深刻的句子。运用比较	《永生的眼睛》《花的勇气》(两篇略读课文) 【鉴于身心特征,学生对生命的意义缺乏深刻的理解,因此要结合上下文理解,联系自己的生活经验来说说生命的意义和价值。这一单元,自我监控更多地运用于生活经验的获取】

续表

		单元目标	教师监控	学生自我监控
第二学段	四年级下册第五单元	5. 背诵积累文中的好词佳句和日积月累中的名言	策略、概括策略等阅读理解监控策略,提升学生的阅读力】	
第三学段	五年级上册第五单元	1. 策划并开展简单的小组活动,学写活动计划 2. 通过了解汉字谐音的特点,体会汉字文化丰富有趣。初步了解汉字的起源,引发对汉字的兴趣 3. 初步了解汉字的演变,学习欣赏汉字书法艺术,培养对祖国语言文字的自豪感;提高对祖国语言文字的认识,养成不写错别字的习惯 4. 学写简单的调查报告 5. 认识24个生字	综合性学习:遨游汉字王国 【本单元是语文综合性学习。教师可以根据学生的实际情况,引导学生阅读两个板块的"活动建议",浏览"阅读材料",了解可以开展哪些活动,参考哪些材料。制订活动计划,分小组进行活动。最后展示学习成果。教师的监控重点在每一步活动的起始与过程,以帮助学生更好地开展活动】	综合性学习:遨游汉字王国 【按要求进行相关的语文阅读、实践活动。整个过程需要自我监控的"计划—检查—评价—反馈—调节"这五大环节】
	五年级下册第六单元	1. 了解信息传递方式的变化及这些变化对人们生活、工作和学习的影响 2. 了解现代信息传播的主要方式,能正确利用媒体,学会选择信息,趋利避害 3. 初步养成留心信息的好习惯,逐步学会搜集信息、运用信息,善于和别人交流信息 4. 初步学会有目的地搜集和处理信息,学写简单的研究报告 5. 认识19个生字	综合性学习:走进信息世界 【本单元的综合性学习是现有的人教版小学语文教材中最接近"非连续性文本"的。尤其是《关于李姓的历史和现状的研究报告》中的研究表,列举了李姓调查方面和内容的关联,教师要组织学生开展学习交流。阅读指导中教学生发现有价值的信息并整合信息,进行简单的推论,培养阅读能力】	综合性学习:走进信息世界 【逐渐自我监控进行类似"非连续性文本"的梳理与交流,从而能够系统地、有依据地发现、搜集、整理信息】

续表

		单元目标	教师监控	学生自我监控
第三学段	六年级上册第七单元	1. 学会19个生字及新词。有感情地朗读课文 2. 感受人与动物之间真挚感情的同时,学习如何把这种感情真实、具体地表达出来,并进行语言积累 3. 说说自己知道的动物故事,使同学从你描述的故事中体会动物的情感,加深对动物的了解和认识 4. 通过比较找出内容和写法上的相同点和不同点,学会在阅读中总结和反思,不断提高阅读能力 5. 积累古诗 6. 通过阅读相关的动物书籍,继续了解动物故事,培养良好的课外阅读习惯,做好从课内阅读向课外阅读的延伸	《老人与海鸥》《最后一头战象》(两篇精读课文) 【整合其他课程资源,可以借用六上科学"种类繁多的动物"这一章节,在课堂中让学生快速阅读图和两段非连续性文本,并思考:地球上种类最多的动物是什么?读了这些文字,你对人与动物如何相处有什么新的思考?学生很容易得出这样的结论:人只是动物王国150多万种动物中的一员,我们应该与其他动物和谐相处。这样,既加深了学生对课文的理解,也培养了他们信息提取的能力】	《跑进家来的松鼠》《金色的脚印》(两篇略读课文) 【所选的课文,有的篇幅较长,需要潜心阅读,感受动物丰富的内心世界,感受人与动物之间的真挚情感,知道作者的表达方法】
	六年级下册综合复习	1. 把握文章主要内容,有感情地朗读课文,积累自己喜欢的好词好句 2. 通过读文,理解文章大意 3. 完成课后练习,巩固阅读方法	【搞好复习的关键是调动学生的积极性,使学生主动地自学自练,自测自评。每次复习,教师应提出具体、明确的要求,并安排比较充裕的时间,让学生自己按要求认真读书,完成相关练习(有的练习应笔头作答,有的可在书上勾画批注或列出简单提纲,为交流时的发言做好准备),在此基础上组织适当的交流检查,引导学生自我评价。也就是说,老师的教学监控重点在于对学生学习过程的监控】	【这一部分的知识点,以自学自练为主,综合检测语文素养。通过自我监控运用批注、概括、找重点等阅读策略,努力提升阅读力。其中第八课还有非连续性文本,学生在自主阅读的基础上,还可以补充学习"清开灵冲剂使用说明书"等内容】

其次，学生阅读力的提升源于课外阅读的积淀。

近几年十分流行的 PISA 测试（由 OECD 的成员共同开发的国际性教育成果比较、监控项目），其所测试的阅读素养主要是学生的阅读能力，它从获取信息的能力、解释文本的能力、思考和判断的能力三个层面来衡量学生的阅读能力。为了提高学生的阅读质量，也为了减少家长选书时的困惑，2011 年 4 月 21 日，由朱永新创办的公益研究机构"新阅读研究所"组织推荐的"中国小学生基础阅读书目"中，包含 30 本基础阅读书目和 70 种推荐阅读书目，按小学低、中、高学段，分别精选出文学、科学、人文类各若干本。我们将其中的 30 本基础阅读书目按最常用的几种监控策略，做了简单的分类。

	预测监控	批注监控或图像化监控	概括监控	提问监控
小学低段	《蝴蝶·豌豆花》《稻草人》《没头脑和不高兴》	《蝴蝶·豌豆花》《神奇校车（在人体中游览）》	《不一样的卡梅拉（我想去看海）》《第一次发现（濒临危机的动物）》《千字文·三字经·弟子规》	《小猪唏哩呼噜》《猜猜我有多爱你》《中国神话故事》
小学中段	《宝葫芦的秘密》《奇妙的数王国》	《安徒生童话》《亲爱的汉修先生》《让孩子着迷的77×2个经典科学游戏》《林汉达历史故事集》	《三毛流浪记》《安徒生童话》《长袜子皮皮》《书的故事》	《千家诗》《让孩子着迷的77×2个经典科学游戏》《书的故事》
小学高段	《西游记》《我的妈妈是精灵》《地心游记》	《西游记》《草房子》《科学家故事100个》《昆虫记》	《城南旧事》《夏洛的网》	《我的妈妈是精灵》《夏洛的网》《昆虫记》《孔子的故事》《少年音乐和美术故事》

除了这份推荐书目外，凤凰语文读书会也为小学生推荐了 120 本儿童阅读书目。从"绘本、经典童话、幻想童话、成长童话、动物童话、幻想

小说、科幻名著、历险童话、幽默童话、经典小说、古典名著、民间故事、成长小说、历险小说、亲情小说、问题小说、动物小说、历史演义、寓言、诗歌、科普文艺、人物传记"22个系列按学段进行分类推荐。

阅读教学中教师是主导,学生是主体,只有积极调动学生学习的积极性,才能让学生主动阅读。也只有这样,学生的自我监控意识才会逐步加强。学生只有对学习进行有效的自我监控,其自主学习才能成为可能,才能学以致用,才能真正发挥监控策略对学生阅读力提升的作用。

第四节 监控策略的教学实践

策略指的是认知策略,也就是用于完成学习任务的认知活动过程。所谓监控策略教学,是指通过教学提高学生对学习要求的意识,掌握和运用恰当的策略来完成学习任务,形成监控策略运用的能力。

哈里斯和普雷斯利(Harris&Pressley)(1991)正是从建构意义的角度去描述策略教学模式的特征:"好的监控策略教学不是死记硬背,学生不仅仅记住策略操作的步骤和机械地执行这些步骤,监控策略教学更不是简单反复的操练。好的监控策略教学应使学生认识到运用策略的目的,策略怎样和为什么起作用,何时何地可以运用策略。在教学情境中指导学生充分练习直至掌握。而且要引导学生积极参与对策略的评价、调控和整合,使之成为学习的主动者。这样,师生在教学中对策略形成新的认识。这就是监控策略教学的建构模式。"

所以,笔者试图从阅读前——阅读中——阅读后三大环节对监控策略教学的建议进行阐述。

一、阅读前 —— 针对性学情计划

教师在阅读前,进行计划监控,在学生原有的知识建构、生活经验和各项能力的基础上进行分析,制定出适合学生的有针对性的教学目标,并激发学生的阅读兴趣,激活学生的原有知识结构,通过回忆、整合、联结等方式,将新的文本知识与旧的知识体系相联系,并在最近学习区域内进行完善和促进。

如《桥》的课例中:

师：(板书"桥",齐读)今天我们要来看一篇文章,题目叫"桥"。如果你是作者,你会写些什么？（让学生上台板书：介绍桥、写事、记人等）

生：写一篇说明文,描写一座桥的外形、特点等,我们学过的《赵州桥》就是这么一篇说明文。

生：写一篇写景文,描写家乡桥及周围的美景,抒发自己对家乡的热爱之情。

生：我会写一篇科普文,想象未来的桥长什么样,以前学过的《兰兰过桥》就是一篇写桥的科普文。

生：我会写发生在桥上的一件事等等,或者与桥有关的事。

师：我们学过哪篇课文跟桥有关的,在写一件事的？

生：《跨越海峡的生命桥》。

师：是啊,刚才大家都能紧扣"桥"这个课题展开构想,或是说明文,或是记叙文,或是写实的,或是想象的,非常好。我们以后拿到一篇课文,就可以联系自己以前学过的或看过的相似的课文,从课题出发,预测一下课文会写些什么。(板书：预测)那么今天这篇以"桥"为题目的文章,会写些什么内容呢？让我们去看看吧。

在这个教学片段中,教师不布置任何预习作业,不让学生事先接触课文,同时,让学生针对课题进行预测,这是预测的一种方式。其目的在于激发学生对课文的探究兴趣,同时能让学生了解如何针对课题展开文本叙述,从而产生成就感。在预测的过程中,学生又联结了过去所学过的有关桥的课文,把过去的旧有知识结构与现有的即读文本进行碰撞,意图整合出新的内容,从而自然地设定了新的教学目标——感知课文主要内容。这是阅读前针对性学情计划监控的一种常有模式。

二、阅读中 —— 过程化监控调节

过程监控与策略调节是监控目标达成的一大途径。过程监控与策略调节又分教师监控与学生自我监控两大方面。

（一）教师监控

小学阶段的学生，特别是低段的学生，阅读能力相对较弱，阅读习惯还未形成，这就需要教师对学生阅读实践活动全程监控，也就是所谓的教师监控。当发现学生活动偏离计划目标时，要及时调节教学手段，或放慢速度，或进行回读讨论，或教师评价，或联系旧知以达到预期阅读目标和阅读效果。

如在教学苏教版第二册《世界多美呀》的课堂上就出现了体现教师监控的片段。

师：刚从蛋壳里出来的小鸡，看到蓝湛湛的天空，绿茵茵的树木，碧澄澄的小河情不自禁地说：世界多美呀！小朋友，你能说说周围的世界有多美吗？

生：大街上有一幢幢漂亮的房子。

生：我们学校门前有一个新建的街心花园，一到夜晚，五颜六色的彩灯全亮了，很漂亮。

生：小鸟在天空中飞来飞去。

生：我们学校有绿茵茵的草地、假山、喷水池。我们的学校像花园一样美丽。

生：（自言自语，轻声地说）有什么美？我觉得我们周围的世界没有很美。

师：（初听一愣，随后亲切地问道）刘柳同学，你能把你的想法大声地告诉大家吗？

生：（站起来说）我认为我们周围的世界没有很美。你们看大街上房子多，树木少，树木也不是绿茵茵的。街道上到处是一层灰，黄乎乎的。再看我们的章江河，由于大家不注意卫生，已经变成了一条黄而浑浊的小河了。我爸爸说这都是没有统一规划好、乱开发、乱搞建筑惹的祸。

师：噢，你能告诉老师，你爸爸是干什么的？在哪儿上班呢？

生：我爸爸在环保局上班。我爸爸常常对我说要保护大自然，开发好大自然。

师:(老师微微点头笑)我们班又多了一个环保小卫士。现在由于很多人为的原因造成了天空不够蓝,树木不够绿,河水不够清,破坏了大自然,破坏了我们周围世界的美丽。要使大自然恢复她原本的生态平衡,要使我们周围的世界变得比小鸡所看到的世界还更美丽,那我们该怎么办呢?先分学习小组讨论这个问题,再选出发言人来谈一谈。

生:要保护花草树木。

生:要禁止滥砍乱伐。

生:要人人动手多种树。

生:要多造花园和植物园。

生:要保护好动物,不要乱捕杀动物。

生:我爸爸说,要统一规划,不要盲目开发,乱建房屋。要人人动手清除章江河的脏物。

师:大家都说得不错。只要我们人人动手,多种花草树木,维护大自然的生态平衡,统一规划把房屋建设好,我相信我们周围的世界一定能比小鸡所见到的世界还要美。你们愿意从现在做起,从我做起吗?

生:愿意。

师:让我们每个人都献出一点爱,世界将变得更美丽。

在这个教学片段中,学生的——"我们周围的世界有什么美?"一句出乎意料的话,打破了原有的教学节奏和老师设定的路线,但上课教师没有听而不闻、视而不见,也并没有停留在"肯定"个别学生"独特"却消极的体验这一层面,而是马上调整教学,进行教师监控,进一步地从原因和"该怎么办"两个层面很自然地从学生的情感、态度、价值取向予以指导。教师在学生提出意见时,改变原来精心设计的教案,顺着学生学习的思路来引导学生学习。鼓励学生进行开放式探索。教学中尊重每一个学生的个性特征,鼓励不同的学生从不同的角度认识问题。学生敢想、敢说、敢创,体现了新课程理念,大大显现出教学的民主性和探究性。这节课,干扰不仅是意外的,而且具有一定的破坏性,但上课教师以不变应万变,轻松自如地把消极因素变积极因素,从容应对,合理恰当地运用了教师监控策略,对过程进行监控调节,使教学回归到预期的情感态度教学目标。

(二)学生自我监控

对于中高段的学生,教师在监控过程中可以适度引导学生进行自我监控,通过学生的小组合作、互动交流、自我质询等形式不断提升其自我监控的能力,帮助学生养成独立阅读的能力。

下面的这篇案例——特级教师靳学彦教学《陶罐和铁罐》,将教师监控和自我监控两者很好地融合在一起,并更注重于自我监控策略的运用。

揭示课题后,让学生自读课文,接着要求学生进行交流:你喜欢谁,不喜欢谁,理由是什么?

学生都说喜欢陶罐,不喜欢铁罐,还说了不少理由。

教师点评:你的发言说明你领悟了寓言的内涵。

(在此处的点评中,教师以简洁的言语做了肯定,运用教师监控简洁揭示了下面将要提到的寓意。)

这时,有学生自告奋勇说:老师,我想通过朗读表达自我的感悟,可以吗?

(在这一过程中,学生自我的质询做了自我监控,是读到深处的自我倾泻。)

教师点评:"太好了,请问你想读哪部分?"

(顺应学情,把自主权交给学生。)

读后,又有学生提出:"老师,我觉得第一句'何必这样说呢?'标点用得不对,建议改一下,把问号改成叹号或句号都可以。而且这一段叹号用得太多,干脆用句号吧!"

教师点评:"大家觉得呢?"学生讨论后,提出不同的意见。

(学生的自我监控引出教师的监控,而教师不急于表态,而是把问题抛给了学生,引发对文本的探讨,形成新一轮的学生自我监控。看似小小的标点,都蕴含着文本人物性格角色的分析。这里的自我监控和学生监控达到了淋漓尽致的融合。)

最后,学生要求自愿组合,形成创作小组,演这个故事。

(在演绎过程中,学生通过合作、讨论、对细节的推敲,不断进行自我监控,实现对文本语文的内化。)

在这个片段中,教师很好地运用了教师监控和自我监控,教师点评的过程实际上是指导学生领悟文本的过程,也就是教师的监控过程。教师对学生的评价虽然语言不多,但是起到激励、引导的作用。这种评价方式,其实就是引发学生自我监控的过程:一方面,可以引起学生的兴趣,激活学生的参与热情;另一方面,可以充分利用有限的课堂教学时间,达成教学目标。

当学生掌握了学习策略,能对自己的学习情境进行有效的监控,并根据实际情况作出相应的选择和调整,就能形成相应的学习能力。

三、阅读后 —— 阶段性检测反馈

策略结果与监控反馈是教师重新获得学生学情的有效手段。通过一个教学过程的监控,学生原有的知识能力水平有了提高,适时地进行总结,或者通过一堂课的教学监控,针对达成的教学目标进行反馈,甚至通过一个阶段的阅读监控,学生的阅读能力在原有基础上又有提升。通过阶段性检测反馈,教师可以收集到第一手的资料。采用建立学生阅读档案袋、制订阅读能力提升量表、分析个体差异原因、开展全员阅读反馈等多种形式、多元主体的检测反馈,既为教师制订下一阶段监控目标提供数据资料,也为学生阅读指明方向。

如《我家跨上了"信息高速路"》的案例中,在一个教学片段过后,教师进行了总结,作为监控检测反馈。

1. 自读探究,个人说议(课件出示:自学提示)
出示自学提示:
(1)正确、流利地朗读课文。
(2)想想每个自然段讲了什么,找到有关的语句用"——"画下来。
2. 合作探究,班级交流
(1)这一次朗读课文,跟之前的朗读相比,你感觉有什么不一样?
(2)交流:
① 每一小节分别讲了什么?交流你画的句子。
② 精炼语句。(课件出示:每小节精炼后的语句)
③ 归并相同内容。请同学们仔细看这6小节的内容,你发现,哪几个讲的是同一个内容?
④ 学习方法小结:刚才我们用"画有关语句,说段落大意"这种"摘录法"帮助我们概括了每小节的段意。以后我们读其他文章时,也可以找一找文中是否有这样的语句。用这样的方法,找出关键句,就能概括文章的段落大意。(板贴、板书:概括)

教师自行梳理文本、交流评价、总结反馈、再次检查校对,如此反复练习,不仅是阶段性检测反馈,也是培养学生自我监控能力最基础的方法之一。

再比如《我的野生动物朋友》教学案例中,教师在阅读后提出了这样的问题:此时当你阅读完了《我的野生动物朋友》后,你最想说些什么,想做些什么?

读完整本书后对文本的整体回复提问所采用的正是自我提问策略,这是一种最有效的学会监控理解的方法之一,更是对一堂课的检测反馈。

当学生们阅读并且对他们所阅读的材料提出问题时,他们就会不断地停下来,自我提问策略就会产生。在引导学生自主阅读书籍,进行读书交流的过程中,恰恰需要使用自我提问策略,以帮助学生在阅读过程中不断质疑、寻求论证,以提高理解和阅读的效果。

  阅读前的学情分析与策略计划、阅读中的过程监控与策略调节、阅读后的策略结果与监控反馈,我们通过三大环节的教学,逐级提升学生的阅读能力。

监控策略典型课例——

《我的野生动物朋友》教学设计

(宁波市镇安小学　陈跃旭　宁波市江东第二实验小学　金芳芸)

【设计理念】

当代作家皮皮说过:"人生有最美的两个阶段,一个是童年,因为它尚未被尘世所污染;一个是老年,因为它即将走出被污染的尘世。"毫无疑问,《我的野生动物朋友》这本精美的图书定能让读者感受到来自未被尘世污染的人性的"美"及人与自然界亲密无间的"美好"。本课的教学设计着重于在阅读过程中运用监控策略,特别是学生自我监控策略的运用,从而关注文本特点,通过赏图增进文本理解,提升认读、解释、概括、评鉴文本的能力,构建高效的班级读书会。

【教学目标】

1. 在阅读中欣赏、发现、感受人与动物和谐相处的美好,唤起保护环境的意识。

2. 感受蒂皮"简朴的语言,真实的流露"的表达风格,且能根据画面想象描写蒂皮与野生动物朋友的一个片段。

3. 运用监控策略,提升认读、解释、概括、评鉴文本的能力。

【教学重难点】

在阅读过程中运用监控策略,读懂文本,读出感受,感受人与动物和谐相处的美好。

【教学时间】

1课时。

【教学过程】

（一）回顾交流，初谈感受

1．人们都说，阅读是一件快乐的事，我想说，与人交流阅读的感受也是一件快乐的事。这堂课我们一起来聊一聊《我的野生动物朋友》这本书。

2．相信你们一定认识并喜欢上了这个生在非洲的法国姑娘吧，跟她打声招呼。

3．（师拿起书说）听着你们亲热和兴奋的呼声，我可以非常肯定地说，这本书你们不止看了一遍！让我采访你一下：看了这么多遍，最吸引你的是什么？每看一遍的感觉一样吗？

4．小结：吸引你们眼球的有有趣的内容，还有美不胜收的图片。知道吗，这本书有多少图片？有130多幅，占整本书一半的比例呢！像这样图片占一半比例，图文并茂的书我们称之为"图文书"。待会儿我还要考考你们的欣赏图片能力呢。

【设计意图：阅读是读者与作者"视野的融合"。阅读伊始，与学生聊聊"这本书最吸引你的地方"，就借助了计划监控，帮助了解学生已有的阅读水平、知识结构，从而汲取本书最大的亮点"图文书"。以"图文书"的文本特点撩拨学生阅读的兴趣，将新的文本知识与旧的知识体系相联系，激发学生的阅读期待，让已读过此书的孩子对这堂班级读书会充满兴趣。】

（二）品味文字，尝试反思

1．猜猜蒂皮的野生动物朋友

师：咱们来玩"猜猜猜"游戏。我来描述蒂皮动物朋友的特点，你们来猜出它是谁。猜中的小组就以这个动物作为组名。

师：（1）它的背软绵绵的，很暖和；爪子上长着锋利的指甲，人们把它叫做距，可以当刀使；它是世上跑得最快的鸟。它是（鸵鸟）。

（2）下面换种方式猜。请拿出阅读单来，各小组派代表出谜面，其他小组竞猜。

（3）还没命名的小组，请说说蒂皮还有哪些野生动物朋友。至少要说出两个，不许重复哦！（说出的给予组名）

【设计意图：在教师监控阅读过程中，除了关注学生的各级阅读能力的发展，还注重培养学生的自我监控的主动性与能力。对于中高段的学生，教师在监控过程中通过小组合作、互动交流、自我质询等形式不断提升其自我监控的能力，能帮助学生养成独立阅读的能力。此环节游戏的设计就是为了引导开展自我监控，用野生动物名来命名各小组，既熟悉了书中的野生动物，同时将小组学习无痕地带入图书阅读中。】

2. 议议蒂皮的野生动物朋友

（1）请回忆一下你和蒂皮相处的一件事，用一两句话说说。

（2）欣赏蒂皮与野生动物在一起的温馨画面。（PPT 定格在四张图片上）

师：尽管同学们已经看过很多遍，现在还是看得意犹未尽！屏幕上有四幅图片，请找找画面中一般人不容易发现的相似之处。

（3）小结赏图方法：联系生活，联系文章内容，体会人物感受，展开想象等。

【设计意图：阅读就是学生理解及运用语言的能力。在这个环节中，通过回忆蒂皮与野生动物相处的一件事，学生能自我监控到自己已知的文本内容，同时自我推问"还有什么事情是我不了解的"，以此达到学生个体对阅读理解过程的评估及调整。】

3. 想象描写蒂皮与动物相处的一个片段

（1）欣赏"与鸵鸟共舞"片段，感受文字特点

坐在鸵鸟的背上真开心。鸵鸟背软绵绵的，很暖和，好舒服啊。这只名叫林达的，很善良，老怕把我掀翻，常常不愿动一动身子。

十岁的蒂皮的文字表达有自己的特点，你们读一读，有什么特点呢？（简朴的语言，真实的感受）

【设计意图：阅读监控过程中教师不仅要授之以法，更要授之以情。

书中小蒂皮的语言让人感受到的不仅是一个儿童的纯真可爱,还有蕴含着引人思索的成熟。学生能读懂蒂皮所表达的意思,但透过文字特点所传递的"要善待自然、善待野生动物"的良苦用心则是需要教师点拨的。学生的评鉴能力的提升,正是通过教师监控、及时点拨、及时调整教学环节才逐步有序上升的。】

(2)再赏"与象相亲"片段,回味体会

当我坐在阿布的头上,双腿搭在它的两只大耳朵上的时候,我真不知道世上还有没有比这更快活的时候。在大象的身上,这是唯一真正让人感到舒服的地方了,象身的其他地方都长满了粗毛,把人刺得挺难受的。

(3)自主赏图,描写画面

书中有插图130多幅,却只有37段文字描述了画面,瞧,蒂皮与鸵鸟、大象、斑马在一起的画面也是多么温馨。让我们也像蒂皮那样,给自己喜欢的一幅插图配上文字。

学生自主练笔——交流评议(评议关注点:语言特点和情感流露)

【设计意图:结合图文特点,通过赏图来理解文字是这个环节最大的特点。图文结合阅读,能互补理解上的不足,同时引发学生的自我管理,觉察到自己有否读懂,也知道困难在哪里,借助图理解文,以增进自己的阅读理解。这样才是真正地将学生纳入阅读监控主体实施的范畴,也使得学生在提升阅读能力的同时培养了自我监控能力,为学生最终能够完全独立的阅读铺路。】

(三)赏图促思,唤醒意识

师引:既然书名是"我的野生动物朋友",为什么书中还出现了一些蒂皮独自在大自然中的图片?你能读出蒂皮想表达的内涵吗?

小组合作讨论、发现、提取信息。

小组代表交流。

师小结(PPT出示扉页的图片):一起看封二和封底相同的一张图片。蓝天白云、高山深涧、飞瀑彩虹以及小女孩蒂皮凝神眺望的身影,蒂皮以自己的传奇经历告诉我们（PPT出示"蒂皮致中国小朋友"的内容，书本第三页）：

我希望全中国的全体小朋友，团结起来，共同保护这个将由我们继承的星球！让我们告诉所有的大人们：尽一切努力爱护我们周围的环境，让后人将这种意识一代一代地传承下去吧！

这就是第三页蒂皮致中国小朋友的一段话，我想也是出版这本书的目的吧！蒂皮可以欣慰了，因为我们大家都读懂了！

【设计意图：封二、封底的图片和书名的理解是总结策略的有效运用。它集中体现了为理解意义而读，并确定了一些重要的观点，并能把这本书所要传递的信息转化为自己的语言。总结策略对理解和记忆的作用非常显著，也是一种有效的监控策略。】

（四）活动延伸，前移运用

1. 此时当你阅读完了《我的野生动物朋友》后，你最想说些什么，想做些什么？

2. 推荐相关书籍：《野生的艾尔莎》、《寻找濒危野生动物》

【设计意图：读完整本书后对文本的整体回复提问所采用的正是自我提问策略，这是一种最有效的学会监控理解的方法之一。当学生们阅读并且对他们所阅读的材料提出问题时，他们就会不断地停下来，自我提问策略就会产生。在引导学生自主阅读书籍，进行读书交流的过程中，恰恰需要使用自我提问策略，以帮助学生在阅读过程中不断质疑，寻求论证，以提高理解和阅读的效果。】

【教后反思】

这是一本奇特靓丽、充满神奇色彩的读物。作者是十岁的法国小女孩蒂皮。小蒂皮真实地记录了她与各种野生动物生活在一起的动人故事和亲身感受，同时编入她父母——著名野生动物摄影师拍下的130多幅极为难得的图片，从中可以领略广袤多样的沙漠风光，感受到天真美好的自然观和勇敢无邪的探索精神,并唤起人们保护大自然野生动物的意识。在此次班级读书会的设计中,着重运用监控策略开展读书交流,以引导学生学习如何阅读这类科普小说,使学生经历了一个愉快的阅读过程,真正培养学生带得走的能力。

(一)目标定位,适切渐进

什么是学生带得走的能力?阅读策略就是学生带得走的能力。换句话说,只有把孩子放在水中,他才能学会游泳。我们开展班级读书会的目的不仅是让孩子阅读得明白,更要让他们知道正在运用什么方法阅读。在本次《我的野生动物朋友》的班级读书会目标定位上,不仅关注到了科普文阅读的特点,还教学生学会了"图文书"的阅读。这就是基于阅读文本特点而制定的一个教学目标。然而仅关注于文本的特点是远远不够的,"人"才是阅读的主体,因而文本的阅读是为了更好地提升学生对文本的认读、解释、概括、评鉴文本的能力。这种能力的培养是循着学生阅读量的积累,阅读策略的运用内化而循序渐进,螺旋上升的。

(二)过程监控,自我提升

阅读的核心问题是理解,无论是对字、词的解码,还是对整个阅读材料表面意义与深层含义的把握与整合,都离不开阅读的理解。作为一个流畅的阅读者,应该会判断文本中什么最重要。策略性的阅读要求不断的监控和评价自己的阅读理解,最终达到阅读的目标和目的。因而在本节课的设计中除了教师监控,重点突出自我监控策略,以帮助学生在阅读过程中不停地检查自己,以此来验证他们是否理解了正在阅读的内容。引导学生经历阅读期待——流畅阅读——分享阅读三个环节,并借助于监控策略中关键的自我提问策略及总结策略,让学生明白一个阅读良好者,应该去了解所知道的内容,而且在他们学习之后和学习过程中监控自己的理解。就这样,班级读书会在与文本,与作者,与老师,与同学的交流中,思维得以碰撞,情感得以激发。真正让文字温暖彼此的心,让不同的观点彼此碰撞,让相同或不同的情感彼此交融,让自己在交流中不断完善、不断丰富,以获得阅读的持续性。

最后想说的是:书,是一粒幸福的种子;阅读,是一次心灵的旅行;监控策略正是这次书香旅行中最重要的交通工具。希望孩子们借班级读书会的载体,以有效的阅读策略,每天牵手畅游书海,那是一份惬意,一份幸福。